Thomas Viehweg
zum Gedächtnis.

Wolfram Viehweg

Georg Büchners "Woyzeck" auf dem deutschsprachigen Theater.

1. Teil:

1913 - 1918

Inhaltsverzeichnis:

I

Vorwort

Es war zunächst geplant, diese Inszenierungsgeschichte des "Woyzeck" von Georg Büchner in zwei Bänden vorzulegen. Der erste sollte in seinem ersten Teil die Zeit von der Uraufführung im Jahre 1913 bis zum Ende des Ersten Weltkrieges, in seinem zweiten die Zeit von 1918 bis 1933, in einem kurzen dritten die Jahre von 1933 bis 1945 umfassen. Im zweiten Band sollte die Zeit nach dem zweiten Weltkrieg behandelt werden. Diese Einteilung wurde gewählt, weil die durch sie markierten politischen Veränderungen auch die Sicht der Theater auf den "Woyzeck", sowie die Haltung des Publikums und der Theaterkritik dem Werk gegenüber maßgeblich beeinflußten.

Es hat sich dann erwiesen, daß die Uraufführung des "Woyzeck" mit bisher unbekannten Materialien so überraschend deutlich und bis in einzelne Details dokumentiert werden konnte, daß allein ihrer Darstellung ein selbständiges Bändchen zukäme. Zudem zeigten sich für die Vorbereitung der Uraufführung und die Bedingungen der Probenarbeit für sie Zusammenhänge, die bislang übersehen wurden, die aber wesentlichen Einfluß auf ihre Gestaltung hatten. Irrtümer und Mißverständnisse im Zusammenhang mit der Inszenierung der Uraufführung, ihrer Vorbereitung und ihrer endgültigen Form, daneben auch mit der Serie ihrer Wiederholungen bis zum August 1919, sollten möglichst bald korrigiert werden. Schließlich kommt hinzu, daß die persönlichen Umstände des Verfassers es nicht mehr sicher erscheinen lassen, daß er die umfassenden Materialien für den zweiten und den dritten Teil des projektierten ersten Bandes und für den zweiten Band noch in einer angemessenen Form bearbeiten kann.

Aus diesen Gründen wird die Darstellung der Frühphase der Bühnenlaufbahn des "Woyzeck" in den Jahren von 1913 bis 1918 getrennt vorgelegt, so daß das Gesamtprojekt nun drei Bände umfassen soll.

Für die freundliche Unterstützung meiner Arbeit danke ich von Herzen Herrn Rudolf Gretscher vom Archiv des Bayerischen Staatsschauspiels in München, Herrn Dr. Jan-Christoph Hauschild und der Büchner-Sammlung des Heinrich-Heine-Instituts in Düsseldorf, Herrn Dr. Thomas Michael Mayer und der Forschungsstelle Georg Büchner an der Philipps-Universität in Marburg, Frau Dr. Beyer-Ahlert und dem Freien Deutschen Hochstift in Frankfurt am Main, Herrn Dr. Eckehart Nölle und dem Deutschen Theatermuseum in München, Herrn Hofrat Dr. Peter Nics und dem Österreichischen Theatermuseum in Wien, Frau Dr. Hedwig Müller und Herrn Dr. Gerald Köhler von der Theaterwissenschaftlichen Sammlung der Universität zu Köln, Herrn Dr. Winrich Meiszies vom Theatermuseum der Landeshauptstadt Düsseldorf, Frau Dr. Dagmar Wünsche und Herrn Dr. Peter Ullrich von der Stiftung Archiv der Akademie der Künste in Berlin, Frau Dr. Edda Fuhrich, Wien, vor allem aber Herrn Dozenten Dr. Dietrich Alfred Roller und seiner Gattin für ihre stetige Hilfe, Anteilnahme und ihre großzügige Gastfreundschaft.

Für die technische Erstellung und Betreuung des Textes danke ich Frau Marion Sasse und Herrn Oliver Gosejacob.

Einleitung

In der Zeit vom Tage der Uraufführung am 8.11.1913 bis zum Ende der Spielzeit 1997/98 konnten 392 Inszenierungen des "Woyzeck" auf dem deutschsprachigen Theater nachgewiesen werden. Nach der vom Deutschen Bühnenverein zunächst jährlich in seiner Zeitschrift "Die Deutsche Bühne" vorgelegten Werkstatistik für die alte Bundesrepublik Deutschland, Österreich und die Schweiz sahen den "Woyzeck"

in der Spielzeit 1975/76: 50.620 Zuschauer,
in der Spielzeit 1976/77: 36.339 Zuschauer,
in der Spielzeit 1977/78: 54.449 Zuschauer,
in der Spielzeit 1978/79: 36.582 Zuschauer,
in der Spielzeit 1979/80: 16.817 Zuschauer,
in der Spielzeit 1980/81: 88.060 Zuschauer.

Seit der Spielzeit 1981/82 gab der Deutsche Bühnenverein eine selbständig unter dem Titel "Was spielten die Theater" erscheinende Werkstatistik für die alte Bundesrepublik Deutschland, Österreich und die Schweiz heraus. Danach sahen in den Theatern dieser Länder den "Woyzeck"

in der Spielzeit 1981/82: 41.489 Zuschauer,
in der Spielzeit 1982/83: 20.114 Zuschauer,
in der Spielzeit 1983/84: 36.026 Zuschauer,
in der Spielzeit 1984/85: 54.878 Zuschauer,
in der Spielzeit 1985/86: 54.797 Zuschauer,
in der Spielzeit 1986/87: 59.018 Zuschauer,
in der Spielzeit 1987/88: 12.668 Zuschauer,
in der Spielzeit 1988/89: 37.524 Zuschauer,
in der Spielzeit 1989/90: 75.437 Zuschauer.

Seit der Spielzeit 1990/91 erscheint die Werkstatistik des Deutschen Bühnenvereins für das vereinigte Deutschland, Österreich und die Schweiz unter dem Titel "Wer spielte was?". Danach sahen in diesen Ländern den "Woyzeck"

in der Spielzeit 1990/91: 44.696 Zuschauer,
in der Spielzeit 1991/92: 10.983 Zuschauer,
in der Spielzeit 1992/93: 46.044 Zuschauer,
in der Spielzeit 1993/94: 16.260 Zuschauer,
in der Spielzeit 1994/95: 30.824 Zuschauer,
in der Spielzeit 1995/96: 20.707 Zuschauer,
in der Spielzeit 1996/97: 45.232 Zuschauer,
in der Spielzeit 1997/98: 48.260 Zuschauer.[1]
In den genannten Ländern und in dem aufgeführten Zeitraum haben
also 937.824 Zuschauer den "Woyzeck" auf dem Theater gesehen.
Die ebenfalls unter dem Titel "Wer spielte was?" von 1977 bis 1984
von der Direktion für das Bühnenrepertoire, ab 1985 von deren
Nachfolgeinstitution, der Direktion für Theater und Orchester beim
Ministerium für Kultur der DDR herausgegebene, bis einschließlich
1988 nach Kalenderjahren, nicht nach Spielzeiten, geordnete
Werkstatistik für die Theater der DDR führt seit 1981 auch die
Besucherzahlen auf. Für 1981 werden 132 Besucher von "Woy-
zeck"-Aufführungen genannt, 1983: 2039, 1984: 264, 1985: 1634.
In den Jahren 1986 bis 1988 gab es keine Inszenierungen des
"Woyzeck" an Theatern der DDR. Für die Spielzeit 1989/90 werden
1.079 Zuschauer in "Woyzeck"-Vorstellungen angegeben. 1982
werden 11.062 Zuschauer genannt, aber in dieser Zahl sind auch die
Besucher von Wolfgang Engels großem Dresdner Büchner-Projekt
enthalten, in dessen Rahmen außer dem "Woyzeck" auch der
"Danton", eine "Szenische Collage" nach "Lenz" und eine "Agitati-
onsszene" mit Texten aus dem "Hesssichen Landboten" geboten
wurden. In der Zeit von 1981 bis zum Ende der Spielzeit 1989/90

---

[1] Vgl. dazu Marion Poppenborg: Georg Büchner auf dem Theater 1977 - 1980.
Verzeichnis der Aufführungen und Kritiken.- In: Georg Büchner Jahrbuch (= GBJb) 1
(1981), S. 332ff. Dies.: Georg Büchner auf dem Theater 1981 - 1984/85. Verzeichnis
der Aufführungen und Kritiken.- In: GBJb 5 (1985), S. 372ff. Dies.: Georg Büchner
auf dem Theater 1985/86 - 1988/89. Verzeichnis der Aufführungen und Kritiken.- In:
GBJb 7 (1988/1989), S. 438ff.

gab es demnach - ohne Berücksichtigung der Besucher des Dresdner Projektes – 5.148 Zuschauer bei "Woyzeck"- Aufführungen in Theatern der DDR.

Diese Zahlen rechtfertigen die Behauptung, daß seit 1913 viel mehr Menschen dem "Woyzeck" im Theater begegneten, als allein durch persönliche Lektüre des Textes.

Eine Inszenierungsgeschichte des "Woyzeck", so, wie sie hier versucht wird, als chronologische Darstellung der Regiekonzeption, der Spielfassung des Textes, der Gestaltung der Bühne und der Rollenfiguren durch die Schauspieler in den einzelnen Inszenierungen, ist eine Beschreibung der das Stück interpretierenden szenischen Ausformungen, in denen der "Woyzeck" im Laufe der Jahrzehnte durch das Medium Theater dem Publikum bekannt wird, zugleich ihres Wandels unter dem Einfluß gesamtgesellschaftlicher, literarischer und theaterästhetischer Entwicklungen. Sie beschreibt am Beispiel des "Woyzeck" die Veränderungen im Verhältnis des Theaters zur dramatischen Literatur. Sie ist als Theatergeschichte ein Teil der Rezeptionsgeschichte des "Woyzeck".

Zwischen der ersten Veröffentlichung des "Woyzeck" in Buchform durch Karl Emil Franzos[2], der den Namen des Titelhelden bekanntlich noch als "Wozzeck" gelesen hat, und der Uraufführung 1913 liegen 34 Jahre. Das Theater war im ausgehenden 19. Jahrhundert, und weitgehend auch zu Beginn des 20., noch nicht bereit für den "Woyzeck". Büchner war in der Breite des Theaterpublikums ein unbekannter Autor, mit dessen Werk man sich nur im Kreise von Kennern und Eingeweihten befaßte. Der Zuschauer und mit ihm die Theater standen - wo man nicht dem reinen Unterhaltungstheater frönte - ganz im Bann der routiniert dargebotenen Klassiker, der Schillerepigonen und bürgerlicher Gesellschaftsstücke. Ihre Inhalte wollte man auf der Bühne behandelt sehen, und man verlangte von

---

[2] Georg Büchners sämtliche Werke und handschriftlicher Nachlaß. Erste kritische Gesammt-Ausgabe. Eingeleitet und herausgegeben von Karl Emil Franzos.- Frankfurt am Main 1879.

einem dramatischen Text die strenge Form eines "gut gebauten Stückes" im Sinne der theatergängigen Gustav-Freytag-Dramaturgie. Ein Theaterpublikum mit solchen Sehgewohnheiten und Ansprüchen konnte für den "Woyzeck" kein Interesse aufbringen, selbst, wenn es ihn als Lesepublikum gekannt hätte. Aber bis zum Jahre 1912 gab es nur zwei Büchnerausgaben mit den drei dramatischen Werken, die von Franzos und die - recht teure - von Paul Landau aus dem Jahre 1909.[3] Dann erst kam die wohlfeile, auf eine größere Leserschaft zielende von Rudolf Franz dazu.[4] Franz übernimmt die Szenenfolge und den Wortlaut der Textfassung von Franzos. Landau übernimmt ebenfalls deren Wortlaut, erhebt aber im Vorwort zum "Wozzeck" im zweiten Band seiner Ausgabe Bedenken "gegen die durch Franzos vorgenommene Verteilung der Szenen auf die Exposition."[5] Er hat für die ersten neun Szenen bei Franzos "eine andere Anordnung in der Reihenfolge der Szenen versucht, durch die der Aufbau der Handlung, die psychologische Entwicklung der Charaktere klarer und reiner hervortreten."[6] Landau geht bereits von Erwägungen aus, die nicht nur vom Herausgeber eines dramatischen Textes angestellt werden, sondern auch deutlich theaterpraktische Bezüge haben. Er will dem Publikum den Weg ins Stück erleichtern. Und er verweist in der Einleitung seiner Ausgabe darauf, daß die "Wozzeck"-Szenen, wie er sie bei Franzos vorfand, im Gegensatz zu "Dantons Tod" nun "eine ganz anders überlegte Anordnung" zeigen. "Die folgerichtige Entwicklung einer dramatischen Handlung in vorbereitender Begründung, stimmungsreicher Einführung und steter Steigerung, das zielbewußte Gipfeln in einem tragischen Höhepunkt, all das ---

---

[3] Georg Büchners gesammelte Schriften. In zwei Bänden. Herausgegeben von Paul Landau.- Berlin 1909.

[4] Georg Büchner: Dramatische Werke. Mit Erklärungen herausgegeben von Rudolf Franz.- München 1912.

[5] Paul Landau a.a.O., Bd. 2, S. 54.

[6] Ebda.

ist hier mit den einfachsten Mitteln genial erreicht."[7] Landau lobt also den nach den herkömmlichen Regeln wohlgelungenen Aufbau des "Wozzeck".[8] Zur Eignung des Werkes für eine Aufführung im Theater äußert er sich expressis verbis in der Einleitung zu seiner Ausgabe nicht. Dennoch lesen sich solche Sätze, als stammten sie aus dem empfehlenden Gutachten eines Dramaturgen, der den "Wozzeck" im Spielplan seines Theaters plazieren möchte. Einige Stellen in seiner Einleitung klingen, als habe Landau eine Theateraufführung vor dem inneren Auge: "Der stets gehetzte Wozzeck huscht mit seinen wirren, apokalyptisch phantastischen Reden gespensterhaft herein ---."[9] "Wir sehen Wozzeck das Messer kaufen, sehen ihn Abschied nehmen von seinem besten Kameraden ---."[10] Wie ein Theaterdramaturg argumentiert er, wenn er die Szene des Kampfes zwischen Wozzeck und dem Tambourmajor nicht in den laufenden Text seiner Ausgabe einbezieht: "Wir verweisen diese Szene, da sie den raschen Fortgang der Handlung störend unterbricht, in eine Anmerkung."[11]

Franzos selbst schrieb anläßlich der Uraufführung von "Dantons Tod" in Berlin in der "Vossischen Zeitung" vom 4.1.1902: "Niemand hat dies für möglich gehalten, auch ich nicht, dessen Bemühen seit meiner Jugendzeit war, Büchner den Platz erkämpfen zu helfen, der ihm gebührt." Um so größer müssen seine Zweifel an der Möglichkeit einer Aufführung des "Wozzeck" gewesen sein, der dem Theater seiner Zeit noch größere Schwierigkeiten bot, als der "Danton". Dennoch glaubt Jong-Dae Lim, daß Franzos "auf eine baldige Aufführung hinarbeitete und es (das Original) darum

---

7   Paul Landau a.a.O., Bd. 1, S. 148.
8   Dort, wo es sich um die Textfassung von Franzos handelt, wird dessen Schreibweise "Wozzeck" verwendet, so auch im Zusammenhang mit den Ausgaben von Landau und Franz.
9   Paul Landau a.a.O., Bd. 1, S. 150.
10   Ebda., S. 152.
11   Ebda.

'bühnengerechter' im damaligen Sinne machen wollte."[12] Einiges spricht für diese auf den ersten Blick vage und letztlich auch nicht zu belegende "persönliche Hypothese" Jong-Dae Lims. Franzos hat den "Woyzeck"-Szenen dort, wo sie bei Büchner fehlten, Ortsangaben vorangestellt. Er kontaminiert Szenen verschiedener Entwurfsstufen, er vermeidet damit eine Folge allzu kurzer Szenen, mit der das Theater seiner Zeit technisch nicht fertig werden konnte, freilich, ohne den Bühnen hier entscheidende Erleichterungen zu schaffen. Er hat die Abfolge der Szenen im Sinne der theaterüblichen "klassischen" Dramaturgie angeordnet. In den ersten acht Szenen gibt er den Expositionsteil. Die Szenen 9 bis 17 bringen die Entwicklung des Konfliktes, die Szenen 18 bis 24 umfassen den Höhepunkt und die Katastrophe, die Szenen 25 und 26 den Schluß. Er hat die Szenen auf eine stringente "Zeitschiene" gesetzt, die die Handlung deutlich erkennbar über vier Tage führt[13] und die einzelnen Szenen, dem Vorbild Büchners folgend, hier entsprechenden Erkenntnissen der Literaturwissenschaft vorauseilend,[14] in ihrer zeitlichen Abfolge miteinander verfugt. Das ist sicherlich ein Service für den Leser, noch mehr aber für den Zuschauer im Theater, der den Zeitablauf durch die wechselnde Bühnenbeleuchtung mit den Augen wahrnehmen und das Geschehen mit um so größerer Spannung verfolgen kann.

Eine ganze Anzahl von Szenenanweisungen, die Franzos zusätzlich in den Text Büchners hineinschrieb, beziehen sich auf Handlungen der Rollenfiguren, also der Schauspieler. Hier hatte Franzos, bewußt oder unbewußt, Theatervollzüge vor Augen.

---

[12] Jong-Dae Lim: Das Leben und Werk des Schriftstellers Karl Emil Franzos. Diss. Wien 1981, S. 185f.

[13] Vgl. S. 98ff.

[14] Zur linearen zeitlichen Abfolge der "Woyzeck"-Szenen vgl. Burghard Dedner: Die Handlung des Woyzeck: wechselnde Orte - geschlossene Form.- In: GBJb 7 (1988/1989), S. 144ff.

Am Ende der Szene "Öffentlicher Platz. Buden" notiert er für seine beiden "Zuschauer": "Gehen in die Bude." Und für Marie und Wozzeck: "Gehen hinein." (S. 167)[15] Die Szene "Der Hof des Doctors" enthält für Wozzeck die Anweisung "hat die Katze aufgefangen". (S. 170) Der Satz Wozzecks "Mir wird dunkel!" wird eingeschoben. Mit ihm und einem entsprechenden Spiel des Wozzeck-Darstellers gewinnt der Darsteller des Doktors Zeit, das Dachfenster zu verlassen. Er "erscheint im Hofe". In der Szene "Straße" geht Wozzeck "rasch vorbei, salutiert". (S. 181) In der Wirtshausszene notiert Franzos nach der Aufforderung des Tambourmajors "- da Kerl, sauf -" für Wozzeck "blickt weg". (S. 185) In der nächsten Wirtshausszene bei Franzos soll Wozzeck "heftig" auffahren. (S. 187) In der Bibelszene gibt Franzos der Marie eine regelrechte Regieanweisung zur sprachlichen Gestaltung: "Liest murmelnd weiter, dann mit gehobener Stimme". (S. 192) Eine Regieanweisung gibt er auch für Wozzeck in der Szene im "Kramladen". Wozzeck "wirft das Geld hin, nimmt das Messer, ab." (S. 193) Für die Straßenszene mit dem Märchen der alten Frau entwirft Franzos ein Eingangsarrangement: "--- ihr Kind auf dem Arm. Neben ihr eine alte Frau. Kinder spielen auf der Straße." Auch für die Choreographie des Reigens gibt Franzos eine Anweisung. Die Kinder "gehen paarweise und singen". (S. 193) Andres bekommt in der Testamentsszene "Kaserne" ebenfalls eine zusätzliche Regieanweisung: "--- sieht ihn verwundert an, schüttelt den Kopf ---". (S. 195) Zusätzliche Szenenanweisungen in der Mordszene fassen die Handlungen der Darsteller genauer: "Sie setzen sich.", "Zieht sie wieder auf den Sitz.", "Küßt sie." (S. 196) Wozzeck "flüstert vor sich hin." Er "zieht sein Messer" mit dem

---

[15] Diese und die folgenden Seitenangaben folgen der Ausgabe von Franzos. Büchnerzitate und Szenenbezeichnungen der Entwurfsstufen folgen der Ausgabe Georg Büchner: Werke und Briefe. Münchner Ausgabe. Nach der historisch-kritischen Ausgabe von Werner R. Lehmann. Herausgegeben von Karl Pörnbacher, Gerhard Schaub, Hans-Joachim Simm und Edda Ziegler.- München 1988.

Satz "Wie ein blutig Eisen!". Er "stößt ihr das Messer in den Hals", Marie "sinkt nieder", Wozzeck "beugt sich über sie", er "stürzt davon". (S. 197) In der letzten Wirtshausszene gibt Franzos wieder einen Hinweis zum Arrangement. Wozzeck sitzt "abseits an einem Tisch." Wiederum notiert Franzos darstellerische Aktionen: Wozzeck "leert sein Glas", "springt auf", "tanzt mit ihr (Käthe)", "führt sie an seinen Tisch" und "stürzt hinaus" statt "läuft hinaus" im Original (H1,17) bei Büchner. (S. 197f.) Franzos will schnelle, panische Handlungen in der Mordszene und in der anschließenden Szene im Wirtshaus. In der zweiten Waldwegszene bei Franzos gibt es wieder eine Regieanweisung für Wozzeck. Er "kommt herangewankt". (S. 199)

Im Vorwort zum Abdruck des "Wozzeck" in der Wochenschrift "Mehr Licht!" verweist Franzos auf "Unklares" im "Charakter des Helden."[16] Diesem "Mangel" will er abhelfen durch Zusätze im Dialog. Zugleich will er mit diesen charakterisierenden Zusätzen einen ihm besonders wichtig erscheinenden Zug im Werk Büchners betonen: "Insbesondere aber geht durch dasselbe ein Hauch der politischen und sozialistischen Überzeugungen, welche ihn damals beseelten. Tiefstes Erbarmen mit den Armen und Elenden erfüllte sein Herz und der glühendste Wunsch, ihnen zu helfen."[17] Viele seiner Textergänzungen wenden sich nun an das Gefühl der Leser oder der schon mitgedachten Zuschauer, an ihr Mitleid für den unglücklichen Wozzeck, und sie enthalten mit ihrem Appell an die Emotionen stärkste Theaterwirkungen.

In der Szene "Studierstube des Doctors" seufzt Wozzeck bei Franzos unvermittelt auf: "Ach, Marie!" (S. 177) Er gibt sein durch die Erbsendiät erspartes Verpflegungsgeld Marie und erklärt das dem Doktor: "Darum thu' ichs ja!" (S. 177) Dieser Zusatz ist in der

---

[16] Wozzeck. Ein Trauerspiel-Fragment von Georg Büchner. Mitgetheilt von Karl Emil Franzos.- In: Mehr Licht! Eine deutsche Wochenschrift für Literatur und Kunst. Nr. 1, 5. Oktober 1878, S. 7.
[17] Ebda., S. 6.

Ausgabe von Franzos gesperrt gedruckt. Gleich darauf sagt er wieder "stöhnend": "Die Marie ---." Ohne Zusammenhang, geistesabwesend und nur auf Marie und sein Kind fixiert, antwortet er auf die Ruhmesphantasien des Doktors: "Ja! Die Marie --- und der arme Wurm." (S. 178) Bei Franzos reagiert der Doktor mit dem Befehl: "Zeig' er die Zunge!" Daß Wozzeck die Zunge herauszustrecken hat, zeigt auf der Bühne seine Instrumentalisierung und Demütigung durch den Doktor viel deutlicher als der ärztliche Griff zum Puls, wie er im Original vorgesehen ist (H2,6). Am Schluß seiner sechzehnte Szene, "Kaserne", läßt Franzos den bedrängten Wozzeck in der nächtlichen Unterkunft zweimal die Bitte des "Vater unser" sprechen: "Und führe uns nicht in Versuchung!" (S. 191) In der anschließenden Szene "Kasernenhof" muß Wozzeck bei Franzos die infamen Prahlereien des Tambourmajors mit seiner Liebesbeziehung zu Marie direkt anhören. Sie werden ihm nicht, wie im Original (H1,8) durch Andres mitgeteilt. Wieder gewinnt Franzos durch einen Zusatz eine starke Theaterwirkung.

Auch den Charakter der Marie will Franzos deutlicher herausarbeiten, und wieder tut er das mit sehr theaterwirksamen Änderungen und Zusätzen.

In seiner achtzehnten Szene, "Mariens Stube", stößt Marie ihr Kind von sich, holt es aber sogleich zurück und erzählt ihm eine Variante des Märchenbruchstücks, das Büchner dem Narren zugeordnet hat (H4,16). Marie wird so deutlich als eine Mutter gezeigt, die ihr Kind liebt. (S. 192) Gleiches gilt für die letzten Sätze der Marie am Schluß der zwanzigsten Szene, "Straße", nach dem Märchen der alten Frau, die ihr Franzos in den Text hineinschreibt: "Marie (drückt angstvoll ihr Kind an die Brust): Ach! Wenn ich todt bin! Bas', sie hat mir das Herz schwer gemacht. Mein armer Wurm! Wenn ich todt bin!" (S. 195) Als reuige Sünderin, die der Anteilnahme des Publikums gewiß sein kann, zeigt Franzos die Marie in zwei Zusätzen am Schluß der Bibelszene. "Wie steht es geschrieben von der Magdalena - wie steht es geschrieben?" und "Heiland, du hast dich ihrer erbarmt, erbarme dich auch meiner!" (S. 192)

Auch mit der Betonung der Nähe zu Elementen der Schauer- und Schicksalsdramatik im Text Büchners[18] gewinnt Franzos in seinen Zusätzen Theaterwirkungen.

Wenn Marie in der elften Szene bei Franzos, "Mariens Stube", zum erstenmal das schicksalhafte Requisit anspricht: "Lieber ein Messer in den Leib als eine Hand auf mich," verstärkt Franzos effektvoll das Schicksalsdramenhafte der Situation. Er ergänzt: "Wozzeck (sieht sie starr an, läßt langsam die Hand sinken): Lieber ein Messer! (Nach einer Pause, scheu flüsternd): ---". (S. 184) Wozzeck spricht als letzten Satz in der zweiten Szene "Waldweg am Teich", bevor er ertrinkt, den schaurigen Franzostext: "Weh! Weh! ich wasche mich mit Blut - das Wasser ist Blut ... Blut ...". (S. 199)

Die Theaterkritik preist später vielfach als besondere Leistung Büchners die anrührende Kraft der vorletzten Szene bei Franzos, "Früher Morgen. Vor Mariens Hausthür", mit dem von ihm hinzugefügten, schließlich allein auf der Schwelle reitenden Knaben Maries. (S. 200) Es bleibt dennoch, angesichts der Publikums-erwartungen und der szenographischen Verfahren der Theater am Ende der Siebzigerjahre des 19. Jahrhunderts, unwahrscheinlich, daß Franzos durch seine Behandlung der "Wozzeck"-Szenen ihnen bewußt und willentlich den Weg zu einer Bühnenlaufbahn bereiten wollte. Sicherlich aber hat er den Text des "intuitiven Theatrali-kers"[19] Büchner auf Schritt und Tritt mit weiteren höchst bühnenwirksamen Elementen durchsetzt. In dieser Fassung entzückte der "Wozzeck" nach Jahrzehnten Hugo von Hofmannsthal[20], weckte er den Enthusiasmus eines Theatermannes

---

[18] Vgl. dazu Ingrid Oesterle: Verbale Präsenz und poetische Rücknahme des literarischen Schauders. Nachweise zur ästhetischen Vermitteltheit des Fatalismusproblems in Georg Büchners Woyzeck.- In: GBJb 3 (1983), S. 168ff.
[19] Ingeborg Strudthoff: Die Rezeption Georg Büchners durch das deutsche Theater.- Berlin 1957, S. 16ff.
[20] Vgl. S. 17ff., 31.

vom Kaliber Alfred Rollers[21] und half so, ob von Franzos erhofft und gewollt oder nicht, dem Stück entscheidend bei seinem späten Theaterstart. Ein Erfolg im Buchhandel wurde die Büchnerausgabe von Franzos nicht. Im Gegenteil. Bis zum Jahre 1892 wurden nur 268 Exemplare von 1200 gedruckten verkauft[22]. Der "Wozzeck" fand selbst als Buchdrama noch kein Publikum, mithin auch keines in den Theatern.

Mit dem Vordringen der Werke der Skandinavier und der deutschen Naturalisten, namentlich Gerhart Hauptmanns, wurden die bis dahin gepflegten Vorlieben und herrschenden Gewohnheiten bei einem Teil des Publikums schrittweise überwunden. Für Hauptmann wurde Büchner bekanntlich zum verehrten Vorbild. Er referierte nicht nur 1887 vor dem literarischen Verein "Durch" über Büchner, den keines der anwesenden Mitglieder kannte[23] und besuchte sein Grab in Zürich, wird dürfen auch annehmen, daß er ihm in seinem frühen Stück "Vor Sonnenaufgang" (1889) eine versteckte Hommage widmete. Wenn er da zu Beginn des zweiten Aktes den reich gewordenen Bauern und Gewohnheitstrinker Krause "halb singend" brabbeln läßt: "Brantw... wwein --- 'acht Kurasche"[24], so ist das eine abgewandelte Zeile aus dem Text des Tambourmajors in der zwölften Szene der Ausgabe von Franzos, "Wirtshaus": "He! Branndwein, das ist mein Leben! Branndwein, das gibt Courage!". (S. 185)

Jetzt durften auch die "Lumpen" auf die Bühne[25], die Trinker, die pathologischen Fälle, die leichtfertigen Frauen und die Mörder. Auch Wozzeck durfte also. Die Theater hätten in den Großstädten,

---

21 Vgl. S. 31, 45f.
22 Jan-Christoph Hauschild: Georg Büchner. Studien und neue Quellen zu Leben, Werk und Wirkung.- Königstein/Ts. 1985, S. 150.
23 Institut für Literatur- und Theaterwissenschaft zu Kiel (Hg.): Verein Durch. Facsimile der Protokolle 1887.- Kiel 1932.
24 Gerhart Hauptmann: Das gesammelte Werk. 1. Abteilung, 1. Bd.- Berlin 1942, S. 296.
25 Hans Merian: Lumpe als Helden. Ein Beitrag zur modernen Ästhetik.- In: Die Gesellschaft 7 (1891), Bd. 1, S. 64ff.

in der freilich dünnen Schicht der literarisch Neuem aufgeschlossenen Besucher, nun auch für den über sechzig Jahre alten Büchnertext Interesse erhoffen können.

Dem "Wozzeck" im Wege aber stand immer noch das vorherrschende, schwerfällige szenographische System der Illusionsbühne, sei es in der Form der Kulissenbühne, sei es als geschlossene Dekoration, die der Naturalismus liebte. Die Illusionsbühne konnte ein Stück wie den "Wozzeck", in dem viele kurze Bilder mit unterschiedlichen Handlungsorten in schneller Folge auf die Szene gebracht werden mußten, nicht bewältigen. Benötigt wurde dazu ein flexibles Bühnensystem, in dem man nicht bei jedem Wechsel des Schauplatzes den Vorhang fallenlassen mußte. Ein solches, für den "Wozzeck" geeignetes System entwickelte sich in der Abfolge der Münchner Reformbühnen, der "Münchener Shakespearebühne" (1889), des "Münchner Künstlertheaters" (1908) und der "Neuen Münchener Shakespearebühne" (1909)[26]. Hinzu kamen wichtige theatertechnische Entwicklungen, so vor allem in der Beleuchtungstechnik[27] und in Gestalt der Drehbühne, die Karl Lautenschläger in der Spielzeit 1894/95 am Münchner Residenztheater zum ersten Male verwendete.

Nun, nachdem durch einen Wandel in den Gewohnheiten und in den Ansprüchen eines Teils des Publikums, in den szenographischen Systemen und den technischen Möglichkeiten die Voraussetzungen geschaffen waren, konnten die Impulse, die die Bühnenlaufbahn des "Wozzeck" anregten und die von einem literarhistorischen Datum, dem 100. Geburtstag Büchners am 17.10.1913, ausgingen, von den Theatern aufgenommen werden.

---

[26] Vgl. unten Exkurs: Die theatergeschichtliche Entwicklung des Bühnensystems für die Uraufführung des "Wozzeck", S. 67ff.

[27] Vgl. Carl Friedrich Baumann: Die Entwicklung und Anwendung der Bühnenbeleuchtung seit der Mitte des 18. Jahrhunderts.- Diss. Köln 1955.

14

Kurt Tucholsky konnte sich in der "Schaubühne" an deren Herausgeber, den prominenten Theaterkritiker Siegfried Jacobsohn, wenden und ihn bitten: "Lieber S.J., sagen Sie doch den Theaterdirektoren, Sie (sic) möchten Georg Büchner aufführen. Hundert Jahre sind eine lange Zeit, und wenn einer so lange gewartet hat, dann will er sich im Grabe auch einmal auf die andere Seite drehen. Gewiß: 'Ein guter Mensch, der sein gutes Gewissen hat, tut alles langsam,' sagt der Hauptmann zu Wozzeck. Ein gutes Gewissen haben sie doch die Theaterleute, und nun ists Zeit."[28]

---

[28] Kurt Tucholsky: Zwei Hundertjährige. Büchner.- In: Die Schaubühne 9 (1913) Nr. 42, S. 998.

I. DIE URAUFFÜHRUNG

I.1. Die Vorbereitung

I.1.1. Hugo von Hofmannsthal und Clemens Freiherr von Franckenstein

Am 30.9.1912 wird der Dirigent und Komponist Clemens Freiherr von Franckenstein, bislang Korrepetitor und Dirigent der Bühnenmusik an der Königlichen Oper in Berlin[29], Intendant der Königlich Bayerischen Hoftheater, eine Berufung, an der sein Jugendfreund Hugo von Hofmannsthal entscheidenden Anteil hatte[30]. Das belegt ein Brief Hofmannsthals an Franckenstein vom 6.9.1912, in dem er ihn nachdrücklich zur Kandidatur für die Münchner Intendanz ermuntert, da der "Name Franckenstein besonders günstig weil sympathisch bei Kathol. Partei. Candidatur wäre meines Erachtens durch Verwandte (Hanskarl) in Centrumspresse zu lancieren. Ich schreibe sogleich an Strauss. Bitte du diesen eventuell dann direct in ganz aufrichtigem Brief, dich auch bei Münchener Neuesten u.s.f. zu protegieren. Brauchst du sonst etwas, telegraphiere mir."[31]

Schon lange zuvor, spätestens seit 1903[32], hat Hofmannsthal seinem Freunde in zum Teil nahezu konspirativ anmutenden Aktionen im künstlerischen wie im privaten Bereich beigestanden, immer bereit, die recht zähe und stockende Karriere Franckensteins[33] als Kompo-

---

[29] Vgl. Neuer Theater-Almanach. Herausgegeben von der Genossenschaft Deutscher Bühnenangehöriger 23 (1912), S. 268.

[30] Vgl. den Hinweis von Karl Dachs in: Hofmannsthal-Blätter 1 (1969), Heft 2, S. 88.

[31] Ulrike Landfester (Hg.): Hugo von Hofmannsthal - Clemens von Franckenstein, Briefwechsel 1894 bis 1928.- In: Hofmannsthal-Jahrbuch zur europäischen Moderne. 5 (1997), S. 99.- Mit "Münchener Neusten" ist die einflußreiche Tageszeitung "Münchner Neueste Nachrichten" gemeint.

[32] Vgl. ebda., S. 17.

[33] Zum Werk Franckensteins als Komponist vgl. Andrew McCredie: Clemens von Franckenstein (= Komponisten in Bayern 26).- Tutzing 1992. Zu seiner Vita vgl. Ulrike Landfester a.a.O., S. 9ff.

nist und Theaterkapellmeister mit seinen weitverzweigten Verbindungen zu fördern[34].

Als Franckenstein in einem gewaltigen Karrieresprung, den Hofmannsthal als "Schicksalsumschwung"[35] bezeichnet, Intendant und später Generalintendant in München wird, setzen beide ihr höchst vertrauliches Miteinander und Füreinander fort. Schon am 3.10.1912 schreibt Hofmannsthal an Franckenstein: "Ich glaub daß ich dir (auf dem Gebiet des Schauspiels) nützen kann, jetzt sofort, und dauernd. Ich habe wohl einige der Fähigkeiten dazu, und sie liegen ungenutzt. Natürlich nur hinter den Culissen, und unter 4 Augen - und nur so viel du wollen und mich rufen wirst. Ich denke nicht daran, dir meine Person jemals zu octroiieren."[36]

Hofmannstahl berät Franckenstein nun offenbar gerne und engagiert in künstlerischen Fragen des Schauspiels, des Spielplans und des Ensembles, er wird der geheime dramaturgische Beirat Franckensteins. So kam es auch zu der auffallend diskreten Zusammenarbeit beider bei der Vorbereitung der Uraufführung des "Wozzeck".

I.1.2.   Hofmannthals Einsatz für die Uraufführung des "Wozzeck"

Aus Anlaß des 100. Geburtstages Büchners hatte sich Hofmannsthal Anfang Januar 1913 brieflich an den Initiator und künstlerischen Leiter der Wiener Volksbühne, Stefan Großmann, gewandt.

---

[34]   Vgl. Ulrike Landfester a.a.O., S. 11, 17f., 23. Ein Beispiel für die freundschaftliche Förderung Franckensteins durch Hofmannsthal, auch für deren diskrete Methoden, bietet Hofmannsthals Einsatz für Franckensteins erste Oper "Rahab", der in dem Brief Franckensteins an Hofmannsthal von Anfang September 1909 (Ulrike Landfester a.a.O., S. 87), dem Brief Hofmannsthals an Franckenstein vom 15. September 1909 (Ebda., S. 87f.) und dem Brief Franckensteins an Hofmannsthal vom 24. März 1911 (Ebda., S. 94f.) dokumentiert ist.

[35]   Vgl. den Brief Hofmannsthals an Franckenstein vom 3.10.1912, ebda., S. 99f.

[36]   Ebda., S. 100.

"Würden Sie nicht, da wir nun 1913 schreiben, den Wozzek[37] von Büchner uns einmal bringen? Ich denke mirs - und Sie haben sicher in ähnlicher Weise schon daran gedacht - mit einer Decoration von äußerster Simplicität, eine getünchte Wand, die bald innere Zimmerwand, bald äußere Hauswand darstellt, nur verschieden beleuchtet und mit verschiedenen Ausschnitten darin, bald als Fenster, bald als Türen. --- Es ist doch eines der höchsten Producte, die wir haben."[38]

Äußerungen Großmanns zu diesem Projekt sind nicht bekannt, aber Hofmannsthal konnte durchaus mit der Unterstützung der Wiener Freien Volksbühne rechnen. Großmann hatte schon am 14.9.1906 in der Wiener "Arbeiter-Zeitung" zu den Zielen seiner Gründung geschrieben: "Wir werden Stücke aufführen, die sonst in Wien kein Obdach finden." Das Unternehmen galt als avantgardistisch. In galligen Formulierungen wirft Berthold Viertel der linken Volksbühne wegen ihrer literarischen Neigungen gar einen Hang zum Elitären vor. Man habe von "Geschmäcklern und Kennern beachtet und betrachtet" sein und "sich von den hochliterarischen Bedürfnissen der Besseren herausfordern lassen"[39] wollen. Vielleicht hat Hofmannsthal auch angenommen, daß die Wiener Volksbühne nicht allein wegen ihres literarisch-künstlerischen Anspruchs, sondern auch als das Theater des sozialdemokratisch bestimmten Vereins Freie Volksbühne für den Wozzeck, den ersten proletarischen Helden der deutschen dramatischen Literatur, zu interessieren wäre und hat sich deshalb an den Sozialdemokraten Großmann gewandt. Aber zu Beginn des Jahres 1913 laborierte der an einem schweren Magenleiden. Zudem war er in der Volksbühnenorganisation im Zusammenhang mit dem Bau eines vereinseigenen Theaters in Schwierigkeiten geraten. Er resignierte, legte sein Amt

---

[37] Hofmannsthal wählte die Schreibweise "Wozzek".
[38] Zitiert nach Rudolf Hirsch: Ein Brief Hofmannsthals an Alfred Roller.- In: Hofmannsthal-Blätter 1 (1969) Heft 3, S. 194.
[39] Berthold Viertel: Schriften zum Theater.- München 1970, S. 229.

18

an der Volksbühne am 28.3.1913 nieder und wurde durch Arthur Rundt ersetzt[40]. Großmann konnte also der Anregung Hofmannthals nicht mehr folgen. Daß er sich "ablehnend" verhalten habe, wie Eugene Weber meint[41], oder "kein Interesse" an einer Uraufführung des "Wozzeck" gehabt habe, wie Ulrike Landfester annimmt[42], kann man in Kenntnis des Zeitpunktes und der Umstände seines Rückzuges aus der Wiener Freien Volksbühne nicht sagen.

Am 19.1.1913 gibt Hofmannsthal Franckenstein brieflich einen wichtigen Hinweis zur zielgerichteten Gestaltung des Münchner Spielplans: "Ich schicke Dir nächster Tage ein dramatisches Werk 'der Bettler' von Reinhard Sorge[43], einem neuen Autor. Dies hat durch Eintreten Dehmels irgend einen Preis bekommen, wird vielseitig propagiert und ist wirklich ein ganz curioses und der dichterischen Kraft nicht entbehrendes Machwerk. Reinhardt hat es, glaube ich, auch zur Aufführung in Aussicht genommen. Ich glaube es wäre kein ungeschickter Schachzug wenn Du dieses Stück annähmest bevor alle Welt es im Munde führt und es Dir von tausend Seiten aufgedrängt wird. Es ist jedenfalls ein sogenanntes Experiment, eine sogenannte That. Würde Deinen Credit heben und Dir dadurch die Möglichkeit geben auch im klassischen Repertoir freier zu schalten. Denn die Constellation ist jetzt so / in früheren Jahrzehnten war sie umgekehrt / dass man durch die Verwaltung des modernen Repertoirs Credit erwirbt und ihn verbrauchen oder aufs Spiel setzen muss um im klassischen das zu erreichen was ein Mann wie Du im Laufe von Jahren eben erreichen muss: die Regeneration des Besitzstandes. Da Du in der Zwischenzeit den pietätvollen Schlendrian in der Veranstaltung von Gymnasiasten-

---

[40] Vgl. Stefan Großmann: Ich war beigeistert. Eine Lebensgeschichte. (= Reihe Q. Quellentexte zur Literatur- und Kulturgeschichte, Bd. 7.).- Königstein/Ts. 1979, S. 179ff.

[41] Eugene Weber: Zur Uraufführung von Büchners "Wozzeck".- In: Für Rudolf Hirsch zum 70. Geburtstag am 22. Dezember 1975.- Frankfurt am Main 1975, S. 240.

[42] Ulrike Landfester a.a.O., S. 104, Fn. 198.

[43] Ulrike Landfester liest ebda., S. 103 Reinhold Sorge.

abenden einschränken musst so ist Dir die Gegnerschaft eines gewissen Theils des Publicums, der ganz gedankenlos am Herkömmlichen festhält gewiss, dafür bedarfst Du eben des erhöhten Credits bei den anderen, deren Interesse vom modernen Repertoirs aus auf das Klassische hinübergeleitet werden muss, was ja der allein mögliche Zustand ist. Im gleichen Sinne möchte ich Dich daher erinnern ob es nicht doch opportun wäre für 1913 den Wozzek oder den Danton anzunehmen."[44] Die Formulierung "erinnern ob es nicht doch opportun wäre" läßt vermuten, daß Hofmannsthal nicht nur Großmann, sondern auch Franckenstein bereits eine Inszenierung des "Wozzeck" an seinem Theater vorgeschlagen hat. Im Rahmen eines Entwurfs für ein "Grundsatzprogramm" der Münchner Dramaturgie unter Franckenstein schiebt er dafür ein Argument nach: Mit dem "Experiment" einer "Wozzeck"-Aufführung kann ein Theaterleiter in dem Publikumssegment, das Interesse an moderner dramatischer Literatur hat, Ansehen gewinnen, denn man wird dort den "Wozzeck" als ein Stück moderner Literatur empfinden, so wie Sorges "Bettler". Das war eine prophetische Voraussage Hofmannsthals, die sich erfüllte. Der Teil des Publikums freilich, der die zeitgenössische dramatische Literatur nicht goutierte, lehnte den "Woyzeck" noch während der Zwanzigerjahre als zu "modern" ab.

Für Hofmannsthal hatte der "Wozzeck" nun, im Jahre 1913, auch auf dem Theater sein Publikum. Für den "Danton", so fährt er in seinem Brief fort, würde er sich "verpflichten durch Striche das Anstößige und stellenweise auf der Bühne wirklich unmögliche zu mildern und die höchst merkwürdige Gegenüberstellung Dantons und Robespierres hervortreten zu lassen[45]. Immerhin bleibt der

---

[44] Ebda., S. 103f.
[45] Diesen Leitlinien folgt weitgehend auch Karl Wollf, der Dramaturg des Münchner Hoftheaters, bei seiner Bühnenbearbeitung des "Danton" für Eugen Kilians Inszenierung des Werkes, die der Uraufführung des "Wozzeck" vorangestellt wurde. Vgl.

Wozzek in seiner balladenhaften Abgerissenheit vielleicht das leichtere und dankbarere Experiment."[46] In einem Postscriptum notiert Hofmannsthal, daß er sich auch "wegen 'The playboy of the western world' --- umsehen" wolle[47]. Hofmannsthal und Franckenstein befinden sich also mitten in den Überlegungen zur Planung der neuen Spielzeit 1913/14. Nachdem Franckenstein Interesse für den "Wozzeck" bekundet hat - ein Beleg dazu fand sich nicht mehr - annonciert ein knappes Postscriptum in einem Brief Hofmannsthals an Franckenstein vom 28.1.1913, " 'Wozzek' werde roharbeiten"[48], daß er sich nun mit dem Entwurf einer Bühneneinrichtung des "Wozzeck" befassen will. In einem Brief vom 10.2.1913 nimmt Hofmannsthal Bezug auf einen nicht überlieferten Brief Franckensteins an ihn zum Thema "Wozzeck": "Da Du, Wozzek betreffend, das gewichtige und beim Theater vieldeutige Wort 'Bearbeitung' gebrauchst, bin ich ängstlich vor Mißverständnissen. Mir schwebt vor, die Scenen zu streichen, die gestrichen werden sollen, und unter den übrigen gelegentlich je 2 - 3 in eine Decoration zusammenzuziehen, ferner mit Erwin Lang, der das Theater versteht, über das 'wie' des Decorativen dir präcise Vorschläge zu machen, dies alles privatim, zu deinem Gebrauch, doch wüßte ich nicht, welche Arbeit dann noch für den Dramaturgen übrig bliebe. Bitte laß mir aber gleich schreiben, ob die Sache sehr eilt."[49] Hofmannsthal möchte also Franckenstein keine Bearbeitung des "Wozzeck" in dem Sinne liefern, daß er als Dramatiker die Texte in den damals bekannten Fassungen der Szenenfolge bei Franzos oder Landau umdichtet, neu faßt oder ergänzt. Er hat in diesem Falle keine literarischen Ambitionen und will eventuell gehegte entsprechende

---

Wolfram Viehweg: Georg Büchners "Dantons Tod" auf dem deutschen Theater.- München 1964, S. 39ff.

[46] Ulrike Landfester a.a.O., S. 104.

[47] Ebda., S. 105.- Dieses Stück von John M. Synge hat dann 1913 in München tatsächlich seine Deutsche Erstaufführung erlebt, aber an den Kammerspielen.

[48] Ebda., S. 107.

[49] Ebda., S. 111.

Erwartungen seines Freundes dämpfen. Er will kein neues Stück von Hofmannsthal nach Büchner schreiben, sondern, wie ein Theaterdramaturg, nur die vorhandenen Texte für die Münchner Bühne einrichten. Franckenstein hatte in seinem nicht überlieferten Brief an Hofmannsthal[50] offenbar auch von der Mitarbeit seines Dramaturgen Karl Wollf[51] gesprochen. Sie wurde später tatsächlich geleistet. Hofmannsthal hält sie zunächst für überflüssig. Wieder betont er den vertraulichen, beinahe geheimen Charakter seiner Beratertätigkeit für Franckenstein, indem er die Worte "privatim, zu deinem Gebrauch" in seinem Brief mit einer kräftigen Unterstreichung versieht.

Am 22.2.1913 schreibt er an Franckenstein, "ad Wozzek" werde er überlegen, "was dazu zu spielen."[52] Den Gedanken an eine Zusammenarbeit mit Erwin Lang hat er aufgegeben. Er will nun "die Sache auch mit (Alfred) Roller durchsprechen, Dir möglichst vollständige Anleitung für das Scenische schaffen (für die kleine und primitive Bühne des Residenztheaters.)"[53]

Für die Zeit vom 22.2.1913 bis zum 26.4.1913 ist uns keine Korrespondenz zwischen Hofmannsthal und Franckenstein in Sachen "Wozzeck" erhalten. Im April 1913 hat Franckenstein wohl bei Hofmannsthal wegen des Standes seiner Arbeit an der darmaturgischen Einrichtung des "Wozzeck" und wegen der Ergebnisse der von Hofmannsthal geplanten Gespräche mit Roller nachgefragt. Am 26.4.1913 schreibt Hofmannsthal an Franckenstein: "Ich wußte nicht, daß es mit dem Wozzek eilt." Er wolle sich "sogleich darübermachen." Aber er reduziert die Erwartungen seines Freundes noch weiter und warnt ihn: "(erwarte dir nichts als einen halbwegs

---

[50] Vgl. S. 21.
[51] Der Name erscheint in unterschiedlichen Schreibweisen. Wir folgen dem Neuen Theater-Almanach. Herausgegeben von der Genossenschaft Deutscher Bühnenangehöriger. 25 (1914), S. 558.
[52] Ulrike Landfester a.a.O., S. 111.
[53] Ebda., S. 111f.

gewissenhaften Vorschlag)".[54] Er habe sich "für morgen Roller herausgebeten, um ihn (privatissime), da er ein wahres Compendium für Scenierungskunst ist, einiges für die Decoration möglichst simple, Lösung zu fragen."[55] Daß Hofmannsthal sich erst nach diesem Brief vom 26.4.1913 genauer mit einer Einrichtung des "Wozzeck"-Textes für die Münchner Bühne befaßt hat, ist den Formulierungen, er habe nicht gewußt, "daß es mit dem Wozzek eilt" und er wolle sich "sogleich darübermachen" zu entnehmen. Dabei konnte er sich möglicherweise der in seinem Brief an Franckenstein vom 28.1.1913 angekündigten "Roharbeiten" am "Wozzeck" bedienen. Er benutzte bei seinen ersten dramaturgischen Überlegungen zunächst die in der Abfolge der ersten neun Szenen wesentlich von Karl Emil Franzos abweichende Ausgabe von Landau. Die Ergebnisse trug er in sein Exemplar dieser Ausgabe ein.[56]

I.1.3.　Hofmannsthals Entwurf einer Bühneneinrichtung des "Wozzeck" nach der Büchnerausgabe von Paul Landau

Hofmannsthals Entwurf einer Bühneneinrichtung des "Wozzeck"[57] beginnt mit dem Gespräch zwischen dem Hauptmann und Wozzeck im Zimmer des Hauptmanns, das auch in der Ausgabe Landaus als erste Szene erscheint (S. 55).[58] Die zweite Szene bei Landau, "Freies Feld. Die Stadt in der Ferne" (S. 57), streicht Hofmannsthal. Als zweite Szene seines Entwurfs wählt er Landaus siebente Szene,

---

[54] Ebda., S. 117.
[55] Ebda., S. 117f.
[56] Das Exemplar befindet sich im Freien Deutschen Hochstift in Frankfurt am Main.
[57] Vgl. dazu deren knappe Darstellung bei Eugene Weber a.a.O., S. 242.
[58] Diese Seitenangabe, wie auch die folgenden, folgen Paul Landau a.a.O., 2. Bd. - Landau gibt den ersten neun Szenen abweichend von Franzos die Abfolge: Zimmer. Der Hauptmann. Wozzeck. - Freies Feld. Die Stadt in der Ferne. - Die Stadt. - Studierstube des Doctors - Oeffentlicher Platz. Buden. - Das Innere der Bude. - Straße. - Der Hof des Doctors - Stube.

23

"Straße" (S. 64), die Begegnung Maries mit dem Tambourmajor. Hofmannsthal verlegt sie laut handschriftlicher Notiz über dem Text der Szene in "Mariens Zimmer". Er streicht die letzten Sätze des Tambourmajors: "Sieht dir der Teufel aus den Augen?" und Maries: "Meinetwegen. Es ist alles eins!" und schließt Landaus dritte Szene, "Die Stadt" (S. 58), beginnend mit Margareths Satz: "Ei, was freundliche Augen, Frau Nachbarin!", unmittelbar an. Der szenisch aufwendige Vorbeimarsch des Zapfenstreichs wird vermieden. Das erste Treffen Maries und des Tambourmajors aber findet so recht unmotiviert bereits in der Wohnung der Marie statt. Der zudringliche Tambourmajor wird durch den Auftritt der Margareth gestört und vertrieben. Als dritte Szene verwendet Hofmannsthal die vierte bei Landau, "Studierstube des Doctors" (S. 60). Die fünfte und die sechste Szene Landaus, "Oeffentlicher Platz. Buden" (S. 62) und "Das Innere der Bude" (S. 63), werden gestrichen, ebenso die achte "Der Hof des Doctors" (S. 65). Als vierte Szene erscheint im Entwurf Hofmannsthals die neunte Szene bei Landau, "Stube" (S. 66). Er ergänzt deren Überschrift handschriftlich zu "Stube Mariens". Marie betrachtet sich im Schmuck der Ohrringe, Wozzeck bringt ihr sein beim Hauptmann verdientes Geld. Die zehnte Szene Landaus, "Straße" (S. 67), mit der Begegnung des Hauptmanns, des Doktors und später Wozzecks, wird bei Hofmannsthal zur fünften Szene. Landaus elfte Szene, "Mariens Stube" (S. 70), mit Wozzecks Verhör der Marie, nimmt Hofmannsthal als sechste Szene. Seine siebente Szene läßt er laut handschriftlicher Notiz "Vor dem Wirtshaus" spielen. In ihr faßt er zusammen: Landaus zwölfte Szene, "Die Wachtstube" (S. 71), mit dem Gespräch zwischen Wozzeck und Andres, Landaus dreizehnte Szene, "Wirtshaus" (S. 72), mit den Handwerksburschen und dem von Wozzeck beobachteten Tanz Maries mit dem Tambourmajor, Landaus vierzehnte Szene, "Freies Feld" (S. 74) und seine fünfzehnte Szene, "Kaserne" (S. 75), mit Wozzecks Visionen des Mordbefehls und des Messers und Wozzecks von Franzos hinzugefügtem Gebet "Und führe uns nicht in Versuchung". Die Zusammenfassungen werden durch geschweifte Klammern markiert. Wegen des Ortes der Handlung der so entstandenen Szene "Vor dem Wirtshaus" muß Hofmannsthal in dem Text der Szene "Die Wachtstube" (S. 71) einige Änderungen vornehmen. Er streicht den Dialog zwischen dem Lied des Andres "Frau Wirthin hat eine brave Magd" und Wozzecks Satz "Tanz, Andres, sie tanzen!" und läßt Wozzeck nun sagen "--- ich muß sehen, wie sie tanzen" statt "--- wo sie tanzen". Wozzecks Ruf: "Hinaus, hinaus!" am Schluß der Szene wird gestrichen. In der Szene "Wirtshaus" streicht er das Lied der Burschen " Ein Jäger aus der Pfalz". Am Schluß des Textes der Szene "Wirtshaus" notiert Hofmannsthal handschriftlich als Szenenanweisung für Wozzeck "Geht nach vorn." Wozzeck fällt in seine Visionen aus den Szenen "Freies Feld" (S. 74) und "Kaserne" (S. 75). Hofmannsthal streicht den Text zwischen Wozzecks Sätzen aus der Szene "Freies Feld": "Ich hör's immer, immer zu - stich todt" und aus der Szene "Kaserne": "Und dazwischen blitzt's mir immer vor den Augen, wie ein Messer!" und die Replik des Andres "Schlaf, Narr." Was bleibt, ist ein Wahnmonolog Wozzecks[59]. Die sechzehnte Szene bei Landau, "Kasernenhof" (S. 75), die siebzehnte, die Bibelszene in "Mariens Stube" (S. 77) und die achtzehnte, "Kramladen" (S. 77), hat Hofmannsthal gestrichen. Auch die Kampfszene zwischen Wozzeck und dem Tambourmajor, bei Landau nur als eine die Kasernenhofszene ergänzende Fußnote (S. 75f) vermerkt, verwendet Hofmannsthal nicht, allerdings ist sie auch nicht eigens gestrichen. Als achte Szene folgt bei Hofmannsthal Landaus neunzehnte Szene, "Straße" (S. 78), mit dem Tanz der Kinder und dem Märchen der alten Frau, als neunte Szene Landaus zwanzigste, "Kaserne" (S. 79), in der Wozzeck dem Andres seine Habseligkeiten übereignet. Hier hat Hofmannsthal den

---

[59] Eugene Weber nimmt irrtümlich an, Hofmannsthal habe die Szene "Kaserne" (S. 75) völlig gestrichen. Vgl. Eugene Weber a.a.O., S. 242.

handschriftlichen Zusatz mit der laufenden Nummer aller Szenen seiner Einrichtung eingeklammert und mit einem Fragezeichen versehen. Keine Szene seiner Einrichtung spielt in der Kaserne, der Wachstube oder auf dem Kasernenhof. Der Verzicht auf diese eindrucksvolle Testamentsszene fällt ihm offenbar schwer. Entscheidet er sich aber, sie aufzunehmen, braucht er für ihre wenigen Sätze ein neues Bühnenbild, und er will doch gerade eine Texteinrichtung bieten, die bei der Umsetzung auf der Bühne möglichst einfach und sparsam zu handhaben ist.

In der zehnten Szene seines Entwurfes faßt Hofmannsthal, jeweils gekennzeichnet durch eine geschweifte Klammer und den hand-schriftlichen Zusatz "ebenda", die einundzwanzigste Szene Landaus, "Waldweg am Teich" (S. 80), mit Wozzecks Mord an Marie, Landaus zweiundzwanzigste Szene, "Wirtshaus" (S. 81), deren Titel er streicht und durch die handschriftliche Notiz "Musik" ersetzt, und die dreiundzwanzigste Szene bei Landau, "Waldweg am Teich" (S. 82), zusammen. Die letzte Wirtshausszene soll also nicht auf der Bühne dargestellt, sondern nur durch Musik angedeutet werden.

Als elfte Szene erscheint in Hofmannsthals Einrichtung Landaus vierundzwanzigste, "Früher Morgen. Vor Mariens Hausthür" (S. 83) und abschließend als zwölfte Landaus fünfundzwanzigste Szene, "Secirsaal" (S. 84).

Im diesem bereits weit gediehenen Entwurf einer Bühneneinrich-tung des "Wozzeck" erweist sich Hofmannsthal einmal mehr als ein Mann, der die Theaterpraxis und speziell das dramaturgische Handwerk der Zeit und dazu noch die Verhältnisse am Münchner Hoftheater, die angespannten finanziellen und die kargen techni-schen im Residenztheater, genau kannte.

Aus den fünfundzwanzig Szenen bei Landau werden bei ihm sparsame zwölf bzw. elf, wenn er wirklich auf seine neunte Szene verzichtet. Er benötigt nun, wenn er die Straßenszenen des fünften, achten und elften Bildes in derselben Dekoration spielen läßt, acht, ohne die neunte Szene gar nur sieben Dekorationen.

Landau sah "das Heranreifen und die Ausführung eines Mordplanes in einer zunächst einfach und gut angelegten, aber durch besondere Verhältnisse verwirrten und komplizierten Seele" als "Grundmotiv der Handlung"[60]. Hofmannsthal konzentriert den Text auf dieses "Grundmotiv" hin, streicht alle nicht unmittelbar zu ihm gehörenden Szenen und gibt ihm den Aufbau eines im herkömmlichen Sinne sorgfältig gebauten Bühnenstücks.

In den Szenen 1 bis 3 liefert er die Exposition. Die erste Szene informiert über Wozzecks allgemeine Situation und zeigt seine Arbeit für Marie und das Kind beim Hauptmann. Im scharfen Gegensatz dazu sieht der Zuschauer bereits in der zweiten Szene, wie Marie beim Tambourmajor, der schon in ihre Stube darf, Feuer fängt und der Betrug an Wozzeck beginnt.

Wiederum in betontem Gegensatz zur vorhergehenden opfert sich Wozzeck in der dritten Szene für die Seinen als Versuchsperson des Doktors.

In den Szenen 4 bis 7 baut Hofmannsthal steigernd den Konflikt auf: Wozzeck sieht die Ohrringe bei Marie, als er ihr seine Löhnung und das bei Hauptmann verdiente Geld bringt (vierte Szene). Der Hauptmann und der Doktor berichten dem im Gegensatz zum Publikum noch ahnungslosen Wozzeck roh und hämisch vom Verhältnis seiner Marie zum Tabourmajor (fünfte Szene). Der geängstigte Wozzeck sucht nach Spuren des Betruges an Marie und verlangt in aufloderndem Zorn vergebens Auskunft von ihr (sechste Szene). Er beobachtet den Tanz Maries und des Tambourmajors im Wirtshaus, bekommt so Gewißheit und verfällt nun in wahnhafte Mordvisionen (siebente Szene).

Die achte und die neunte Szene lassen die Handlung retardierend ruhen, verweisen aber deutlich auf das kommende Unheil. Die alte Frau erzählt ihr Märchen (achte Szene), Wozzeck übergibt Andres seine Habe (neunte Szene).

---

[60] Paul Landau, a.a.O., Bd. 2, S. 54.

Die Szenen 10 bis 12 bringen die Katastrophe und den Abschluß. Wozzeck ersticht Marie und ertrinkt im Teich (zehnte Szene). Die spielenden Kinder erfahren von dem Mord und laufen fort, die Leiche zu sehen. Maries Knabe bleibt allein zurück (elfte Szene). Im Gegensatz zu der emotional anrührenden vorhergehenden Szene bestätigt der Richter in kalter Professionalität den guten, echten und schönen Mord (zwölfte Szene).

Vermerke Hofmannsthals über den Texten der einzelnen Szenen zeigen, mit welchem Bühnensystem er den schnellen, ununterbrochenen Ablauf der elf oder zwölf Szenen bewirken will.[61]

Wie seinem Brief an Franckenstein vom 26.4.1913 zu entnehmen ist, hat er am 27.4.1913 mit Roller auch über die technischen Bedingungen einer Uraufführung des "Wozzeck" im Münchner Residenztheater gesprochen.[62] Nun, nach dem Gespräch mit Roller, denkt er offenbar an eine in der Breite variable Bühne. Alle Szenen, die in Innenräumen spielen, sind mit der Notiz "schmal" versehen, also die Szenen 1 bis 3, 6, 9 und 12. Die vierte Szene trägt einen solchen Vermerk nicht, aber da sie in der gleichen Dekoration wie die Szenen 2 und 6, in der Stube der Marie, spielt, wird Hofmannsthal auch für sie einen schmalen Bühnenrahmen vorgesehen haben. Für alle Außenszenen notiert er den Vermerk "breit, seicht", also für die fünfte, die siebente, die achte und die zehnte Szene. Eine Ausnahme bildet hier die elfte Szene. Sie trägt den Vermerk "schmal".

Hofmannsthal mag hier an die Verwendung einfacher Vorhänge als vordere seitliche Abdeckung gedacht haben, oder, auf Anregung Rollers, an seitliche Wandelemente, wie sie Roller selbst ähnlich in seiner Wiener "Don Giovanni"-Ausstattung als sogenannte

---

[61] Vgl. dazu Michael Hamburger: Hofmannsthals Bibliothek.- In: Euphorion 55. Bd. (1961), S. 15ff (Hier: S. 45) und Dietmar Goltschnigg: Rezeptions- und Wirkungsgeschichte Georg Büchners.- Kronenberg/Ts. 1975, S. 189. Hamburger hat diese Vermerke als "Kennworte" gedeutet, Goltschnigg als "bestimmte Wertprädikate".
[62] Vgl. S. 23.

"Rollertürme"[63] und Fritz Erler, die "Türme" variierend, für seine "Faust"-Aufführung zur Eröffnung des Münchner Künstlertheaters 1908 verwendet hatten[64], an ein System also, das, bei sparsamster Verwendung von Versatzstücken, leichte Verwandlungen ermöglichte.

Für die Außenszenen hatte Hofmannsthal mit dem Vermerk "breit, seicht" offenbar an eine Reliefbühne gedacht, wie Roller sie dann für die Uraufführung des "Wozzeck" tatsächlich einsetzte[65].

I.1.4.   Hofmannsthals Vorschläge zu einer Einrichtung des "Wozzeck" nach der Ausgabe von Rudolf Franz. Hofmannsthals und Alfred Rollers Mäzenatentum

Etwa zwei Wochen nach seinem Gespräch mit Roller am 27.4.1913 teilte Hofmannsthal Franckenstein die Ergebnisse dieses Gesprächs und die seiner dramaturgischen Arbeit am "Wozzeck" mit. Er schreibt ihm in seinem Brief vom 12.5.1913:
"ad Wozzeck ergab sich mir bei näherer Beschäftigung, daß eigentlich gar kein dramaturgisches Problem vorliegt sondern nur ein Problem der Inscene-setzung. Mit viel Zusammenziehen u.s.f. ist gar nichts getan: denn gerade in der balladenhaften Aufeinanderfolge der contrastierenden Szenen liegt das Geniale und Bezaubernde. Man kann es leicht zu Tode 'einrichten'".[66] Hatte er für seine Überlegungen zu einer dramaturgischen Einrichtung des "Wozzeck" bisher die Szenenfolge der Fassung Paul Landaus benutzt, so bezieht er sich nun auf die Ausgabe von Rudolf Franz, die wieder

---

[63] Vgl. S. 67f.
[64] Vgl. Walter Grohmann: Das Münchner Künstlertheater in der Bewegung der Szenen- und Theaterreform (= Schriften der Gesellschaft für Theatergeschichte Bd. 47).- Berlin 1935, S. 27ff.
[65] Vgl. Exkurs: Die theatergeschichtliche Entwicklung des Bühnensystems der Uraufführung des "Wozzeck", S. 67ff.
[66] Ulrike Landfester a.a.O., S. 118.

unverändert neben der Textfassung auch die Szenenfolge von Karl Emil Franzos übernimmt. Hofmannsthal fährt fort: "Ich würde nur weglassen: die Scenen vor der Bude und in der Bude S. 159, 160 (der Ausgabe: G. Büchners Dramatische Werke, München, 1912. bei G. Birk.) ferner die Scene der Hof des Doctors S. 162. endlich Wirtshaus. S. 189. Hier lasse ich ihn abgehen, man hört die monotone Tanzmusik aus dem Wirtshaus, dann kommt er wieder, das Messer holen.

Einzelnes vereinfacht sich: z.B. S. 182 'freies Feld' schließt als Monolog an die vorhergehende Scene an, ohne Verwandlung (also keine Extra decoration.)

Aber im Übrigen ist das einzig mögliche, die 14 oder 16 Bilder abschnurren lassen wie einen Film, mit einfachsten Prospecten und einem Minimum an Mobiliar, Bett oder Stuhl, der einfach von einem Theaterarbeiter seitlich hereingeschafft wird. Das Technische, wie es zu machen, in der altmodischsten, simpelsten Form, die Prospecte hintereinanderhängend, von einem Arbeiter seitwärts durch Züge bedient, das habe ich alles mit Roller durchgesprochen, mit Hinblick auf ein kleines altes Theater, das keinerlei moderne Bühneneinrichtung zu besitzen braucht."[67] Nur einige seiner Überlegungen zur Einrichtung des "Wozzeck", die er in seiner Landauausgabe notiert hatte, gibt Hofmannsthal nun als Vorschläge ("Ich würde nur weglassen ---") an Franckenstein weiter: Die Streichung der Szenen vor und in der Bude, auf dem Hof des Doktors, der letzten, nur durch Musik angedeuteten Wirtshausszene und den direkten Anschluß der Szene "Freies Feld" an die vorausgehende erste Wirtshaussszene. Die anderen erwähnt er hier nicht. Er bezeichnet in diesem Brief nur die Streichung ganzer Szenen. Dabei entfallen vier. Die Ausgabe von Franz folgt Franzos, hat also 26 Szenen. Um nun auf die von Hofmannsthal genannten vierzehn oder sechzehn Szenen zu kommen, müssen unter den verbleibenden

---

[67] Ebda., S. 118f.

zweiundzwanzig Szenen weitere Zusammenfassungen vorgenommen werden. Es ist zu vermuten, daß Hofmannsthal dem Brief vom 12.5.1913 ein Textexemplar beigefügt hat, in dem Vorschläge für nur einige wenige, da ihm ja nun problematisch gewordene Zusammenfassungen markiert wurden. Anders wäre die sonst beziehungslose Briefstelle "Einzelnes vereinfacht sich: z.B. S. 182 'freies Feld' schließt als Monolog an die vorhergehende Scene an --" nicht zu erklären.

Hofmannsthal spricht von vierzehn oder sechzehn Bildern, hat also für die Texteinrichtung keine abschließende Form angeboten. Die Vorschläge "über das 'wie' der Decoration" , die er nach dem Wortlaut seines Briefes an Franckenstein vom 10.2.1913 mit Erwin Lang entwickeln wollte, macht er nun, wie in dem Brief vom 22.2.1913 angekündigt, nach dem Gespräch mit Roller. Anschließend bringt dieser Brief vom 12.5.1913 besonders frohe Kunde für Franckenstein. "Und nun der Hauptpunkt: Roller ist von der Größe dieses Fragments so angetan, daß er mir die für alle Scenen nötigen 14 oder 16 Decorationsskizzen im simpelsten Bühnensinn (30er Jahre) anzufertigen und sie mir zu schenken[68] sich erbietet, so daß ich sie dir, d.h. ihre Benützung für München, kostenlos überlassen kann. Das wäre wohl recht schön und könnte eine anständige Sache werden. Die Frage ist nur: kannst du so viel ausgeben, als die Prospecte selbst kosten, die nach diesen Skizzen dort anzufertigen wären? Kannst du 16 mal 4 Meter bemalte Leinwand für die Sache spendieren? Hierzu wäre ich, um Büchners willen, bereit, einen Beitrag bis zu 500 Mark aus meiner Tasche zu leisten, um die Sache zu ermöglichen. Wenn ja, dann würde Roller sofort mit dem Beginn der Sommerferien an die Arbeit gehen, du kannst sicher sein, daß du die Sachen rechtzeitig hättest. (Er zeigte mir schon Mariens Zimmer und, besonders gelungen, das Weidengebüsch wo Wozzek und

---

[68]   Ulrike Landfester liest ebda., S. 119 "schicken" statt "schenken".

31

Andres Stöcke schneiden.) Das technisch nötige Regulativ für die übrigens simple Durchführung gibt er natürlich mit."[69] Hofmannsthal weiß aus seiner Zusammenarbeit mit Franckenstein, daß der Generalintendant der Münchner Hoftheater sich in einem begrenzten Finanzrahmen bewegen muß. Am 1.3.1913 schreibt Franckenstein an Hofmannsthal, der ihm in seinem Brief vom 22.2.1913[70] wärmstens empfohlen hatte, Friedrich Kayßler in sein Ensemble zu holen: "Für ein Engagement Kaysler habe ich momentan kein Geld - Der état ist furchtbar belastet. Aber vielleicht kann man einige Gastspiele machen."[71] Am 31.1.1913 schon mußte Franckenstein Hofmannsthal aus finanziellen Gründen einen Tort antun. Er schreibt: "Jetzt etwas, was Dich nicht freuen wird: wir können Ariadne auf die Dauer nicht im Residenztheater geben. Die genaue Erklärung dafür wird auf meinen Auftrag im Bureau ausgearbeitet und Dir zugeschickt. Wenn wir fortfahren es im Residenztheater zu spielen so leidet unser Repertoir wir kommen mit dem Abonnement im Hoftheater in Rückstand und ich verliere in 2 Monaten durch Mindereinnahmen an die 100 000 Mark. Du wirst einsehen, dass ich im ersten Jahr meiner Thätigkeit und bei der notorischen Sparsamkeit des Regenten das nicht tun kann."[72] Hofmannsthal fürchtet nun, daß die von ihm so sehr gewünschte und geförderte Uraufführung des "Wozzeck" zu Büchners 100. Geburtstag an dem "furchtbar belasteten état" des Hoftheaters scheitern könnte. Wie sehr ihm daran gelegen war, den "Wozzeck" endlich auf der Bühne zu sehen, zeigt seine Bereitschaft, sich mit einem ansehnlichen Betrag als Mäzen des Projektes zu engagieren. Die Zusage des ebenfalls von dem Vorhaben der Uraufführung des "Wozzeck" begeisterten Roller, ihm, Hofmannsthal, nicht etwa dem

---

[69] Ebda. Es hat demnach zwischen dem 27.4. und dem 12.5.1913 mindestens noch ein Treffen Hofmannsthals mit Roller in Sachen "Wozzeck" gegeben.
[70] Ebda., S. 112.
[71] Ebda., S. 114.
[72] Ebda., S. 108.

Hoftheater, die Bühnenbildentwürfe zu "schenken" bzw. zur kostenlosen Verwendung in München zu überlassen, wird zum etatentlastenden Hauptpunkt. Roller verzichtet damit auf ein sicher nicht geringes Honorar. Er behält sich, wie ein Postscriptum Hofmannsthals in seinem Brief vom 12.5.1913 mitteilt, vor, die Skizzen, "die sein Eigentum" bleiben, nach der Münchner Aufführung "etwa in Wien oder anderswo noch verwenden zu lassen. (Nach heißt nicht den Tag darauf, sondern frühestens 2 Monate nachher.)"[73] Auch Roller rechnet also damit, daß nun die Bühnenlaufbahn des "Wozzeck" beginnen wird.

Hofmannsthals in Klammern eingefügte Bemerkung zu den Dekorationsskizzen "(30ger Jahre)" zeigt an, daß Roller das Stück im Stil der Zeit seiner Entstehung ausstatten will, wie es dann auch geschehen ist.

Die Versicherung Hofmannsthals, daß Franckenstein die Entwürfe Rollers und dessen technische Anweisungen für deren Übertragung auf die Bühne "rechtzeitig" in München haben werde, läßt vermuten, daß Franckenstein bereits einen Termin für die Premiere des "Wozzeck" in den ersten Monaten der Spielzeit 1913/14 im Auge hat.[74]

Den letzten Absatz dieses Briefes von Hofmannsthal an Franckenstein vom 12.5.1913 verwendet Weber für seine Darstellung nicht: "Also hoffentlich paßt dir das? Bitte schreib bald. Bezüglich Text würde ich raten, nach Streichung obengenannter Scenen die Rollen aus einem Exemplar der obencitierten Ausgabe ausschreiben zu lassen, vorbehaltlich kleiner Veränderungen, Striche etc."[75] Das Wort "kleiner" hat Hofmannsthal unterstrichen. Er glaubt nun, daß es angesichts der Vorschläge Rollers, mit deren Hilfe das "Problem der Inscene-setzung" gelöst ist, also eine schnelle Abfolge der

---

[73] Ebda., S. 120. Die beiden "nach" hat Hofmannsthal unterstrichen.
[74] Zur Terminplanung vgl. die Kritik der Uraufführung des "Wozzeck" von Karl Frieß in: "Leipziger neueste Nachrichten" 11.11.1913.
[75] Ulrike Landfester a.a.O., S. 120.

einzelnen Szenen auf der Bühne möglich wird, keiner weiteren dramaturgischen Einrichtung des Textes mehr bedarf, abgesehen von einigen Kleinigkeiten. Er hält seine Arbeit auf diesem Felde für getan.

I.1.5. Der Einrichtungsplan des Hoftheaterdramaturgen Karl Wollf und das "Handexemplar Roller-Hofmannsthal" nach Eugene Weber

Eugene Weber berichtet nun von dem glücklichen Fund eines "Handexemplars Roller-Hofmannsthal", wie er es nennt, "in der Bibliothek in Hinterhör, dem Sommersitz der Gräfin Ottonie Degenfeld. Hofmannsthal hat es wohl im Schloß Neubeuern bei seinem Aufenthalt Dezember 1913/Januar 1914 liegenlassen."[76] In dieses Handexemplar, nach Weber ein Bändchen der Ausgabe von Rudolf Franz, haben, so wiederum Weber, "Hofmannsthal und Roller genaue Anweisungen zur Inszenierung und Dramaturgie"[77] eingetragen. Weber glaubt, in ihm eine allein von Hofmannsthal stammende "Hofmannsthalsche Bearbeitung"[78] für die Uraufführung des "Wozzeck" gefunden zu haben.

Aber: Schon bald nach seinem Brief an Franckenstein vom 12.5.1913 bekommt Hofmannsthal aus München einen von Eugene Weber nicht erwähnten "Einrichtungsplan" des Hoftheaterdramaturgen Karl Wollf. Er schickt ihn am 26.5.1913 an Roller. In einem begleitenden Brief schreibt er: "Inliegend vom dortigen Dramaturgen verfaßt ein Einrichtungsplan für Wozzek, wodurch nur 8 Decorationen nötig werden. Auch Sie dachten ja (ad Strasse, Hauseinfahrt) an ähnliche, nur weit sinnvollere Zusammenziehun-

---

[76] Eugene Weber a.a.O., S. 243 und S. 248, Fn. 14. Bei Gelegenheit dieses Aufenthaltes besuchte Hofmannsthal in München die Aufführung der "Ariadne" am 2.1.1914 und des "Wozzeck" am 3.1.1914.- Vgl. S. 124f.

[77] Eugene Weber a.a.O., S. 243.

[78] Ebda.

gen wie der Dramaturg. Bitte also gütigst das anzuschauen, damit wir zu einem möglichen Compromiss kommen. Einzelnes z.b. daß er Marie beim Fenster die Bibel lesen läßt (von außen gesehen) oder daß er den Juden hausierend in die Kaserne kommen läßt, halte ich für ganz gut, ich fürchte nämlich etwas die allzu kurzen[79] Scenen: nämlich beim Lesen gibt man denn durch den inneren Eindruck einen unmeßbaren Zeitraum zur Entfaltung, auf der Bühne aber ist alles unerbittlich nüchtern. Zu viel darf man wieder nicht zusammenziehen sonst geht natürlich der Rhytmus (sic) verloren. Die Weglassung der beiden letzten Bilder scheint mir unverständig und wird von mir abgelehnt werden."[80] Karl Wollf wollte also auf die Kinderszene und die Szene im Seziersaal verzichten und das Stück mit dem Tode Wozzecks enden lassen.

Auch Hofmannsthal macht sich zum Stückschluß Gedanken. Er möchte Rollers Meinung zu einer ganz neuen Lösung wissen, in der er den "Wozzeck" nun doch mit einem eigenen Text zu ergänzen hätte: "Wie dächten Sie wenn man im letzten Bild die beiden Leichen, auch den selbstgemordeten Wozzeck, verdeckt auf einem Tisch liegen hätte[81] und Richter und Arzt etwas entsprechendes Banales sagen ließe. Das wäre mir balladenhaft und malerisch vielleicht der richtige Abschluß??

Ich sandte Ihnen heute ferner: die illustrierte 1001 Nacht und 2 Exemplare Büchner, wovon eines der Münchner Intendanz gehörig.

---

[79] Die Worte "allzu kurzen" sind im Original unterstrichen.

[80] Dietmar Goltschnigg (Hg.): Briefe Hofmannsthals, Alfred Rollers und Eugen Kilians zur Uraufführung von Büchners "Wozzeck" am Münchener Residenztheater, 1913. - In: Hofmannsthal-Jahrbuch zur europäischen Moderne 6 (1998), S. 118f. Diesen Brief Hofmannsthals an Roller kannte Weber offenbar nicht. Er benutzte die Briefe Franckensteins und Rollers an Hofmannsthal, die er im Freien Deutschen Hochstift in Frankfurt am Main vorfand und die Hofmannsthals an Franckenstein aus der Bayerischen Staatsbibliothek. Der Brief Hofmannsthals an Roller befindet sich heute im Roller-Archiv des Österreichischen Theatermuseums in Wien.

[81] So war tatsächlich das Arrangement der Szene in der Uraufführung. Vgl. S. 91f.

Vielleicht lassen Sie den Einrichtungsplan (den ich bald rückzusenden gebeten bin) - falls Ihnen dort eine Maschine zur Hand ist!! - copieren und desgleichen was Ihnen beachtenswert erscheint von dem in das Münchner Exemplar geschriebenen[82] und retournieren mir beides.-"[83]

Parallel zu den dramaturgischen Überlegungen Hofmannsthals, deren Ergebnisse er Franckenstein in seinem Brief vom 12.5.1913 mitgeteilt hatte, arbeitete man also auch in der Münchner Dramaturgie, wie es Franckenstein von Anfang an geplant hatte,[84] an einer Bühneneinrichtung für den "Wozzeck". Dies ist umso wahrscheinlicher, als Franckenstein Ende April 1913 bei Hofmannsthal in einem verlorenen Brief vermutlich dringend nach dem Stand von dessen Arbeit an der Einrichtung des "Wozzeck" gefragt hat, und der ihm am 26.4.1913 antworten mußte: "Ich wußte nicht, daß es mit dem Wozzek eilt", und er wolle sich "sogleich darübermachen."[85] Es wäre höchst leichtfertig gewesen, wenn man sich am Hoftheater auf das quasi ehrenamtliche Wirken eines dem Generalintendanten zwar eng befreundeten, aber vielbeschäftigten Dichters verlassen hätte, ohne auch in der eigenen Dramaturgie an einer Einrichtung des "Wozzeck" zu arbeiten, zumal Hofmannsthal noch in diesem Brief vom 26.4.1913 an Franckenstein "nichts als einen halbwegs gewissenhaften Vorschlag"[86] in Aussicht gestellt hatte. Eugene Weber gibt an, Roller erwähne das "Handexemplar Roller-Hofmannsthal" in einem Brief an Hofmannsthal vom 28.5.1913[87], der offenbar bereits eine Antwort auf Hofmannsthals Brief vom 26.5.1913 ist. Dort aber schreibt Roller: "Morgen gehen an Sie die beiden Exemplare Büchner und der Entwurf des Dramaturgen

---

82 Das Wort "geschriebenen" ist im Original unterstrichen.
83 Dietmar Goltschnigg 1998, S. 119.
84 Vgl. S. 22.
85 Vgl. S. 22f.
86 Vgl. ebda.
87 Eugene Weber a.a.O., S. 243.

zurück. Ich habe diesen in Ihr Buch eingetragen, ebenso in ein drittes Exmpl., das ich benutzen werde."[88] Roller wird also seiner weiteren Arbeit die Fassung des "Einrichtungsplans" Karl Wollfs zugrundelegen. Weber erwähnt den "Einrichtungsplan" auch in diesem Zusammenhang nicht.

Roller schreibt in seinem Brief an Hofmannsthal vom 28.5.1913 zu dem "Entwurf des Dramaturgen": "Die ganze Geschichte ist so jedenfalls in scenischer Beziehung sehr vereinfacht."[89] Aber er hat auch Einwände: "Manches kommt mir nicht sehr glücklich vor; so dass Marie ihre Gewissensangst durch das offene Fenster über die Straße weg uns erzählen soll. Das ist auch mit Rücksicht auf einen wahrscheinlichen Grundriss des Zimmers nicht empfehlenswert. Die Haustür müßte dann hart neben dem Fenster liegen. Wie sieht das von innen (Mariens Stube) aus? Auch, dass Wozzek, nachdem ihn der Hauptmann eifersüchtig gemacht hat erst weggeht und im nächsten Bild erst in Mariens Stube tritt verstehe ich nicht recht.[90] Um die Scene im Wirtshaus, zwischen den beiden Waldwegscenen ist sehr schade."[91] Roller kritisiert hier einen Vorschlag Hofmannsthals aus dessen Brief an Franckenstein vom 12.5.1913, den er auch schon während seiner Überlegungen für eine Texteinrichtung des "Wozzeck" in sein Exemplar der Landauausgabe eingetragen hatte.[92] Selbst Roller hatte demnach keine genaue Kenntnis von der geheimen dramaturgischen Tätigkeit Hofmannsthals für Franckenstein. Er schreibt weiter: "Ich bin froh, dass wenigstens die beiden letzten Scenen bleiben. Es wird das Werk ja sonst die reine

---

[88]   Dietmar Goltschnigg 1998, S. 119.

[89]   Ebda.

[90]   Roller wollte offenbar zu dieser Zeit schon alle Straßenszenen in der gleichen Dekoration, vor dem Hause der Marie, spielen lassen, wie es in der Uraufführung auch geschehen ist. Da scheint es ihm erstaunlich, daß Woyzeck sich nicht auf dem Absatz wendet und in das Haus der Marie stürzt, um sie dort zur Rede zu stellen.

[91]   Dietmar Goltschnigg 1998, S. 120.

[92]   Vgl. S. 30, 26.

Moritat."[93] In Übereinstimmung mit Hofmannsthal fügt er dem "Entwurf des Dramaturgen" die beiden letzten Szenen wieder an und liefert auch für die Seziersaalszene einen Bühnenbildentwurf.[94] Am 8.11.1913, also am Tage der Uraufführung des "Wozzeck", veröffentlicht Karl Wollf in der Morgenausgabe der "Münchner Neuesten Nachrichten" einen von Weber nicht erwähnten Artikel "Zur Büchnerfeier des Residenztheaters". Er schreibt: "Für die hiesige Aufführung wurde die Anordnung von Franzos fast durchweg beibehalten. Immerhin war eine gewisse Freiheit dadurch gegeben, daß nicht bekannt ist, wie Büchner selbst die Komposition im einzelnen geplant hat. Ich brauchte[95] deshalb vor gewissen Umstellungen und Verschmelzungen mich nicht zu scheuen, die, ohne der inneren Entwicklung irgendwie schädlich zu sein, die Darstellung nach der technischen Seite ungemein erleichterten. Wo einige Szenen von allzu groteskem oder völlig fragmentarischem Charakter (zuweilen ist nur ein einziger Satz erhalten) weggelassen sind, wird der Kenner bemerken." Im Zusammenhang mit seiner Darstellung des von ihm so benannten "Handexemplars Roller-Hofmannsthal" schreibt Weber: "Wie aus einem Brief an Franckenstein vom 14.12.1913 hervorgeht, wollte Hofmannsthal ein Exemplar seiner 'Wozzeck'-Einrichtung dem Sekretär des Burgtheaters, Dr. Rosenbaum, zukommen lassen. Vermutlich hatte Hofmannsthal sich in München von Franckenstein das Bändchen zurückerbeten, um es in Wien Rosenbaum zu übergeben."[96] Die von Weber nicht im Wortlaut wiedergegebene Stelle im Text dieses Briefes vom 14.12.1913, die auch auf Bemühungen Hofmannsthals hindeutet, den "Wozzeck" im Spielplan des Burgtheaters zu

---

[93] Dietmar Goltschnigg 1998, S. 120.

[94] Eine farbige Abbildung liefert Manfred Wagner: Alfred Roller in seiner Zeit.- Wien 1996, S. 161.

[95] Die Worte "Ich brauchte" hat Kilian auf einem in sein Tagebuch eingeklebten Ausschnitt mit dem Artikel Wollfs unterstrichen. Warum er das tat, bleibt offen. Die Tagebücher Kilians befinden sich in der Bayerischen Staatsbibliothek, München.

[96] Eugene Weber a.a.O., S. 248, Fn. 14.

plazieren, lautet: "Nun noch eine große Bitte: sei so gut und laß ein Exemplar Eurer Einrichtung des Wozzek auf meine Kosten herstellen und ans Burgtheater schicken zuhanden Secretär Rosenbaum. Bitte tu mir das!"[97] Hofmannsthal spricht hier seinem vertrauten Freunde Franckenstein gegenüber ausdrücklich von "Eurer", der Münchner, "Einrichtung", nicht aber, wie Weber es tut, von seiner, Hofmannsthals, "Wozzeck"-Einrichtung.

Wenn also Franckenstein schon in einem frühen Stadium der Planung der Uraufführung des "Wozzeck" an eine Beteiligung seines Dramaturgen bei der Arbeit an der Bühneneinrichtung des "Wozzeck" gedacht hat,[98] wenn Hofmannsthal ihm am 26.4.1913 schreibt: "--- (erwarte dir nichts als einen halbwegs gewissenhaften Vorschlag) ---", also keine komplette Spielfassung in Aussicht stellt, wenn er neben den in seinem Brief vom 12.5.1913 und in dem diesem Brief vermutlich beigefügten Textexemplar unterbreiteten Vorschlägen eine tiefer eingreifende Einrichtung des "Wozzeck" nicht mehr für nötig hält, wenn er Roller am 26.5.1913 einen vom Hoftheaterdramaturgen verfaßten "Einrichtungsplan" schickt und Roller um dessen Meinung zu diesem "Einrichtungsplan" bittet, damit man zu einem Kompromiß mit dem Münchner Theater in Fragen der Spielfassung des "Wozzeck" kommen könne, wenn Wollf die Prinzipien seiner Arbeit bei der Einrichtung des Textes in einem Beitrag für eine führende Münchner Tageszeitung umreißt, wenn Hofmannsthal gegenüber Franckenstein von "Eurer Einrichtung" spricht, wenn schließlich mehrere Kritiken der Uraufführung des "Wozzeck" Wollf als Bearbeiter auch des "Wozzeck", nicht nur des "Danton", als der er auf dem Programmzettel erscheint, benennen[99], dann läßt sich die Annahme Webers,

---

97 Ulrike Landfester a.a.O., S. 122.
98 Vgl. S. 22, 36.
99 Der Bayerische Kurier vom 11.11.1913, die Münchener Zeitung vom 10.11.1913, die Berliner Tägliche Rundschau vom 11.11.1913, die Leipziger neuesten Nachrichten vom 11.11.1913.

Hofmannsthal allein habe die Bühnenbearbeitung für die Uraufführung des "Wozzeck" geschaffen, und sie finde sich in dem "Handexemplar Roller-Hofmannsthal", nicht aufrechterhalten. Wolfdieter Rasch hinwiederum schreibt in seinem Aufsatz "Wie der arme Wozzeck auf die Bühne kam"[100] die Münchner Spielfassung unter Berufung auf dessen Artikel im Morgenblatt der "Münchner Neuesten Nachrichten" vom 8.11.1913 allein Karl Wollf zu.[101] Auch das ist falsch. Nach aller Vermutung ist Webers "Handexemplar Roller-Hofmannsthal" identisch mit dem "Buch", das Roller in seinem Brief an Hofmannsthal vom 27.7.1913 erwähnt.[102] Er will es "nächster Tage" mit den Bühnenbildentwürfen und den Figurinen für "Wozzeck" an Hofmannsthal senden. Roller hat seit dem 28.5.1913 - sein Brief dieses Datums an Hofmannsthal zeigt es - nach dem Einrichtungsplan Karl Wollfs gearbeitet, ergänzt durch die beiden Schlußszenen.[103] Nun hat er in ein entsprechend eingerichtetes Exemplar, das er Hofmannsthal in seinem Brief vom 27.7.1913 avisiert, "verschiedene Bemerkungen, teils über Regiedinge, teils über Beleuchtung, teils über die Musik und die Geräusche hineingekritzelt, --- dieses zur beliebigen Verwendung."[104] Hofmannsthal wird dann in der Beschäftigung mit Rollers "Bemerkungen" diese nach eigenen Ideen ergänzt haben.

---

[100] Wolfdieter Rasch: Wie der arme Wozzeck auf die Bühne kam.- In: "Süddeutsche Zeitung" vom 24./25.6.1978.

[101] Rasch hat drei der Briefe Hofmannsthals an Franckenstein falsch datiert, den vom 19.1.1913 auf den 15.1.1913 und, gravierender, den vom 26.4.1913 auf den 26.2.1913 und den vom 12.5.1913 auf den 13.4.1913. Zwei dem Aufsatz Raschs beigefügte Abbildungen "Straße vor Maries Haus" und "Kaserne", werden in den Bildunterschriften als "Entwurf" Rollers bezeichnet. Sie sind aber Wiedergaben von zweien der vier Bühnenfotographien, die in der Zeitschrift "Bühne und Welt" 16 (1914), Nr. 10 erschienen sind.- Den Aufsatz von Eugene Weber kannte Rasch offenbar nicht. Er nimmt an, die Briefe Hofmannsthals an Franckenstein seien von ihm in der "Süddeutschen Zeitung", nicht von Weber, zum ersten Male (auszugsweise) mitgeteilt worden.

[102] Dietmar Goltschnigg 1998, S. 120.

[103] Vgl. S. 37f.

[104] Dietmar Goltschnigg 1998, S. 120.

40

Die von Weber so vorgefundenen und von ihm als Bühnenbearbeitung des "Wozzeck" allein durch Hofmannsthal interpretierte Textfassung ist also der Einrichtungsplan des Dramaturgen Karl Wollf, von Roller in Übereinstimmung mit Hofmannsthal erweitert um die beiden Schlußszenen. Dieser Einrichtungsplan Wollfs ist die Zusammenfassung der Ergebnisse zweier zunächst getrennt verlaufener Arbeitsprozesse - von Hofmannsthals dramaturgischen Überlegungen zum "Wozzeck" und von denen Karl Wollfs -, die Wollf nach dem Eingang des Briefes von Hofmannsthal an Franckenstein vom 12.5.1913, nebst zu vermutender Anlage eines Textbuches, angefertigt hat.

Nach Auskunft von Frau Dr. Beyer-Ahlert vom Freien Deutschen Hochstift in Frankfurt am Main war dieses "Handexemplar Roller-Hofmannsthal" mit der Textfassung nach dem "Einrichtungsplan des Dramaturgen" im privaten Besitz Eugene Webers. Nach seinem Tode ist es verschollen.

Zum leichteren Vergleich mit der endgültigen Spielfassung im Regiebuch Kilians[105] sei hier das dankenswerte Schema seines dramaturgischen Aufbaus bei Weber und dessen Mitteilungen zu einzelnen Strichen, Szenenanweisungen und kleineren Textänderungen zitiert.

Die links stehenden Zahlen bezeichnen die Szenenfolge im Einrichtungsplan Wollfs, die Buchstaben die benötigten Bühnenbilder, die Zahlen in Kursivschrift die Szenenfolge in der Franzos folgenden Ausgabe von Rudolf Franz, X kennzeichnet gestrichene Szenen:

"1   A   *1*   Zimmer. Der Hauptmann. Wozzeck.
     X   *2*   Öffentlicher Platz. Buden. Volk. Wozzeck. Marie.
     X   *3*   Das Innere der Bude.

---

[105] Vgl. S. 55ff.

2	B	*4*	Stube. (Marie. Wozzeck)
	X	*5*	Der Hof des Doktors. Studenten und Wozzeck unten. Der Doktor am Dachfenster.
3	C	*6*	Freies Feld. Die Stadt in der Ferne. Wozzeck und Andres schneiden Stöcke im Gebüsch.
4	B	*7*	Die Stadt. Marie, mit ihrem Kind am Fenster. Margareth. Der Zapfenstreich geht vorbei, der Tambourmajor voran.
5	D	*8*	Studierstube des Doktors. Wozzeck. Der Doktor.
6	E	*9*	Straße. Marie. Tambourmajor.
		10	Straße. Hauptmann. Wozzeck.
7	B	*11*	Mariens Stube. Wozzeck. Marie.
8	F	*13*	Die Wachtstube. Wozzeck. Andres.
		14	Wirtshaus. Abend. Fenster offen. Bursche. Soldaten. Mägde. Bänke vor dem Haus.
		12	Wirtshaus. Tambourmajor. Wozzeck. Andres. Leute.
		15	Freies Feld. Nacht. Wozzeck.
9	G	*16*	Kaserne. Nachts. Andres, Wozzeck schlafen in einem Bett.
		17	Kasernenhof. Tambourmajor. Andres. Wozzeck.
10	E	*18*	Mariens Stube. Marie allein, blättert in der Bibel.
		20	Straße. Sonntag nachmittags. Marie vor der Haustür, ihr Kind in dem Arm. Neben ihr eine alte Frau. Kinder spielen auf der Straße.
11	G	*19*	Kramladen. Wozzeck. Ein Jude.
		21	Kaserne. Andres. Wozzeck (kramt in seinen Sachen).
12	H	*22*	Waldweg am Teich. Wozzeck. Marie.
		23	Wirtshaus. Bursche, Dirnen, Tanz. Wozzeck (abseits an einem Tisch).
		24	Waldweg am Teich. Nacht.Wozzeck (kommt herangewankt.)
13	E	*25*	Früher Morgen. Vor Mariens Haustür. Kinder (spielen und lärmen).
14	I	*26*	Seziersaal. Chirurg. Arzt. Richter.

Zu einzelnen Szenen folgendes:

Szene 8 zwischen Wozzeck und dem Doktor in der Studierstube ist stark gekürzt, das Obszöne, wie auch an anderen Stellen, beseitigt. Was wir in der gestrichenen Szene 5 erfahren hätten, nämlich daß Wozzeck ein Vierteljahr lang nur Erbsen essen durfte, kommt hier zur Sprache.

Szene 9, die Begegnung zwischen Marie und dem Tambourmajor, spielt auf der 'Straße vor Mariens Haustür' und schließt mit der Bühnenanweisung: 'Sie stehen lange umschlungen. Dann Marie (aufschreckend) Es kommt wer. Geh! (Tambourmajor ab, Marie ins Haus)'. Darauf folgt das Gespräch zwischen dem Hauptmann und dem Doktor, in dem die Reden mit den Wortspielen auf 'Hohlkopf' und 'Einfalt' gestrichen werden.

Szenen 12 bis 15 werden in der Reihenfolge 13, 14, 12, 15 gebracht und in eine Szene zusammengelegt, die 'Vor dem Wirtshaus' spielt. Am Anfang der Szene stehen Wozzeck und Andres 'ganz rechts'. Wozzeck will näher ans Wirtshaus, um zu sehen 'wie' (im Original 'wo') sie tanzen. Die Verlegung der Szene aus der Wachtstube vor das Wirtshaus erfordert mehrere Modifikationen im Text. Nach Andres' letzter Rede zum Beispiel steht die Bühnenanweisung 'sucht Wozzeck zurückzuhalten'. Darauf sagt Wozzeck nicht wie im Original 'Hinaus, hinaus', sondern 'Laß, laß', und 'nähert sich dem Wirtshaus'. Am Schluß von 14 heißt die Bühnenanweisung, 'Tambourmajor taumelt aus dem Wirtshaus', i.e., kommt auf die Bühne und befindet sich jetzt vor dem Wirtshaus, wo er mit Wozzeck ringt. Gegen Ende der Szene wird es dunkel, alle entfernen sich außer Wozzeck, der seinen Monolog, Szene 15, spricht.

Szenen 16 und 17 werden ebenfalls in eine zusammengelegt, die nicht nachts, sondern abends spielt. Andres und Wozzeck 'liegen angekleidet auf dem Bett'. Am Schluß von 16 heißt die Bühnenanweisung, Wozzeck 'steht auf, geht unruhig umher'. Der Tambourmajor am Anfang von 17 'steckt den Kopf zur Tür herein. Andres fährt auf.'

Szene 18 spielt nicht mehr in Mariens Stube, sondern auf der 'Straße vor Mariens Haustür'. Wir sehen 'Marie am offenen Fenster' in der Bibel blätternd. Gegen Ende der Szene 'wird es lebhafter auf der Straße', Marie 'kommt vor die Haustür'. Szene 20 schließt sich an. Szenen 22 bis 24 werden ohne Szenenwechsel gespielt. Wozzecks Besuch im Wirtshaus, Szene 23, wird nur angedeutet durch Tanzmusik, die auf leerer, dunkler Bühne ertönt. Wozzeck kommt wieder, sucht das Messer."[106]

Was Hofmannsthals Anteil an der Textfassung im "Einrichtungsplan des Dramaturgen" angeht, so ist anzunehmen, daß dazu neben den in Hofmannsthals Brief an Franckenstein vom 12.5.1913 genannten Streichungen der Szenen auf dem Jahrmarkt und auf dem Hof des Doktors der Aufbau des achten Bildes gehört, denn Hofmannsthal erwähnt in seinem Brief vom 12.5.1913 den direkten Anschluß der Szene "Freies Feld" an die Wirtshausszene. Auch die im "Einrichtungsplan des Dramaturgen" vorgesehene eigenwillige Zusammenfassung der beiden Waldwegszenen zum zwölften Bild, nur getrennt durch die Musik anstelle der letzten Wirtshausszene, wird man Hofmannsthal zuschreiben müssen. Beide, das achte und das zwölfte Bild im "Einrichtungsplan des Dramaturgen" erscheinen so schon in seinen Überlegungen zu einer Einrichtung des "Wozzeck", die er in das Exemplar seiner Landauausgabe eingetragen hat.

Die Zusammenfassung der beiden Straßenszenen im sechsten Bild des "Einrichtungsplans" wird man Wollf zuordnen können. Sie findet sich weder in dem von Hofmannsthal benutzten Exemplar der Landausausgabe, noch in seiner Korrespondenz. Ebensowenig die Zusammenfassung der Kasernenszenen im neunten Bild, die ebenfalls Wollf zugeordnet werden kann. Sicherlich Wollf zuzurechnen ist die Zusammenfassung der Bibelszene und der Straßenszene mit dem Reigen der Kinder und dem Märchen der alten Frau

---

[106] Eugene Weber a.a.O., S. 244f.

im zehnten Bild, sowie der Auftritt des Händlers in der Kaserne im elften Bild. Beide kommentiert Hofmannsthal in seinem Brief an Roller vom 26.5.1913 wie eine Arbeit von fremder Hand. Mit den von Weber erwähnten peniblen Streichungen einzelner Textstellen in der Szene "Studierstube des Doctors" wird Hofmannsthal sich für die allgemeinen Zwecke eines "halbwegs gewissenhaften Vorschlags" kaum befaßt haben. Sie stammen, wie die anderen Striche einzelner Textstellen, von Wollf.

Der Programmzettel der Premieren der Büchnerfeier im Residenztheater nennt Karl Wollf als Bearbeiter des "Danton". Da er bei seiner Arbeit an der Spielfassung des "Wozzeck" wesentliche Anregungen Hofmannsthals aufgenommen hat, der aber mit seiner Tätigkeit für Franckenstein nicht öffentlich in Erscheinung treten wollte, hat man im Falle "Wozzeck" auf die Benennung beider als Bearbeiter verzichtet.

I.1.6. Die weitere Arbeit Rollers und Hofmannsthals neue Schlußszene

Es fällt auf, daß alle Kontakte zwischen Roller und dem Münchner Hoftheater ausschließlich über Hofmannsthal liefen. Roller schreibt in seinem Brief an Hofmannsthal vom 28.5.1913: "Wichtig ist mir vor Allem, dass ich einen Bühnenplan (mit Maßen) der Münchener Bühne erhalte. Dann werden die Skizzen rasch fertig sein. Bitte veranlassen Sie die Zusendung."[107] Das bestätigt auch der Brief Rollers an Hofmannsthal vom 27.7.1913, aus dem hervorgeht, daß er die fertigen "etwa 25 Blatt Skizzen für die Bühnenbilder und die Figuren"[108] zunächst an Hofmannsthal zur Weiterleitung an Franckenstein schicken will. Er bittet in diesem Zusammenhang nochmals: "Wenn Sie die Scizzen an Intendanten von Frankenstein

---

[107] Dietmar Goltschnigg 1998, S. 120.
[108] Ebda.

(sic) senden, so bitte ich zu bemerken, dass ich sie ihm unentgeltlich aber bloß für die Aufführung an seinem Theater überlasse, mir im übrigen alle Urheberrechte vorbehalte und nach Gebrauchnahme um die Rückstellung der, womöglich unbeschädigten Blätter ersuche."[109]

Das Münchner Hoftheater hat also offenbar Rollers nobles Angebot, das ihm durch Hofmannsthal unterbreitet worden war, in aller Diskretion angenommen. Die Presseberichte der Uraufführung erwähnen es nicht. Dies Mäzenatentum mag Roller umso natürlicher erschienen sein, als ihn, wie ja auch Hofmannsthal, die Arbeit für den "Wozzeck" regelrecht enthusiasmierte. Er schreibt in seinem Brief an Hofmannsthal vom 27.7.1913: "Ich bin neugierig, ob Sie die Arbeit gut finden werden. Jedenfalls hat mir schon lange nichts so viel Freude bei der Arbeit gemacht. Ich hatte auch gar nicht nachzudenken, denn jede Scene, jede Person stand so lebendig bis in das letzte Detail vor mir, als ob ich dabei gewesen wäre. Sonst wäre ich auch nicht in 10 Tagen fertig geworden."[110]

Für Roller hatten seine Bühnenbildentwürfe und seine Figurinen zum "Wozzeck" offenbar auch einen besonderen persönlichen Wert. Im Jahre 1939 schenkt seine Frau Mileva Roller sie ihrem Sohn Dr. Dietrich Alfred Roller und schreibt ihm: "Dieses Werk 'Wozzeck' das Vati einst mit großer Freude und Begeisterung machte, das ers mir dann schenkte, schenke ich unserem lieben --- Dietrich Alfred zu seinem 30. Geburtstag am 20.4.1939. Mutti."[111]

Wie Hofmannsthal macht sich auch Roller schon Gedanken über die im weiteren Verlauf der Bühnenrezeption des "Woyzeck" immer wieder auftauchende Frage, welches Stück man mit dem "Woyzeck" am gleichen Abend spielen kann. Als erster nennt Roller

---

[109] Ebda.
[110] Ebda.
[111] Das Schreiben Mileva Rollers, die Entwürfe und die Figurinen Alfred Rollers zum "Wozzeck" befinden sich im Besitz von Dozent Dr. Dietrich Alfred Roller, Wien.

dafür in seinem Brief an Hofmannsthal vom 27.7.1913 Titel und Autoren: "Irgend was anderes zum Wozzeck dazu zu spielen wird immer schwer halten. Der Regisseur wird ihn ja redlich kastrieren, aber er wird immer noch erdrückend wirken. Ich könnte nur was Heiteres danach vertragen, das zugleich Schärfe hat. Hanns (sic) Sachs wird denke ich zu harmlos sein. Eher Kleist 'Der zerbrochene Krug'. Wie wäre es mit dem 'Teut' von Hammerling (sic), auch ein Outsieder-Werk und wie ich denke noch nicht aufgeführt.[112] Nach der grotesken Tragik würde mir die Groteskkomik des 'Teut' ganz erträglich vorkommen. Dekoration ist dabei ganz Nebensache. Ebenso costümlich alles im Fundus. Bloß großes Personal und das hat München ja. Die Bismarck-Verherrlichung am Schluß dürfte ja heute schon ertragen werden (oder wieder schon ertragen werden)."[113]

Inzwischen war Hofmannsthal, wie es schon sein Brief an Roller vom 26.5.1913 angekündigt hatte, seinem Vorsatz, keine Bearbeitung des "Wozzeck" im Sinne der Veränderung oder Ergänzung des Textes zu schreiben, im Hinblick auf die Schlußszene untreu geworden. Er schreibt sie neu. Zwei Leichen, die der ermordeten Marie und die des in der Fassung von Franzos ertrunkenen und nun vom Doktor als Selbstmörder bezeichneten Wozzeck, sind aufgebahrt. Nicht der Richter und der Arzt, wie Hofmannsthal es sich in seinem Brief vom 26.5.1913 an Roller noch vorstellte, sondern der Doktor und der Hauptmann reden nun "entsprechendes Banales".[114] Der Doktor hält wie in der gestrichenen Szene in seinem Hof, und unter Verwendung von Texten aus dieser Szene, eine akademische

---

[112] Hier irrt sich Roller. Hamerlings "Teut" wurde sogar in Rollers Wien am 15.3.1906 auf der Bühne des Kaiserjubiläums-Stadttheaters durch den Lese- und Redeverein deutscher Hochschüler "Germania" "in größtem Maßstabe und bei glänzender Ausstattung" (Vgl. Michael Maria Rabenlechner (Hg.): Hamerlings sämtliche Werke in 16 Bänden.- 7. Bd., Leipzig o.J., S. 4) aufgeführt. Für ein Königlich Bayerisches Hoftheater wäre der national deutsch getönte Text kaum akzeptabel gewesen.

[113] Dietmar Goltschnigg 1998, S. 120f.

[114] Vgl. S. 35.

Lehrveranstaltung ab. Er wird dabei von dem herzutretenden Hauptmann gestört. Der Doktor doziert weiter in seinem Stil eines verwirrten Pseudowissenschaftlers, der Hauptmann bleibt der spießige Vulgärphilosoph. Zwei groteske Quälgeister treffen sich gespenstisch vor den Leichen ihrer Opfer, unbewegt und ohne Mitleid. Am Schluß der Szene verlangt Hofmannsthal in einer Nachbemerkung: "Alle Personen für diese Szene grünlich-bleich schminken."[115]

Nach Dietmar Goltschnigg hat Hofmannsthal die neue Schlußszene bereits am 12.5.1913 an Franckenstein geschickt[116] und "später dann auch an Roller."[117] Das muß um den 27.7.1913, dem Tag, an dem Roller Hofmannsthal brieflich den Abschluß seiner Arbeit an den "Wozzeck"-Entwürfen mitteilt, geschehen sein. Am 7.8.1913 schreibt er ihm: "Ich sende hier das Mscpt. zur letzten Wozzeck-Scene zurück. Als ich es erhielt, war die Skizze zum Seziersaal schon fertig. Sie passt deshalb nicht und ich werde sie lediglich der Vollständigkeit wegen mitsenden. Ich dachte nämlich, die Scene spiele am Tage nach dem Mord und der Doctor ('Sargnagel') und der Arzt seien zwei verschiedene Personen.[118] Dann: im Seziersaal hat auf einem Tisch immer bloß ein Kadaver Platz.[119] Deshalb scizzierte ich zwei Tische. Sie scheinen jedoch mehr einen Agnoscierungs-Raum zu meinen. Übrigens ist für das, was Sie beabsichtigen eine eigene Scizze nicht nötig. Irgend so ein kahler, dunkler Prospect kommt in jedem Fundus vor. Halten Sie aber eine

---

[115] Die Szene ist bei Eugene Weber a.a.O., S. 245f., bei Wolfdieter Rasch a.a.O., und bei Dietmar Goltschnigg 1998, S. 122 abgedruckt.

[116] Dietmar Goltschnigg 1998, S. 122.

[117] Ebda.

[118] In der Karl Emil Franzos folgenden Ausgabe von Rudolf Franz sind als Personal der Schlußszene "Chirurg, Arzt, Richter" angegeben.

[119] Das Wort "ein" ist im Original unterstrichen.

eigene Scizze für erwünscht so ist sie nachher immer noch bald gemacht.[120]
Die Scizzen, auch die Figurinen sind seit 8 Tagen fertig. Bloß der erklärende Text noch nicht. Schreiben ist halt viel mühsamer für die Hand als zeichnen. Aber meine Frau wird sich opfern und mein Diktat aufnehmen. So bekommen Sie alles in einigen Tagen."[121]
Mitte August 1913 also hatte Hofmannsthal das gesamte Entwurfsmaterial und die technischen Erläuterungen Rollers vorliegen und konnte sie an Franckenstein weiterreichen.

I.1.7. Hofmannsthals Verdienste um die Uraufführung des "Wozzeck"

Damit war die vorbereitende Arbeit für die Uraufführung des "Wozzeck" auf den Feldern der Dramaturgie und der Ausstattung abgeschlossen. Angeregt hat diese Uraufführung keiner der Naturalisten, keiner sie fördernden Theaterleute, keiner der für den Sozialismus engagierten Literaten, sondern Hofmannsthal, der Großbürger, der Wahrer der Tradition, der prägende Vertreter der

---

[120] Für Dietmar Goltschniggs Annahme, Hofmannsthal habe den Text seiner neuen Schlußszene bereits am 12.5.1913 Franckenstein geschickt, spricht, daß Hofmannsthal mit dem Brief dieses Datums seine dramaturgische Arbeit am "Wozzeck" für abgeschlossen und nur noch kleine Veränderungen für notwendig hält. (Vgl. S. 33f.) Eigens erwähnt wird die Szene von Hofmannsthal in diesem Brief aber nicht. Hingegen fragt er noch am 26.5.1913 brieflich bei Roller an, was er davon dächte, wenn man in einer neu zu schreibenden Schlußszene zwei Leichen "verdeckt auf einem Tisch liegen hätte und Richter und Arzt etwas entsprechendes Banales sagen ließe." (Vgl. S. 35.) Im Verlauf seiner Überlegungen zu dieser Szene bis hin zu der Fassung, die er an Roller schickt, hat Hofmannsthal deren Personal gewechselt. Demnach ist die Szene nach dem 26.5.1913 entstanden und so spät, daß sie Roller erst nach dem Abschluß seiner Arbeit am "Wozzeck" erreichte. Eine Skizze für die Seziersaalszene im Regiebuch Kilians zeigt, den "Technischen Bemerkungen" Rollers folgend, einen großen Schautisch, darauf die beiden Leichen. Der Seziersaal wurde also zum Agnoscierungsraum. Vgl. S. 91f.
[121] Dietmar Goltschnigg 1998, S. 123.

ästhetischen Moderne. Er tat es "um Büchners willen",[122] den er verehrte und um des Kunstwerks "Wozzeck" willen, wie es ihm in der Fassung von Karl Emil Franzos entgegentrat: "Es ist doch eines der höchsten Producte, die wir haben."[123] Hofmannsthal hat dem "Wozzeck" zum Start seiner Bühnenlaufbahn verholfen und dafür ein als eher konservativ geltendes Hoftheater gewonnen. Er hat das Projekt über Monate mit größter Anteilnahme fördernd, ja antreibend, begleitet. Er hat Alfred Roller als Bühnenbildner und als Mäzen gewonnen und stand selbst als Mäzen bereit. Er war während der Vorbereitungsphase die Schaltstelle zwischen dem Theater und Roller. Die dramaturgische Einrichtung des Textes für die Uraufführung wird man nicht, wie Eugene Weber es tut und wie es in seiner Nachfolge bis in die jüngste Zeit getan wird,[124] ihm allein zuschreiben können, aber wesentliche seiner Vorschläge sind in sie eingegangen.

I.2.   Die Aufführung

I.2.1.   Die Position Eugen Kilians und seine Arbeitsbedingungen am Münchner Hoftheater zur Zeit seiner Inszenierung des "Wozzeck"

Heute ist es selbstverständlich, daß die Konzeption der Gestaltung der Bühne für eine Inszenierung vom Regisseur und vom Bühnenbildner gemeinsam entwickelt wird. Das aber ist im Falle der Uraufführung des "Wozzeck" im Gespräch zwischen Hofmannsthal und Roller geschehen. Änderungen an seinen Entwürfen als Folge einer Zusammenarbeit mit Kilian hat Roller nicht vorgenommen.

---

[122] Vg. S. 31.
[123] Vgl. S. 18.
[124] So bei Ulrike Landfester a.a.O., S. 8 und S. 120, Fn. 235 und bei Dietmar Goltschnigg 1998, S. 123.

Der Regisseur Kilian wurde an der gesamten Vorbereitung des "Wozzeck"-Projektes nicht beteiligt. Er wurde vor vollendete Tatsachen gestellt.

Das erklärt sich nicht nur aus den Usancen der Theaterarbeit der Zeit, sondern insbesondere aus den prekären Umständen, unter denen Kilian in München arbeiten mußte und unter denen er auch den "Wozzeck" zu inszenieren hatte. Ihm, der vor dem Beginn seiner Theaterlaufbahn am Hoftheater in Karlsruhe als Gymnasiallehrer tätig war, haftete wie ein Fluch der Ruf eines Oberlehrers, eines bühnenfremden Theoretikers ohne "Theaterblut" an, ein Image, das von seinen zahlreichen Gegnern in München liebevoll gepflegt wurde. Der Vorgänger Franckensteins, Freiherr Albert von Speidel, der ihn im April 1908 als Dramaturg und ersten Spielleiter nach München geholt hatte, gab ihm noch einige Schützenhilfe auf dem schwierigen Münchner Terrain, aber Franckenstein wollte ihn los sein. Zu seinen Gegnern muß man auch Hofmannsthal zählen. Dessen bissige Formulierung in seinem Brief an Franckenstein vom 19.1.1913 über den "pietätvollen Schlendrian in der Veranstaltung von Gymnasiastenabenden", den Franckenstein einschränken müsse,[125] ist offensichtlich auch auf Kilian gemünzt und aus dem gleichen Brief ist zu entnehmen, daß Hofmannsthal für Franckenstein, dem Stil der Zusammenarbeit beider entsprechend in aller Diskretion, auf der Suche nach einem Nachfolger für Kilian war.

Auf die Intensität und die Dauer dieser Suche verweist Hofmannsthals Brief an Franckenstein vom 22.2.1913[126] und insbesondere der vom 5.3.1914.[127] "Was du brauchtest, scheint mir, wäre halt etwas ungewöhnliches, ein Mensch mit etwas Phantasie -" schreibt er da. Zu diesem Zeitpunkt hatte er bereits eine Vorstellung des Münchner "Wozzeck" besucht[128] und sie in einem Brief an

---

[125] Vgl. S. 19f.
[126] Ulrike Landfester a.a.O., S. 111ff., hier S. 113.
[127] Ebda., S. 124f.
[128] Vgl. S. 124f.

Roller, was "das Werk selbst" und Rollers Bühnenbild anging, begeistert gepriesen.[129] Einen "Menschen mit etwas Phantasie" aber konnte er in ihrem Regisseur Kilian offenbar nicht erkennen. Ein Postscriptum seines Briefes an Franckenstein vom 27.5.1914 zeigt, wie wichtig ihm das Engagement eines neuen Regisseurs für das Münchner Hofschauspiel war: "Ich war etwas gekränkt daß du mir über die Regisseursache dann gar nichts mehr gesagt hast. Hast du den R(eusch) genommen?"[130] Am 30.5.1914 bestätigt ihm Franckenstein, daß er mit einem Kandidaten Hofmannsthals, dem Wiener Regisseur Hubert Reusch, Kontakt hat: "Reusch hat auf mich einen sehr guten Eindruck gemacht."[131]

In seinen Lebenserinnerungen berichtet Kilian, daß "gewisse Kreise" schon in den Jahren 1912 und 1913, parallel zu der Suchaktion Hofmannsthals und gerade zu der Zeit, als Kilian den "Wozzeck" inszenierte, bestrebt waren, Albert Steinrück, den Wozzeckdarsteller Kilians, auf den neu zu schaffenden Posten eines Schauspieldirektors zu lancieren.[132] Kilians Position am Münchner Hoftheater war also seit dem Beginn der Ära Franckenstein außerordentlich geschwächt. Er berichtet in seinen Erinnerungen weiter, daß in seinen Inszenierungen während der laufenden Proben und gegen seine Intentionen wichtige Rollen umbesetzt wurden, daß er nicht selten die Annahme eines neuen Stückes oder ein Neuengagement aus der Zeitung erfuhr.[133]

In solchen Vorkommnissen werden die Einstellung Franckensteins zu seinem Dramaturgen und Oberregisseur Kilian und dessen schwache Stellung am Hause überdeutlich. 1916 sandte Franckensteins Hoftheater dem in Russland Kriegsdienst leistenden Kilian

---

[129] Dietmar Goltschnigg 1998, S. 125.

[130] Ulrike Landfester a.a.O., S. 127.

[131] Ebda., S. 127.

[132] Eugen Kilian: Aus der Theaterwelt. Erlebnisse und Erfahrungen.- Karlsruhe 1924, S. 137f.- Vgl. dazu die Haltung Erich Mühsams (S. 120ff.).

[133] Ebda., S. 138f.

brieflich die Mitteilung zu, daß eine Verlängerung seines Vertrages nicht beabsichtigt sei, also die Kündigung. Rein rechtlich war das ein einwandfreies Verfahren, das aber von anderen Hof- und Stadttheatern ihren bei der Armee stehenden Mitgliedern gegenüber kaum angewandt wurde.[134]

Auffallend im Zusammenhang mit der Münchner Büchnerfeier und der Uraufführung des "Wozzeck" ist die aus heutiger Sicht haarsträubend kurze Probenzeit. Kilians Tagebuch verzeichnet für den 25.10.1913 erstmals eine Probe von "Dantons Tod". Eine entsprechende Eintragung zum "Wozzeck" findet sich nicht. Kilian standen also für die Arbeit am "Danton", wahrscheinlich parallel dazu auch für den "Wozzeck", knapp vierzehn Tage zur Verfügung. Ungewöhnlich war das bei der Arbeitsweise am Münchner Hofschauspiel indes nicht. In seinen Erinnerungen schreibt Kilian, daß er in der Spielzeit 1908/9 fünfzehn verschiedene Stücke zu inszenieren hatte und daß man sich damals in München "auch bei den schwersten Stücken ('Coriolan') mit einer Vorbereitungszeit von zwei, höchstens drei Wochen begnügen mußte."[135] Zudem gab es am Münchner Hoftheater Zuständigkeitsordnungen, die auch an anderen Theatern üblich waren und die die Arbeitsmöglichkeiten Kilians als Oberregisseur und eben auch als Regisseur des "Wozzeck" weiter eingrenzten. Er schreibt: "Macht und Willen des Spielleiters waren nach vielen Seiten beschränkt, anstatt, wie es sein müßte, den geistigen Mittelpunkt jeder künstlerischen Unternehmung zu bilden. Dekorations- und Kostümwesen waren mehr oder minder selbständig arbeitende Stellen, die neben, aber nicht unter ihm wirkten und mit ängstlicher Eifersucht in erster Linie auf die Wahrung ihrer besonderen Machtbefugnisse zu achten suchten."[136] Dies erklärt, neben der ohnehin schwachen persönlichen Position Kilians am

---

[134] Vgl. Max Martersteig: Eugen Kilian.- In: Shakespeare-Jahrbuch Bd. 61 (1925), S. 112ff.

[135] Eugen Kilian a.a.O., S. 83.

[136] Ebda., S. 127f.

Hofschauspiel, daß die Bühnenbilder und die Kostümentwürfe Rollers, die die Gesamtwirkung der Aufführung nachhaltig prägen sollten, ohne Konsultation des verantwortlichen Spielleiters entstanden sind.

Vor allem, so beklagt Kilian in seinen Lebenserinnerungen, fehlte dem Haus ein "erster Vertreter der bildenden Kunst", der in engster Zusammenarbeit mit dem Regisseur die Ausstattung von Neuinszenierungen entworfen hätte. Mit wenigen Ausnahmen scheiterten seine Bemühungen, hier Wandel zu schaffen und nach dem Vorbild des Münchner Künstlertheaters profilierte bildende Künstler für das Theater als Bühnenbildner zu gewinnen, an Widerständen, die "nicht zum geringsten in kurzsichtigen Bedenken finanzieller Art ihre Ursache hatten."[137]

Das zeigt, wie wichtig es für die Uraufführung des "Wozzeck" war, daß gerade der berühmte und begehrte Roller den finanziell arg eingeschränkten Münchnern seine Entwürfe gratis zur Verfügung stellte. Die von Kilian später in seinen Erinnerungen postulierte "engste Zusammenarbeit" zwischen Regisseur und Bühnenbildner aber gab es bei der Uraufführung des "Wozzeck" noch keineswegs.

I.2.2.   Die Texteinrichtung der Uraufführung im Regiebuch Eugen Kilians

Eugene Weber galten "die Textgrundlagen zu der Uraufführung als verschollen".[138]

Sowohl das Regiebuch Eugen Kilians, wie auch das Soufflierbuch aber konnten im Archiv des Bayerischen Staatsschauspiels aufgefunden werden.

Der Vergleich der Texteinrichtung des Regiebuches mit dem Einrichtungsplan Wollfs, der von Weber in seinem "Handexemplar

---

[137] Ebda., S. 128.
[138] Eugene Weber a.a.O., S. 248, Fn. 14.

Roller-Hofmannsthal" als dramaturgische Arbeit allein Hofmannsthals vorgestellt wird, ergibt für die Szenenfolge und die Texte der einzelnen Szenen in der endgültigen Spielfassung nochmals einige bedeutsame Änderungen.

Für das Regiebuch wurde ein Exemplar der Ausgabe von Rudolf Franz verwendet. Die folgenden Seitenangaben beziehen sich auf diese Ausgabe.

Die erste Szene dieser Einrichtung für das Regiebuch, die Rasierszene im Zimmer des Hauptmanns (S. 156 ff.), zeigt keine Textstreichungen.

Die Szene "Öffentlicher Platz. Buden." (S. 159) entfällt ebenso, wie die Szene "Das Innere der Bude." (S. 160) und später "Der Hof des Doktors." (S. 162 ff.) Hier entspricht die endgültige Spielfassung dem Vorschlag Hofmannsthals in seinem Brief an Franckenstein vom 12.5.1913.[139]

Als zweites Bild erscheint im Regiebuch, wie im Einrichtungsplan Wollfs, die Szene in der "Stube" Maries. (S. 161) Marie betrachtet sich im Schmuck der Ohrringe. Wenn man diese Szene, wie Franzos und die Münchner Spielfassung das im Gegensatz zu Paul Landau tun, vor die Szene mit dem vorbeiziehenden Zapfenstreich und der ersten flüchtigen Begegnung zwischen Marie und dem Tambourmajor plaziert, so hat das Folgen für die Figur der Marie. Der Zuschauer gewinnt gleich bei deren erstem Auftritt den Eindruck, daß sie außer mit Wozzeck und bevor sie dem Tambourmajor begegnet, Bekanntschaften mit Männern hatte, von denen sie sich beschenken ließ. Von daher wird es verständlich, wenn ein Kritiker der Münchner Uraufführung von der Darstellerin der Marie "Hetärenhaftes" erwartet.[140] Am Schluß des Bildes, nach den Sätzen: "Ach! Was Welt! Geht doch alles zum Teufel, Mann und

---

[139] Vgl. S. 30.
[140] Vgl. S. 113.

Weib!" läßt Kilian die Marie nochmals das Lied vom Beginn singen:
"Mädel, mach's Lädel zu!
's kommt ein Zigeunerbu,
Führt dich an seiner Hand
Fort ins Zigeunerland."
Auch dies ist eine Variante, die Marie als leichtfertig-triebhaften Menschen kennzeichnen soll.

In dieser zweiten Szene wird Wozzecks Satz: "Greif ihm unters Ärmchen, der Stuhl drückt ihn," gestrichen. Hinweise auf Verdauungsvorgänge sind auf der Bühne des Residenztheaters offenbar unangebracht.

In der dritten Szene, "Freies Feld. Die Stadt in der Ferne" (S. 163ff.), fällt nur die kurze Replik Wozzeck: "Fort, fort!" (Reißt ihn mit sich.) Andres: "He! bist du toll?" weg. Dies vermutlich, weil die enge Spielfläche, die Rollers Bühnenbild zu dieser Szene den Schauspielern ließ, schnelle, abrupte Gänge nicht gestattet.[141]

In der vierten Szene, deren Ortsangabe "Die Stadt" handschriftlich zu "Mariens Stube" abgeändert wird, wird das Lied der Marie: "Hansel! spann deine sechs Schimmel an, ---" gestrichen. Margareth verkündet nach dem Text der Marie "Hörst? Da kommen sie!" freudig das Erscheinen des Zapfenstreichs: "Der Tambourmajor! Der Tambourmajor! Was ein Mann! Wie ein Baum!" Sie schafft dem Tambourmajor damit ein kräftiges, der Situation angemessenes Entree.

In der fünften Szene, "Studierstube des Doktors" (S. 168ff.) werden, wie Weber es auch für den Entwurf Wollfs feststellt[142], mit Akribie alle Stellen entfernt, in denen der Doktor Wozzecks vertragswidriges Urinieren tadelt. Die Szene beginnt erst mit dem Satz des Doktors: "Hat Er schon seine Erbsen gegessen, Wozzeck?"

---

[141] Vgl. S. 76f.
[142] Eugene Weber a.a.O., S. 244.

Es entfällt dann im Text des Doktors: "Harnstoff, salzsaures Ammonium, Hyperoxydul! Wozzeck, kann Er nicht wieder p-n? geh Er einmal da hinein und probier Er's." (S. 169) In Wozzecks Antwort "Ich kann nit, Herr Doktor!" wird das hessisch klingende "nit" durch ein bayerisches "nimmer" ersetzt und bezieht sich im neuen Textzusammenhang nun auf die Diätquälerei. Es fallen des Doktors zorniges: "Aber an die Wand p-s!" ebenso, wie sein Text von "--- den Akkord in der Hand!" bis "Hat Er mir Frösche gefangen?" und seine erneuten Vorwürfe "Aber Er hat an die Wand gep-t!" und "Aber, Wozzeck, Er hätte doch nicht an die Wand p-n sollen!" fort. Nichts, was ein empfindsames Publikum verletzen könnte, blieb von dieser speziellen Not des armen Wozzeck.

Im sechsten Bild vereint das Regiebuch, wie der Einrichtungsplan Wollfs, die beiden Straßenszenen mit der Begegnung Maries und des Tambourmajors (S. 171) und dem Gespräch zwischen dem Hauptmann und dem Doktor und später beider mit Wozzeck (S. 172ff.). Sie spielen laut handschriftlicher Eintragung über dem Text der ersten der zwei Straßenszenen "Vor Mariens Haustür". Kilian fügt in gleicher Höhe auf dem Durchschußblatt, doppelt unterstrichen, die Notiz "Abend" hinzu.[143] In dem von Weber beschriebenen Einrichtungsplan Wollfs schließt die erste der beiden Straßenszenen mit der Bühnenanweisung: "Sie stehen lange umschlungen. Dann Marie (aufschreckend) Es kommt wer. Geh! (Tambourmajor ab, Marie ins Haus.)"[144] Im Regiebuch steht am Schluß der Szene mit Marie und dem Tambourmajor die hanschriftliche Anweisung: "(gehen ins Haus)". Nach der in gleicher Höhe auf dem Durchschußblatt vermerkten Notiz Kilians tritt dann von rechts ein Laternenanzünder auf, zündet eine Laterne an und geht links ab. Von links treten der Doktor und der Hauptmann auf, der Doktor vornweg. Sie bewegen sich während der Gespräche nach rechts.

---

143 Vgl. S. 105.
144 Vgl. S. 43.

Wozzeck kommt von links. Sie fangen ihn auf der rechten Bühnen-
hälfte ab. In dieser dramaturgischen und szenischen Lösung wird
die Situation sehr viel klarer. Der Betrug Maries an Wozzeck
geschieht buchstäblich hinter dessen Rücken. Die Wortspiele mit
dem "Hohlkopf" und der "Einfalt" bleiben im Gegensatz zum
Einrichtungsplan Wollfs erhalten.[145] Gestrichen werden in diesem
Bild nur Textpartikel. Auf S. 174 sagt der Hauptmann: "--- aber
wenn Er sich eilt und um die Ecke geht, ---". Das "und um die Ecke
geht" wird gestrichen, weil es in der szenischen Lösung dieser
Münchner Uraufführung keine Ecken gab.[146] Auf S. 175 sagt der
Hauptmann: "Wie der lange Schlingel läuft und sein Schatten
hinterdrein!" Das "lange" wird gestrichen. Der erste Darsteller des
Wozzeck, Albert Steinrück, war kein besonders hochgewachsener,
schmaler Mann, sondern eine kraftvolle und athletische Erscheinung. "--- und sein Schatten hinterdrein!" fällt ebenfalls weg, weil
es sich hier in der Inszenierung Kilians um eine Nachtszene
handelt.[147]

Das siebente Bild in Mariens Stube mit dem Gespräch zwischen
Wozzeck und Marie bleibt ohne Strich.

Die Szenenfolge für das achte, "Vor dem Wirtshaus" spielende Bild
sollte ursprünglich so in die Inszenierung übernommen werden, wie
Weber sie im Einrichtungsplan Wollfs vorgefunden hat[148], und wie
Hofmannsthal sie auch in seinem Exemplar der Landauausgabe
notiert hatte. Dann aber wurde laut Regiebuch der Text der
dreizehnten Szene bei Franz, "Die Wachtstube" (S. 178), gestrichen.
Das achte Bild beginnt nun mit der vierzehnten Szene bei Franz,
"Wirtshaus". (S. 179ff.) Nach dem Satz des ersten Handwerksbur-
schen: "Das ist traurig!" (S. 180) wird im Regiebuch ein kurzer
Dialog aus Textteilen des zweiten Teils der gestrichenen dreizehn-

---

[145] Vgl. ebda.
[146] Vgl. S. 71ff.
[147] Vgl. S. 57.
[148] Vgl. S. 42.

ten Szene, "Die Wachstube", eingefügt. Er ist handschriftlich auf dem Durchschußblatt notiert:

Wozeck (sic): Andres! Ich hab keine Ruh! Es dreht sich mir vor den Augen. Tanz! Wird sie heiß haben? Verdammt!

Andres: Was willst du?

Wozzeck: Ich muß sie sehen!

Andres: Wegen dem Mensch!

Wozzeck: Laß mich!

Der Textabschnitt von Wozzeck: "Er! Sie! Teufel!" bis Wozzeck: "Sie tun's am hellen Tag, ---" ist in eckige Klammern gesetzt. Vermutlich dachte man daran, ihn zu streichen.

Im übrigen behält das Regiebuch den Aufbau des Bildes wie in dem von Weber beschriebenen Einrichtungsplan Wollfs bei. Die folgenden Textstellen sind für dieses achte Bild im Regiebuch gestrichen: Der Satz des ersten Handwerksburschen "Der Teufel soll den lieben Herrgott holen!" (S. 179), das kleine Lied des Handwerksburschen "O Tochter, meine Tochter ---" (S. 180), der letzte Satz aus der Predigt des Handwerksburschen "Zum Schluß, meine geliebten Zuhörer, lasset uns noch über's Kreuz p-n, damit ein Jud stirbt!" (S. 182) und aus der fünfzehnten Szene bei Franz, "Freies Feld" (S. 182), die auch im Regiebuch, wie im Einrichtungsplan Wollfs, der Schlägerei zwischen Wozzeck und dem Tambourmajor folgt, der Textabschnitt von "Stich - stich - die - Zickwölfin tot" bis "stich tot - stich". Das ergibt in der geballten Wiederholung des Wortes "stich" einen überaus bühnenwirksamen Textverlauf: "Stich - stich die Zickwölfin tot - Stich - stich - die Zickwölfin tot - stich tot - stich -." Die ersten drei dieser Striche dienen wiederum der Schonung des Publikums, dem grobes Fluchen und leichtfertig Zotiges erspart werden sollte.

Im neunten Bild werden im Regiebuch, wie im Einrichtungsplan Wollfs, die sechzehnte Szene bei Franz, "Kaserne" (S. 182), und die siebzehnte, "Kasernenhof" (S. 183), zusammengefaßt. Wie im Einrichtungsplan vorgesehen, soll auch laut Regiebuch die Szene nicht in der Nacht, sondern am Abend spielen und Andres und

Wozzeck, für die die Szenenanweisung bei Franz notiert "schlafen in einem Bett" (S. 182), "liegen angekleidet auf einem Bett." Die von Weber für den Anfang der siebzehnten Szene bei Franz, "Kasernenhof" (S. 183), aus dem "Einrichtungsplan" Wollfs zitierte Szenenanweisung für den Tambourmajor "Steckt den Kopf zur Tür herein, Andres fährt auf" erscheint im Regiebuch als "kommt herein". Die Frage des Andres: "Wohin, Kamerad?" und die Antwort Wozzecks: "Meinem Hauptmann Wein holen." werden gestrichen. Die letzten Sätze im Dialog der Szene lauten nun:

Wozzeck: --- Was man doch für närrische Träume hat! Oder kluge Träume? Ach, Andres, sie war doch ein einzig Mädel!

Andres: Wer war? War? Ist nicht mehr?

Wozzeck: Wird bald nicht mehr sein.

Das "Adies" wird gestrichen. Wozzeck bleibt auf der Bühne. Der Mordbeschluß ist gefaßt. Das Publikum sieht ihn am gleichen Ort in der elften Szene wieder, beim Kauf des Messers.

In dem Einrichtungsplan Wollfs, wie ihn Weber beschreibt, werden im zehnten Bild die achtzehnte Szene bei Franz, "Mariens Stube," also die Bibelszene (S. 184), und die zwanzigste Szene bei Franz, "Straße" (S. 185), mit dem Reigen der Kinder und der Erzählung der alten Frau, zusammengefaßt, ein Vorschlag, der Hofmannsthal zusagte, der Roller aber arg mißfiel.[149] Im Regiebuch ist die Bibelszene ganz gestrichen. Ein wesentliches Element zur Charakterisierung der Marie gegen das Hetärenimage entfällt damit. Das Bild ist handschriftlich mit "Vor Mariens Haustür" überschrieben und setzt mit dem Kinderreigen ein. Während des "Ringel, Ringel, Rosenkranz"-Liedes der Kinder tritt Marie laut Notiz auf dem Durchschußblatt des Regiebuches nach rechts auf die Seite und spricht "verloren" einen Textteil aus der gestrichenen Bibelszene: "Der Franz ist nit gekommen, gestern nit, heut nit, - mir wird heiß, heiß!"

---

[149] Vgl. S. 35, 37.

Das elfte Bild faßt in dem von Weber beschriebenen Einrichtungsplan die neunzehnte Szene bei Franz, "Kramladen" (S. 185), und die
einundzwanzigste, "Kaserne" (S. 187), zusammen. So verfährt auch
das Regiebuch. Über den Ort des Geschehens gibt Weber keine
Auskunft. Laut handschriftlicher Notiz im Regiebuch über dem
Text der neunzehnten Szene bei Franz spielt das elfte Bild in der
Kaserne. Der Händler kommt also mit seinen Waren in die Unterkunft und verkauft dort das Messer, ebenfalls ein Verfahren, das
Hofmannsthals Beifall fand.[150] Danach übergibt Wozzeck dem
Andres seine Habe.
Einen bedeutenden Unterschied zwischen dem von Weber beschriebenen Einrichtungsplan Wollfs und dem Regiebuch gibt es im
zwölften Bild. Die Einrichtung Wollfs faßt die zweiundzwanzigste
Szene bei Franz, "Waldweg am Teich" (S. 188), die dreiundzwanzigste, "Wirtshaus" (S. 189) und die vierundzwanzigste, "Waldweg
am Teich" (S. 191), zusammen, wobei die Szene im Wirtshaus nicht
auf der Bühne gespielt, sondern nach der Idee Hofmannsthals nur
durch Tanzmusik angedeutet werden soll.[151] Roller hatte sich gegen
diese Lösung ausgesprochen.[152] Kilian hebt laut Regiebuch die
Verbindung der drei Szenen miteinander wieder auf, jede bekommt
ihr eigenes Bild. Die erste "Waldweg"-Szene bei Franz (S. 188)
wird zum zwölften Bild der endgültigen Spielfassung, die letzte
"Wirtshaus"-Szene zum dreizehnten, die zweite "Waldweg"-Szene
zum vierzehnten Bild, in dem Wozzecks Worte: "Leute! --- fort!"
gestrichen werden.
Das dreizehnte Bild im Einrichtungsplan Wollfs, die fünfundzwanzigste Szene bei Franz, "Früher Morgen. Vor Mariens Haustür"
(S. 192), wird im Regiebuch zum fünfzehnten Bild, das vierzehnte,
"Seziersaal" (S. 192), zum sechzehnten im Regiebuch.

---

[150] Vgl. S. 35.
[151] Vgl. S. 44.
[152] Vgl. S. 37.

Die von Hofmannsthal geschriebene Schlußszene wurde in der Aufführung nicht verwendet.

Im fünfzehnten Bild des Regiebuches wird der Dialog der Kinder etwas verknappt und auf zwei Kinder neu verteilt. Das erste Kind wird nun zum bereits informierten Unglücksboten, der auch die anderen auffordert, hinauszulaufen und die Leiche Maries anzuschauen. Das zweite Kind fragt neugierig nach.

Erstes Kind: Du, Margreth! - die Marie.

Zweites Kind: Was is?

Erstes Kind (zu Mariens Knaben): Du! Deine Mutter ist tot!

Der Knabe (auf der Schwelle reitend): Hei! Hei! Hopp! Hopp!

Zweites Kind: Wo is sie denn?

Erstes Kind: Draus liegt sie, am Weg, neben dem Teich. Kommt - anschauen! (laufen davon)

Der Knabe: Hei! Hei! Hopp! Hopp!

Maries Söhnchen bleibt, ganz in sein Spiel versunken, allein zurück.

Kilian schreibt in sein Tagebuch unter dem Datum 8.11.1913, dem Tage der Uraufführung des "Wozzeck": "Namentlich wirken die letzten Bilder, die ich entgegen den Absichten Wollfs in der unveränderten Reihenfolge des Originals liess." Kilian war nicht klar, daß er mit der Verwendung der letzten Wirtshausszene gegen einen Vorschlag Hofmannsthals handelte. Er sah in der Texteinrichtung eine Arbeit Wollfs. Von dem diskreten Wirken Hofmannsthals im Hintergrund wußte er offenbar nichts. Jedenfalls erwähnt er es weder in den Tagebüchern, noch in späteren Publikationen, in denen er über Büchner oder über die Uraufführung des "Wozzeck" am Münchner Residenztheater spricht.[153] Im Gegenteil

---

[153] Eugen Kilian: Georg Büchners Dramen auf dem Theater.- In: Bühne und Welt 16 (1914) Nr. 10, S. 454ff. Auch als: Zur Inszenierung von Georg Büchners Dramen.- In: Die Scene 3 (1914) Heft 11, S. 147ff. Auch als: Georg Büchner auf der deutschen Bühne.- In: Eugen Kilian: Aus der Werkstatt des Spielleiters.- München 1931, S. 196ff. Auch als: Georg Büchner auf der deutschen Bühne.- In: Die Deutsche Bühne 6 (1914) Heft 29, S. 441ff. Ders.: Wozzeck oder Woyzeck.- In: Die Scene 13 (1923), Nr.

führt er die Büchnerfeier am Residenztheater ausdrücklich auf eine "Initiative seines obersten Leiters, des Barons von Franckenstein" zurück.[154]

Dem Bemühen von Franzos, der Szenenfolge die Struktur eines "gut gebauten Stückes" zu geben, folgt die Spielfassung für die Uraufführung getreulich. Die ersten fünf Szenen zeigen im Wechsel die aufopfernde Arbeit des vergrübelten, gehetzten und schon von Visionen heimgesuchten Wozzeck für sein Kind und für Marie und deren leichtfertige Lebensfreude beim Anlegen des Schmucks und bei der Beobachtung des aufziehenden Zapfenstreichs. Sie geben die Exposition. Die Szenen sechs bis neun bieten in schneller Steigerung den Aufbau des Konflikts. Marie läßt den Tambourmajor in ihr Haus, der Hauptmann weist Wozzeck hämisch auf das Verhältnis zwischen Marie und dem Tambourmajor hin, Wozzeck befragt Marie und wird beinahe tätlich gegen sie. Er beobachtet Marie und den Tambourmajor beim Tanz im Wirtshaus, er unterliegt im Kampf dem Tambourmajor und hört die Stimmen mit dem Mordbefehl. Sein Verdacht erhärtet sich, die Prahlereien des Tambourmajors bestätigen ihn endgültig. Wozzeck faßt, getrieben von seinen Visionen, den Entschluß zum Mord an Marie. Die zehnte und die elfte Szene bringen die rasante Steigerung vorerst zur Ruhe, weisen aber deutlich auf das kommende Unheil hin. Die alte Frau erzählt ihr trostloses Märchen vom verlassenen Kind. Wozzeck kauft das Messer; er betrachtet seinen geringen Besitz und schenkt ihn Andres. Die zwölfte bis vierzehnte Szene bringen mit dem Mord Wozzecks an Marie, seiner Entlarvung im Wirtshaus und seinem Tod im Teich die Katastrophe und den Höhepunkt der Handlung, die Szenen fünfzehn und sechzehn mit der Neugier und der Sensationslust der Kinder und dem allein zurückbleibenden

---

13, S. 203. Ders.: Dantons Tod von Georg Büchner. Zur bevorstehenden Erstaufführung am Nürnberger Stadttheater.- In: "Fränkischer Kurier", Nürnberg 24.3.1920.

[154] Eugen Kilian: Georg Büchners Dramen auf dem Theater.- a.a.O., S. 455.

Knaben Maries und dem zynisch-fachlichen Satz des Richters im Seziersaal den Schluß.

I.2.3. Die Interpretation des "Wozzeck" durch Karl Wollf und Eugen Kilian

Wie man am Münchner Hoftheater den "Wozzeck" las, und also auch auf die Bühne bringen wollte, zeigt ein Aufsatz Karl Wollfs "Georg Büchner zu seinem 100. Geburtstag: 17. Oktober 1913." im ersten Morgenblatt der "Frankfurter Zeitung" vom 14.10.1913. Die Auffassung, der "Hessische Landbote" sei das "erste sozialistische Pamphlet in deutscher Sprache" und Büchner ein Vorläufer Lassalles gewesen, weist Wollf zurück. Zwar "quillt Büchners Schrift aus den gleichen Tiefen, wie die großen sozialistischen Systeme. Aber es fehlt jede spezifische sozialistische Erkenntnis, jeder Versuch, die vorhandenen Mißstände aus dem Wesen der kapitalistischen Produktionsweise herzuleiten und durch deren grundsätzliche Umgestaltung zu beseitigen. Vom modernen Industrie-Proletariat, das sich in Frankreich und England längst bedrohlich emporreckt, sagt Büchner kein Wort. Er wendet sich nur an die Bauern, denen durch Änderung der Regierungsformen, der Verfassung und der Steuergesetze - also stets im Rahmen der bestehenden Wirtschaftsorganisation - geholfen werden soll." Büchners "Hoffnung, die Welt selbst zu verändern", sein politisch-revolutionäres Handeln, scheitern. Nun, so Wollf, wird Büchner zum Dichter. Seine Dichtung wurzelt in der Resignation, aber sein "brennendes Mitleid" mit den "Bedrückten und Verfolgten" bleibt lebendig. "Aus dem gleichen brennenden Mitleid, der überquellenden Liebe für die Elenden und Armen sind auch die Volksszenen aus 'Dantons Tod', ist der ganze 'Wozzeck' hervorgegangen." Für Wollf ist der "Wozzeck" der Höhepunkt im Werk Büchners. Aber er wendet das Leid des Paupers Wozzeck ins Allgemein-Sinnbildhafte und schreibt: "Wie man zuweilen in einsamen

Nächten das Rauschen des eigenen Blutes vernimmt, so hört man als einen unbeschreiblichen Unterton, den man nie vergißt, in diesem Werk das Singen des Blutes der Namenlosen, Unzähligen, die im Dunkel dahintreiben, leiden und vergehen. Alle Schlacken des Subjektivismus sind hinweggeläutert, es ist das Martyrium der Menschheit, das hier verhandelt wird." In seinem Beitrag "Zur Büchnerfeier des Residenztheaters" im Morgenblatt der "Münchner Neuesten Nachrichten" vom 8.11.1913 schreibt Wollf, daß "'Wozzeck' in noch viel höherem Grade als 'Dantons Tod' ein seinem tiefsten Wesen nach unrealistisches Werk von erschütternd großartiger Symbolik" sei.

Eugen Kilian sieht den "Wozzeck" in seinem bald nach der Uraufführung erschienenen Aufsatz "Georg Büchners Dramen auf dem Theater"[155] als "merkwürdigen und bedeutenden Vorläufer moderner realistisch-symbolischer Dichtung".[156] Er schreibt: "Man kann sich kaum ein Werk vorstellen, daß von modernerem Geiste durchdrungen ist, als Büchners hinterlassenes Fragment 'Wozzeck', die vom Erdgeruch durchtränkte Tragödie des sozial Geknechteten, die in ihrer Schilderung alltäglicher Vorgänge durch den Dichter zu typischer Bedeutung emporgehoben wird."[157]
So also sehen der Regisseur der Uraufführung und der Dramaturg des Hoftheaters den "Wozzeck": Das "Martyrium der Menschheit wird verhandelt." Wozzeck hat es stellvertretend zu durchleiden. Ihm gilt das ganze Mitleid Büchners.
Eugene Weber vermutet wohl zu Recht: "Das Thema von Leiden und Mitleid, das auch im Frühwerk Hofmannsthals zum Ausdruck kommt, muß ihn besonders an Büchner gefesselt haben,"[158] und verweist darauf, daß Hofmannsthal eine Stelle in dem Brief

---

[155] a.a.O.
[156] Ebda., S. 457.
[157] Ebda.
[158] Eugene Weber a.a.O., S. 239.

Büchners an seine Eltern aus Gießen von Februar 1834 in seiner Landauausgabe eigens angestrichen hat: "Ich hoffe noch immer, daß ich leidenden, gedrückten Gestalten mehr mitleidige Blicke zugeworfen, als kalten, vornehmen Herzen bittere Worte gesagt habe." Auch diese, von Weber nicht erwähnte Stelle aus dem Brief Büchners an die Familie vom 1.1.1836 aus Straßburg hat Hofmannsthal in seinem Exemplar der Landauausgabe markiert: "Der Gedanke, daß für die meisten Menschen auch die armseligsten Genüsse und Freuden unerreichbare Kostbarkeiten sind, machte mich sehr bitter."

Man darf annehmen, daß es dieses Leidens- und Mitleidsmotiv im Werk Büchners war, das zum Beginn der Bühnenlaufbahn des "Wozzeck", angeregt durch den von ihm besonders gepackten Hofmannsthal, wesentlich beigetragen hat. Wie die zitierten Äußerungen Wollfs und Kilians zeigen, beeinflußte es die Interpretation des "Wozzeck" am Hoftheater und die Regiekonzeption der Uraufführung.

Wie Hofmannsthal - er betont es in seinem Brief an Franckenstein vom 12.5.1913 - sieht auch Kilian die besondere poetische Wirkung des "Wozzeck" in der Stimmungsstärke und in den kontrastierenden Stimmungen seiner Szenen. Diese Stimmungen und diese Kontraste werden in der Münchner Uraufführung ins Bild gebracht.[159] So ist Dietmar Goltschnigg zuzustimmen, der vermutet, "daß die Intentionen seines (Hofmannsthals) 'Wozzeck'-Projekts in Kilians Inszenierung doch in einem viel stärkeren Ausmaß realisiert worden sein dürften, als von der Forschung bisher angenommen."[160] Seine Suche nach einem Nachfolger für Kilian am Hoftheater hat er dennoch, trotz seines atemlos begeisterten Berichts über seinen Besuch einer Vorstellung des "Wozzeck" im Residenztheater in seinem Brief an Roller vom 6.2.1914,[161] mit Eifer fortgesetzt.[162]

---

[159] Vgl. S. 71ff., 109ff.
[160] Dietmar Goltschnigg 1998, S. 125.
[161] Ebda., vgl. auch S. 124f.

I.2.4. Exkurs: Die theatergeschichtliche Entwicklung des Bühnensystems für die Uraufführung des "Wozzeck"

Die szenische Lösung für die Uraufführung des "Wozzeck" nimmt ihren Ausgang von einem System, das Roller bereits 1905 in seinen Bühnenbildern für die "Don Giovanni"-Inszenierung Gustav Mahlers an der Wiener Hofoper verwendet hat.

Es ging Roller und Mahler darum, "den dramatischen Fluß der Mozartischen Musik so wenig wie möglich zu unterbrechen und doch den Darstellern einen die Stimmung suggestiv ausdrückenden Bühnenraum zur Verfügung zu stellen."[163] Es ging also um das gleiche Problem, wie bei einer Inszenierung des "Wozzeck": Wie ist eine Folge zahlreicher Szenen auf der Bühne ohne ständige Umbaupausen bei fallendem Vorhang oder ohne ständig routierende Drehbühne zu bewältigen?[164] Zu diesem Zweck errichtete Roller für den "Don Giovanni" zu beiden Seiten der Bühne rechtwinklige Türme, die als seitliche Begrenzung dienten, aber auch praktikable Tür- und Fensteröffnungen hin zur Spielfläche vor und zwischen den Türmen führten. Die Ecktürme "waren das Bleibende im Wechsel, der immer nur durch schnell in die Höhe getriebene und dann wieder herabgelassene neue Prospekte bewirkt wurde."[165] In den Szenen vor Don Giovannis Villa und in Donna Annas Haus wird der Prospekt gleich hinter den vorderen Ecktürmen eingesetzt.[166] Vor den Türmen und den Prospekten nutzt Roller hier ein flaches Proszenium als eigentliche Fläche für den Handlungsvoll-

---

[162] Vgl. S. 51f.

[163] Ullrich Roller: In den Turm mit Roller! - In: Wiener Mittag 17.6.1939.

[164] Eugen Kilian schreibt in seinem Aufsatz "Georg Büchners Dramen auf dem Theater" a.a.O., S. 457: "Auch für die Uraufführung des 'Wozzeck' lag die Schwierigkeit des Problems in erster Linie in der szenischen und dekorativen Gestaltung des Werkes."

[165] Liselotte Kitzwegerer: Alfred Roller als Bühnenbildner.- Diss. Wien 1959, S. 96.

[166] Vgl. Joseph Gregor: Wiener szenische Kunst.- Wien 1924, S. 126ff. und Abb. 50 - 54.

zug. Es entstand eine Reliefbühne mit wesentlich einer Spielachse parallel zum Prospekt.

Eben dies, eine flache Spielfläche, nach hinten abgeschlossen durch wechselnde Prospekte, der vordere Teil der Bühne flankiert durch architektonische Elemente, war auch das Grundprinzip bei der Ausstattung der Uraufführung des "Wozzeck".

In das "Münchner Künstlertheater", das 1908 im Münchner Ausstellungspark seine Tätigkeit aufnahm,[167] werden Rollers Türme in der Form eines neutralen Proszeniums übernommen. Die Ergebnisse dieser und der ihr schon 1889 vorangegangenen Münchner Reformbühne, der "Münchener Shakespearebühne",[168] faßten Eugen Kilian und der Maschinendirektor Julius Victor Klein in ihrer "Neuen Münchener Shakespearebühne" zusammen, die im März 1909 in der Kilian-Inszensierung des "Coriolan" von Shakespeare am Münchner Hoftheater erstmals eingesetzt wurde.

Wie die erste "Münchener Shakespearebühne", die Wiener "Don Giovanni"-Ausstattung Rollers und das "Münchner Künstlertheater" verfolgte die "Neue Münchener Shakespearebühne" zwei Ziele. Erstens sollte die ästhetisch nicht mehr befriedigende, überladene Illusionsbühne abgelöst werden durch einen szenischen Raum, der in sinnbildlich gestalteten Andeutungen des Ortes und der geschichtlichen Epoche der Handlung den Rahmen für die modernem Empfinden angemessene Darstellung eines dramatischen Werkes bot. Zweitens sollte das eingesetzte Bühnensystem - bei den Münchnern ausgehend von den Bedürfnissen einer zeitgemäßen Aufführungspraxis Shakespearescher Werke - lange Umbaupausen überflüssig machen. Das war auch die Voraussetzung, die die

---

[167] Vgl. Max Littmann: Denkschrift über das Münchner Künstlertheater.- München 1909.- Georg Fuchs: Die Revolution des Theaters, Ergebnisse aus dem Münchner Künstlertheater.- München 1909. Walter Grohmann: Das Münchner Künstlertheater (= Schriften der Gesellschaft für Theatergeschichte, Bd. 47).- Berlin 1935.

[168] Hans Durian: Jocza Savits und die Münchener Shakespeare-Bühne. (= Die Schaubühne, Bd. 19).- Emsdetten 1937.

szenische Kunst zu erfüllen hatte, um einen aus vielen Einzelszenen bestehenden Text wie den "Wozzeck" auf die Bühne bringen zu können, ohne ihn durch dramaturgische Eingriffe nachhaltig beschädigen zu müssen.

Die "Neue Münchener Shakespearebühne" übernahm von der alten die Einteilung in eine Vorder- und eine Hinterbühne. Beide wurden durch einen Vorhang getrennt. Die breitere Vorderbühne blieb während der gesamten Aufführung unverändert. Auf ihr konnte vor dem Vorhang gespielt werden, während die schmalere, plastisch-dekorativ ausgestattete Hinterbühne umgebaut wurde, um dann auf ihr das Spiel fortzusetzen. So im Wechsel. Die breite Vorderbühne und die schmalere und flache Hinterbühne waren durch Stufen verbunden. Die Stufen wurden von einem Paar grauer Säulen flankiert. Die Vorderbühne war eine Vorhalle, deren architektoni-sche Details, je nach der Epoche und dem Ort der Handlung, variiert werden konnten. Die Hinterbühne wurde durch einen Prospekt oder durch einen Rundhorizont abgeschlossen. In ihren Möglichkeiten wird die "Neue Münchener Shakespearebühne" wesentlich ergänzt durch Julius Victor Kleins fünffarbiges Beleuchtungssystem, das sich schon im "Münchner Künstlertheater" bewährt hatte[169] und auch bei der Uraufführung des "Wozzeck" zu nachhaltiger Wirkung kam.

Die Anweisungen Rollers für die Technik der Ausstattung der Uraufführung des "Wozzeck", wie Hofmannsthal sie in seinem Brief an Franckenstein vom 12.5.1913 in großen Zügen skizziert[170] und wie Roller sie dann detailliert liefert[171], konnten mit einer nachhaltigen Vereinfachung des dem Publikum bereits vertrauten Systems der "Neuen Münchener Shakespearebühne" ohne Schwie-rigkeiten umgesetzt werden. Roller hatte seine Ausstattung des

---

[169] Vgl. Gerhard Amundsen (Hg.): Die neue Münchener Shakespearebühne.- München 1911.
[170] Vgl. S. 30.
[171] Vgl. S. 71ff.

"Wozzeck" offensichtlich sorgfältig im Hinblick auf dessen Einrichtung im Residenztheater konzipiert. Die Säulen wurden entfernt. Den architektonischen Rahmen, die seitlichen Eingänge zur Vorderbühne, bildeten zwei schlichte Wände mit Türen und flachen Balkonen darüber, ganz so, wie sie im "Münchner Künstlertheater" vorhanden waren, und wie sie Julius Dietz dort in seiner Ausstattung von Shakespeares "Was ihr wollt"[172], Adolf Hengeler für Ruederers "Wolkenkuckuksheim"[173] und Fritz Erler für den "Hamlet"[174] verwendet hatten. Die Hinterbühne wurde überaus flach gehalten und nach einem schmalen Streifen hinter den Stufen durch schnell wechselnde Prospekte abgeschlossen, vor denen in Innenraumszenen einige wenige Möbel standen.

Nach oben wurde die Bühne durch eine einfache, in groben Falten verlaufende, soffittenähnliche Abdeckung geschlossen. In einigen Bildern dienen schmale Vorhangbahnen als seitliche Abdeckung vor den Prospekten.[175]

Roller hat das System seiner Bilder für die Uraufführung des "Wozzeck" bewußt jüngsten Münchner Reformbühnen-Traditionen angeschlossen. So ergibt sich unter ständiger Vereinfachung der Systeme eine technisch-künstlerische Entwicklung von Rollers Wiener "Don Giovanni" über das "Münchner Künstlertheater" und die "Neue Münchener Shakespearebühne" mit ihren Elementen aus der alten von Savits und Lautenschläger, hin zur Bühne für die Uraufführung des "Wozzeck".

---

[172] Walter Grohmann a.a.O., Abb. 9.

[173] Ebda., Abb. 17.

[174] Ebda., Abb. 20. Kilian nutzte sie auch für seine "Danton"-Inszenierung. Vgl. Wolfram Viehweg a.a.O., S. 45ff. und Abb. 2.

[175] Die Zeitschrift Bühne und Welt 16 (1914), Nr. 10 hat vier Bühnenfotos der Ausstattung Rollers für die Uraufführung des "Wozzeck" publiziert: "Vor der Stadt" (gemeint ist die Szene "Freies Feld. Die Stadt in der Ferne"), "Zimmer des Pastors" (gemeint ist die Szene "Studierstube des Doktors"), "Straße vor Mariens Haus" und "Kaserne". Außer dem zur "Straße vor Mariens Haus" zeigen alle diese Bühnenfotos solche seitlichen Abdeckungen durch Vorhangbahnen.

Sie war eine flache Reliefbühne. Die Spielbewegung kam nicht aus der Tiefe, sondern sie verlief parallel zum Prospekt. Eine Ausnahme bildeten nur die Wirtshausszenen mit einer tiefer angelegten Hinterbühne. Das Spiel rückte damit sehr nahe an den Zuschauer heran, saugte ihn in das Geschehen hinein. Dies umsomehr, als der Zuschauerraum des Residenztheaters mit seinen siebenhundert Plätzen klein und intim war.

I.2.5.   Die Bühnenbildentwürfe Rollers, seine "Technischen Bemerkungen zu: Büchner 'Wozzeck'" und das Regiebuch Kilians

Roller beobachtete weder persönlich die Arbeit der Münchner Werkstätten, noch besuchte er die Proben zum "Wozzeck"; aber er übersandte, wie von Hofmannsthal in seinen Briefen an Franckenstein vom 22.2.1913[176] und vom 12.5.1913[177] angekündigt, den Münchnern ausführliche, sieben Schreibmaschinenseiten umfassende "Technische Bemerkungen zu: Büchner 'Wozzeck'."[178]
Den speziellen Anweisungen zu den einzelnen Bildern schickt er allgemeine voraus:
"Verwandlungen. Alle Verwandlungen erfolgen bei offenem Vorhang unter vollständiger Verdunklung der Szene. Die ganze Komödie wird hinter einem schwarzen Schleier gespielt, der die Unsichtbarmachung der Vorgänge auf der verdunkelten Bühne bewirkt. - Innerhalb des Schleiers wird eine kurze Fußrampe montiert und die Rivalta[179] außer Funktion gesetzt. - Alle Verwandlungen müssen so schnell als möglich erfolgen. Bei entsprechender Schulung und genügender Anzahl der Bühnenarbeiter

---

[176] Vgl. S. 22.
[177] Vgl. S. 33.
[178] Ein Exemplar befindet sich im Besitz von Dozent Dr. Dietrich Alfred Roller, Wien.
[179] Unter Rivalta versteht Roller die feste Installation der Rampenbeleuchtung.

braucht keine länger als zehn bis zwanzig Sekunden zu dauern. Die Bühnenarbeiter sollen dunkelblau gekleidet sein."

Auf den Einsatz des schwarzen Schleiers hat man in München offenbar verzichtet. Auch die Verwandlung auf offener Bühne wurde nicht durchgehalten. Neben viel Zustimmung hat dies Verfahren auch Widerspruch gefunden. J. Fr. schreibt im "Berliner Tageblatt" vom 11.11.1913: "Die Verwandlung bei offener Szene, bei der putzige Männchen hin und her liefen und bei der man den ganzen geordneten Wirrwarr eines Dekorationswechsels mit ansehen mußte, störte außerordentlich." Für die achte Vorstellung am 3.1.1914 - sie wurde von Hofmannsthal besucht[180] - notiert Kilian in seinem Tagebuch: "Im Wozzeck die Verwandlungen durch schwarzen Vorhang gedeckt. Geht etwas langsamer."

Roller fährt in seinen "Technischen Bemerkungen" fort:

"Verhängung. In welcher Reihenfolge die Prospekte und die wenigen Bogen aus denen die Dekorationen bestehen verhängt werden, wird durch praktische Erwägungen an Ort und Stelle zu bestimmen sein. Jedenfalls sollen alle Szenen so seicht (kurz) als nur irgend möglich spielen, also alle Prospekte und Bogen dicht hintereinander verhängt werden.

Deckung. Eine besondere Soffittendeckung dürfte bei der entsprechenden Höhe der Prospekte nicht erforderlich sein. Für die Seitendeckung werden ein bis zwei dunkle Vorhangportale ausreichen.

Malerei. Der Maler der die Dekorationen ausführt wird gebeten, viel mehr zu zeichnen und zu kolorieren als in der gewohnten naturalistischen Weise zu malen. Es wird eine Wirkung beabsichtigt, die etwa an einen grob kolorierten Holzschnitt erinnert. Die schwarzen Konturlinien mögen sichtbar bleiben. Eine möglichst getreue Ver-

---

[180] Vgl. S. 124f.

größerung der Aquarellskizzen wird am besten zum Ziele führen. Die Farbe muß ungewöhnlich tieftonig sein.

Beleuchtung. Die auf der Szene stehenden Personen sind unter allen Umständen ohne Rücksicht auf die Naturwahrheit so hell zu beleuchten, daß das Minenspiel vollkommen deutlich sichtbar ist.[181] Vorwiegend ist hiezu (sic) die Rivalta (Rampe) zu verwenden. Die Prospekte, namentlich die der Interieurs dürfen dagegen nur sehr mäßig angeleuchtet werden, mit einer nach den Seiten zu beträchtlich abnehmenden Weise.[182] Ausnahmen hievon (sic) sind bei den einzelnen Bildern besonders bemerkt."

Der Entwurf Rollers zur ersten Szene,[183] zum Zimmer des Hauptmanns, zeigt als Prospekt eine Wand des Zimmers mit einer in dunklem Grün und Braun senkrecht gestreiften Tapete und zwei Fenster mit Vorhängen. Der Entwurf ist, wie so häufig bei Roller, um eine Mittelachse mit zwei gleichgewichtig ausgestatteten Bühnenhälften angeordnet. Die Achse endet hier in der Mitte des Prospektes zwischen den beiden Fenstern. An dieser Stelle steht ein Pfeilertisch mit zwei Vasen darauf, zwischen ihnen eine Uhr unter einem Glassturz. Am rechten Teil der Prospektwand hängt das Portrait einer Frau, darunter vier große Tabakspfeifen, links ein Männerportrait. Auf der rechten Seite der Spielfläche zeigt der Entwurf den Hauptmann in einem Lehnstuhl, bei ihm Wozzeck, und einen Schemel mit Rasierutensilien. Hier wird mit deutlich kennzeichnenden Einzelheiten ihrer Ausstattung die Behausung spießbürgerlichen Behagens vorgestellt und zugleich damit ihr Besitzer, der Hauptmann, charakterisiert. Roller schreibt in seinen "Technischen Bemerkungen":

---

[181] Dies ist eine Anweisung, die dem Darstellungsstil Albert Steinrücks, der gerade im "Wozzeck" mimische Mittel einsetzt (vgl. S. 114, 144, 174.) in besonderer Weise entgegenkommt.

[182] Diesen Effekt des Abnehmens der Beleuchtung zu den Seiten hin verwendete auch Max Reinhardt 1921 für seine Berliner "Woyzeck"-Inszenierung.

[183] Alle Entwürfe sind Aquarelle, 24,5 x 33,0 cm. Sie befinden sich im Besitz von Dozent Dr. Dietrich Alfred Roller, Wien.

"1. Des Hauptmanns Zimmer. Ein Prospekt. - Die Fensternischen, die Vorhänge, die Bilder und der Spiegel, der Spucknapf und der Pfeilertisch mit zwei Blumenvasen und der Uhr unter Glassturz, alles gemalt. Die Fensterscheiben transparent eingesetzt. Auch die Fensterlaibungen, die Fensterbretter und die Vorhänge teilweise transparent. Die Dekoration ist sehr dunkel im Ton. Die Dunkelheit steigert sich - im Gegensatz zur Natur - nach den Seiten und nach oben. Requisiten: Ein Mahagonilehnstuhl mit schwarzer Wichsleinwand gepolstert für den Hauptmann. Ein Hocker aus ungestrichenem Fichtenholz mit dem Barbierbecken und dem Rasierzeug Wozzecks."

Eine Grundrißskizze im Regiebuch für diese erste Szene bestätigt die Gliederung des Entwurfs in der szenischen Realisierung. In einer der recht sparsamen Notizen zum Spiel der Darsteller vermerkt das Regiebuch beim Text des Hauptmanns: "Wozzeck! Er hat keine Tugend ---": "wäscht sich das Gesicht ab, steht auf, tritt vor Spiegel." Bei: "Wenn ich am Fenster lieg, wenns geregnet hat ---" steht der Hauptmann "am Fenster links". Kilian baut also seine Inszenierung in die Bühnenbilder Rollers, auf deren Konzeption und deren endgültige Form er keinen Einfluß hatte, hinein.[184]

Der Entwurf zur zweiten Szene, die in Maries Stube spielt, zeigt wieder eine um eine Mittelachse zentrierte Prospektwand in dunklem Grau, mit niedriger, grober Balkendecke, in der Mitte der Wand ein Fenster mit rot-weißen Vorhängen, rechts eine grüne Lade, darüber ein Heiligenbild, links vom Fenster hängen Kleidungsstücke. Allein das Fenster und die Vorhänge haben helle Farben, um sie herum setzt das dunkle Grau ein. Gleich vor dem Fenster rechts steht ein Schemel für Marie, links ein Kinderstühlchen für ihren Jungen. Auch Wozzeck in Uniform erscheint auf dem Entwurf. Wiederum charakterisieren ein Raum und die Einzelheiten seiner Ausstattung den Menschen, der hier lebt: Eine

---

[184] Vgl. S. 50f.

ihrer Religion immer noch verbundene junge Frau, eine Mutter, in bedrängten wirtschaftlichen Verhältnissen. Roller schreibt in den "Technischen Bemerkungen":

"2. Maries Stube. Ein Prospekt. - Nach den Seiten und nach oben zu sehr dunkel. Das Bild, der Wandschrank gemalt. Die an der Wand hängenden Kleidungsstücke und die Fenstervorhänge plastisch. Das Fenster praktikabel, schlägt nach außen. Die Scheibe aus Gaze, durchsichtig. Der Blick durch das Fenster geht auf eine dem Fundus zu entnehmende kleinstädtische Hausfront. Requisiten im 2. Bild: ein primitiver Kindersessel und ein Fußschemel auf dem Marie sitzt. Eine Spiegelscherbe für Marie. - Im 4. Bild wird das Zimmer von den außen vorüberziehenden Zapfenstreichfackeln erleuchtet. Durch die Rivalta zu markieren."

Auch hier bestätigt eine Skizze im Regiebuch die im Entwurf vorgesehene Gliederung des Bühnenbildes, ohne erkennen zu lassen, ob auch Einzelheiten, wie die Kleider und besonders das Heiligenbild, das bei einer Streichung der Bibelszene keine die Marie charakterisierende Funktion mehr hat, bei der szenischen Umsetzung berücksichtigt wurden.

Marie sitzt, der im Regiebuch unterstrichenen Szenenanweisung entsprechend, das Kind auf dem Schoß, auf dem Schemel und betrachtet sich im Schmuck der Ohrringe in einer Spiegelscherbe. Wozzeck tritt von rechts, vor dem Prospekt, auf und geht dort auch wieder ab. Bei Maries Satz: "Ich bin doch ein schlecht Mensch ---" notiert das Regiebuch: "steht auf, geht umher, wiegt das Kind." Gleich danach aber läßt Kilian die Marie nach den Sätzen: "Ach! Was Welt! Geht doch alles zum Teufel, Mann und Weib!" wieder das Lied vom Beginn singen:

"Mädel, mach's Lädel zu
's kommt ein Zigeunerbu,
Führt dich an seiner Hand

Fort ins Zigeunerland."[185]

Der Entwurf Rollers zum dritten Bild "Freies Feld. Die Stadt in der Ferne" zeigt im Vordergrund nebeneinander drei Gruppen knorriger Kopfweiden in niedrigem Gebüsch mit weit ausgreifenden Zweigen und dichtem Laub, alles in nahezu geschlossener, dunkler, fast schwarzer Fläche. Im Hintergrund erscheint die dunkle Silhouette einer Stadt vor einem in Rot und Gelb flammenden Horizont. Das Bild ist wiederum um eine Achse, markiert durch eine mächtige Weide der mittleren Baumgruppe, zentriert, bei gleichgewichtiger Akzentuierung beider Bühnenhälften. Der Entwurf zeigt einen stimmungsstarken, bedrückend dusteren Ort. Die Farben am Horizont im Hintergrund hellen nicht auf, sie drohen. Roller bringt hier die innere Befindlichkeit des Wozzeck mit ins Bild.

Zu diesem Entwurf sagen die "Technischen Bemerkungen":

3. Freies Feld vor der Stadt. Ein Bogen und ein reinweißer transparenter Luftprospekt. Dieser Bogen[186] sollte am weitesten vorne verhängt sein. Die Weidenstämme, die Weidenzweige- und -Blätter sind nahezu ganz schwarz. Dies Bild spielt ohne Rivalta. Die Figuren der zwei Soldaten sollen vollständig als Silhouetten wirken. Der transparente Prospekt ist mit einem möglichst zitronenfarbenen Gelb durchleuchtet, (gefärbtes Quecksilberdampflampenlicht), das nach oben in orange und dann in schwarzes, bräunliches Violett übergeht, nach unten zu in unregelmäßig abgesetztes Braunrot. Die Silhouette der Stadt ist ein Schattenbild von einem hinter dem Prospekte aufgestellten Versatzstück. Vor dem Prospekt eine schwache blaue Soffitte[187] oder Fußrampe, die die Stadtsilhouette weich macht und violett färbt. Der Prospekt hängt so nahe an dem Bogen, daß die beiden Schauspieler zwar die nötige Bewegungsfreiheit haben, ohne in den Prospekt hineinzustoßen, aber daß der Boden zwischen Bogen und Prospekt für die Ränge nicht störend

---

[185] Vgl. S. 56.

[186] Der Bogen umfaßt die Weidenbäume.

[187] Roller meint hier keine Abdeckung, sondern eine Beleuchtungsinstallation.

sichtbar wird." Das Foto des Bildes für die Szene "Freies Feld. Die Stadt in der Ferne"[188] zeigt, daß man bei der Übertragung des Entwurfes auf die Bühne wiederum möglichst genau den Wünschen Rollers gefolgt ist. Allein von der rechten Baumgruppe wurde ein Teil geopfert.

Eine flüchtige Grundrißskizze im Regiebuch bestätigt ebenfalls die sorgfältige Übertragung des Entwurfs auf die Bühne. Wozzeck und Andres stehen zu Beginn der Szene in dem schmalen Streifen zwischen dem Prospekt und dem Bogen, der einzigen, reliefhaft flachen Spielfläche für die Darsteller in dieser Szene. Dabei steht Andres zwischen der linken und der mittleren Baumgruppe, Wozzeck zwischen der mittleren und der rechten. Kilian nimmt hier das szenographische Prinzip der Mittelachse bei Roller in seinem Arrangement wieder auf. Mit dem Satz "Der Platz ist verflucht ---" geht Wozzeck zu Andres nach links hinüber. Zwischen den beiden Sätzen des Andres: "Die Sonn ist unter." und "Drinnen trommeln sie." vermerkt das Regiebuch: "Trommelwirbel ganz fern." Dieser Trommelwirbel geht dann mit der notierten "Verdunkelung" der Szene in die Zapfenstreichmusik des folgenden Bildes über.[189]

Die vierte Szene spielt wieder in "Mariens Stube", also in der Dekoration des zweiten Bildes.

Marie steht mit dem Kind links am Rahmen des geöffneten Fensters. Hinter dem Fenster, auf der Straße, steht Margareth. Das Regiebuch verzeichnet als Statisterie auf der Straße drei Frauen und sechs Kinder. Der Zapfenstreich, mit dem Tambourmajor voran, zieht mit Fackeln[190] von links nach rechts draußen an dem Fenster vorbei. Marie und Margareth führen ihr Streitgespräch durch das geöffnete Fenster. Margareth geht nach ihrem letzten Satz "Sie guckt sieben Paar lederne Hosen durch." hinter dem Zapfenstreich

---

[188] Bühne und Welt a.a.O.
[189] Diese Verbindung zweier Szenen durch akustische Elemente hat auch Max Rheinhardt in seiner "Woyzeck"-Inszenierung von 1921 eingesetzt.
[190] Vgl. S. 75.

her nach rechts ab. Marie schlägt das Fenster zu und öffnet es wieder, wenn Wozzeck draußen klopft. Marie und der gehetzte Wozzeck führen ihr Gespräch ebenfalls durch das geöffnete Fenster. Aber Wozzeck steht nun - ein Stimmungskontrast zum turbulenten ersten Teil der Szene - allein auf der ausgestorbenen Straße. Das Fenster bleibt bis zum Schluß der Szene offen. Es entsteht der Eindruck, daß die laut Notiz im Regiebuch im Laufe der Szene immer tiefer einfallende Dunkelheit von außen bedrohlich in die Stube der Marie hineindringt.

Der Entwurf Rollers zum fünften Bild, "Studierstube des Doktors", zeigt eine Prospektwand mit einem hohen, hellen, mehrfach gesproßten Rundbogenfenster, grünem, nach links geöffnetem Vorhang und Scheibengardinen in der unteren Hälfte. Rechts und links von diesem Fenster stehen eng nebeneinander je drei hohe, kastenartige, dicht gefüllte Scheibenschränke. Auf diesen Schränken sind dicht bei dicht Gefäße und unterschiedliche Gerätschaften aufgereiht.

Auch diesen Entwurf zentriert Roller um eine Mittelachse, markiert durch das hohe Fenster. Beide Bühnenhälften sind durch die Schränke in symmetrischer Form ausgestattet. Das Bühnenfoto zu dieser Szene in der Zeitschrift "Bühne und Welt"[191] bestätigt auch hier das Bestreben der Münchner, den Entwürfen Rollers und seinen Anweisungen in den "Technischen Bemerkungen" detailgenau zu folgen.

Eine Grundrißskizze im Regiebuch deutet vor dem Fenster einen von Roller in den "Technischen Bemerkungen" geforderten wuchtigen Tisch[192], zwischen dem Tisch und dem Fenster einen Sessel an.

Roller schreibt in den "Technischen Bemerkungen":

---

[191] Bühne und Welt a.a.O.
[192] Vgl. S. 79.

"4. Des Doktors Zimmer. Ein Prospekt. - Die Kästen mit ihrem Inhalt, die Fensterlaibung, die Fenstervorhänge - alles gemalt. Die Fensterscheiben, teilweise auch der kleinere Fenstervorhang und die Fensterlaibungen transparent undurchsichtig (sic). Vielleicht auch einzelne Glanzlichter auf den gemalten Gläsern und Metallsachen; aber in richtiger Helligkeitsabstufung gegen die Fensterscheiben! Der Prospekt nimmt gegen die Seiten und gegen oben an Helligkeit ab. Requisiten: Ein großer Mahagoni-Aufsatz-Schreibtisch, von dem nur die Rückseite sichtbar ist. Auf der Aufsatzplatte: ein Mikroskop, Bücher, Schriften, Probiergläser, Büchsen und Fläschchen; ein Einsiedeglas, in dem zur Untersuchung bestimmte Pflanzen stecken. Neben dem Tisch: ein Papierkorb, darunter ein Fußteppich. (N.B. Der Inhalt der Kastenfächer und die auf den Kästen stehenden Gegenstände müssen einen unordentlichen Eindruck machen. Also Spanholzschachteln, Kolben, Retorten, ein Mörser, eine alte Elektrisiermaschine, eine beiseite geschobene Gipsbüste des Aesculap, wissenschaftliche Werke, in den unteren Fächern Broschüren und Schriften, menschliche Schädel von Erwachsenen und Kindern mit und ohne Kiefer, Tierschädel, Knochenfragmente, große zugebundene Glasgefäße mit Fötussen und Mißgeburten und unzählige Flaschen und Fläschchen aller Größen, Formen und Farben mit und ohne angebundenen Zetteln.)"

Auch diese Studierstube des Doktors erweist sich im Entwurf Rollers, wie in den vielen bis ins kleinste vorgestellten Details in den "Technischen Bemerkungen" als ein Raum, mit dem dessen Besitzer charakterisiert werden soll: Als ein manisch seinem Fach verfallener, skurriler Wissenschaftler. Es ist vom Eindruck dieses Bühnenbildes her einleuchtend, wenn Kritiker sich bei dem Doktor an eine E.T.A.-Hoffmann-Gestalt erinnert fühlen werden.

Zugleich zeigt dieser, wie auch die anderen Entwürfe Rollers, wie in diesem so einfachen Bühnensystem die Bildwirkung mit größtem Raffinement und künstlerischer Präzision erarbeitet wird und wieviel sie noch der alten Kunst der Prospektmalerei verdankt.

Zu Beginn der Szene steht der Doktor rechts hinter dem Schreibtisch und erscheint so selbst als ein Teil der vor ihm auf der Tischplatte und hinter ihm in den Kästen aufgehäuften Gegenstände. Wozzeck steht in einigem Abstand halb rechts vor dem Tisch. Weitere Hinweise zu dem Arrangement der Szene sind dem Regiebuch nicht zu entnehmen.

Der Entwurf zum sechsten Bild, das "Vor Mariens Haustür" spielt, zeigt als Prospekt ein niedriges Haus, einstöckig, mit drei geschwungenen Dachgauben und einem Kamin, in der Mitte der Hauswand ein zweiflügeliges, gesproßtes Fenster mit Vorhängen innen, rechts eine grob gezimmerte Haustür, davor eine Stufe. Hinter dem Haus erscheinen ein einzelner Baum und eine Stadtsilhouette, rechts ein höher aufragendes Gebäude. Die Hauswand ist im unteren Teil über ihre ganze Breite hin schadhaft. Hinter dem abbröckelnden Putz wird eine aus groben Steinen unregelmäßig gefügte Mauer sichtbar. Eine bedrückende Unterschichtenbehausung aus den Dreißigerjahren des neunzehnten Jahrhunderts. Links vor dem Haus steht ein Pfahl mit einer Laterne. Auch dieser Entwurf ist um eine durch das Fenster in der Wand des Hauses markierte Mittelachse zentriert.

In den "Technischen Bemerkungen" schreibt Roller:

"5. Vor Mariens Haustür. - Ein Prospekt. - Haustür und Fenster praktikabel. Ebenso die Fenstervorhänge. Das Fenster und die Höhe desselben über dem Boden, ebenso die Vorhänge entsprechen Mariens Stube."

Normalerweise achtete Roller sehr darauf, daß sich in seinen Entwürfen die Außen- und die Innenansicht eines Gebäudes, wenn beide als Handlungsorte ins Bild kamen, möglichst genau entsprachen.[193] Das veranlaßte ihn auch, in seinem Brief an Hofmannsthal vom 28.5.1913[194] gegen die dramaturgische Lösung im Einrich-

---

[193] Vgl. Manfred Wagner a.a.O., S. 81.
[194] Vgl. S. 37.

tungsplan Wollfs für das zehnte Bild mit der später gestrichenen Bibelszene, die von Marie hinter dem Fenster aus ihrer Stube heraus und auf die Straße hinaus gesprochen werden sollte, unter Hinweis auf den Grundriß des zweiten, des vierten und des siebenten Bildes, die in Maries Zimmer spielen, Einspruch zu erheben. Dies Prinzip Rollers wurde bei der Uraufführung des "Wozzeck" durchbrochen. Die Tür in den Bildern "Vor Mariens Haustür", der sechsten und der zehnten Szene, erscheint im Innenraum von "Mariens Stube" im zweiten, vierten und siebenten Bild nicht. Wozzeck tritt deswegen nach dem Zeugnis des Regiebuchs im zweiten Bild vor dem Prospekt auf und geht dort auch ab. Roller fährt in seinen "Technischen Bemerkungen" für den Entwurf "Vor Mariens Haustür" fort: "Die Haustür hängt in einer praktikablen Dickung, die am Rande mit einer Deckung besetzt ist und von rückwärts an den Prospekt angeschoben wird. Die Stufe wird von vorne an den Prospekt angeschoben. Der Pfahl und die Laterne links gemalt. (Öllämpchen.) Dieser Prospekt wird nach den Seiten zu nicht dunkler. Die Skizze ist möglichst getreu zu vergrößern."

Eben das aber ist bei diesem Bild nicht geschehen. Das Bühnenfoto in "Bühne und Welt"[195] zeigt als Prospekt nur einen Ausschnitt des Entwurfes mit der Hauswand, dem Fenster, der Tür und einem schmalen Ansatz des Daches. Alles andere im Entwurf Vorgesehene wurde nicht umgesetzt, was dem Bild alles Bedrohliche und Bedrückende in der Umgebung des Hauses mit der Stube der Marie nahm. Die Laterne ist in der Aufführung praktikabel.

Die Notizen zu den Gängen und Positionen der Darsteller im Regiebuch zeigen auch in dieser Szene die für eine Reliefbühne typische Spielbewegung stets parallel zum Prospekt, der unmittelbar hinter den die Vorderbühne mit der Hinterbühne verbindenden Stufen eingesetzt ist. Marie und der Tambourmajor kommen von links und gehen rechts durch die praktikable Tür in das Haus ab.

---

[195] Bühne und Welt a.a.O.

Der Laternenanzünder kommt von rechts, zündet die Laterne an und geht nach links ab. Von links treten dann der laut Notiz im Regiebuch rasch ausschreitende Doktor, hinter ihm der Hauptmann auf. Auch in den folgenden Arrangements bleibt es natürlich bei der Spielachse parallel zum Prospekt.[196]

Für das siebente Bild, das wieder in Maries Stube spielt, zeigt eine Skizze im Regiebuch die gleiche Anordnung des Grundrißes wie für das zweite und das vierte Bild. Wieder inszeniert Kilian einen Kontrast der Stimmungen. Marie "räumt auf, singt vor sich hin" notiert Kilian im Regiebuch. Erst nach einiger Zeit tritt der durch die hämischen Andeutungen des Hauptmanns verstörte und verletzte Wozzeck auf und unterzieht die eben noch so fröhliche Marie seinem Verhör. Zum ersten Male kommt das Motiv des Messers ins Spiel.

Für das achte Bild, "Vor dem Wirtshaus", wird nun auch ein Teil der Hinterbühne in größerer Tiefe in das Spiel einbezogen. Der Entwurf Rollers zeigt links die mit Spalierbäumen bewachsene Wand eines Wirtshauses, im Erdgeschoß mit einem breiten, in seiner unteren Hälfte geöffneten und hell erleuchteten Fenster, das den Blick in die Gaststube freigibt. Dies Fenster nimmt die Mitte der Wand ein. Wiederum in der Mitte über dem Fenster zeigt der erste Stock des Hauses ein kleineres Fenster mit halb geschlossenen Läden. Vor dem Fenster im Erdgeschoß steht eine breite Bank. Die Wand des Wirtshauses nimmt genau die linke Hälfte der Bühne ein; sie setzt sich, für den Zuschauer nicht zu erkennen und auf dem Entwurf nur durch einen seitlich aus einer Tür zur Wirtsstube fallenden Lichtschein angedeutet, rechtwinklig nach hinten fort. Auf seiner rechten Hälfte zeigt der Entwurf den Garten des Wirtshauses mit einer in den Kronen weit ausladenden, dicht belaubten Baumgruppe. Darunter, auf der Höhe zum seitlichen Eingang der Wirtsstube, stehen, mit ihren langen Seiten parallel zur Bühnenram-

---

[196] Vgl. S. 57f.

pe, ein breiter Tisch mit Windlichtern und, vor und hinter dem Tisch, zwei Bänke. Ein zweiter Tisch, ebenfalls mit zwei Bänken, steht vorne rechts.[197] Bis auf das geöffnete Fenster der Gaststube zeigt der Entwurf graue oder sehr dunkle Farbtöne.

Zu diesem Bild sagt Roller in den "Technischen Bemerkungen": "6. <u>Vor dem Wirtshaus</u>. Ein Prospekt, ein Bogen mit Flügel, mehrere Hängebögen. Der Prospekt hat eine transparente Luft. Die Vorderseite des Hauses und der große Baum sind auf demselben Bogen zusammengemalt. Der Flügel (auf der Skizze nicht sichtbar), der die Seitenwand des Hauses vorstellt und die Eingangstür in dasselbe enthält (auf der Skizze fällt der rote Lichtschein durch die Eingangstür in den Garten heraus) ist entweder mit verhängt und wird ausgedreht oder er wird von Hand versetzt. Das Halbfenster hat transparente, bunte Scheiben. Marillenbäume, Fensterdickung, Spalier, Fensterläden, alles gemalt.

Requisiten: Zwei derbe Wirtshaustische und vier Bänke aus rohem Holz im Garten. Eine große Bank mit Lehne unter dem Fenster. Zwei Windlichter mit Kerzen. Schnapsgläser und Weinstutzen. Beleuchtung: vorne blaues Licht. Innen warmes, lebendiges Licht (unsichtbare Wachsfackeln, kein elektrisches Licht). Die Handwerksburschen am rückwärtigen Tisch bloß durch ihr Windlicht beleuchtet. Wozzeck immer durch die Rampe beleuchtet. N.B. Die ganze Dekoration sehr grau und flach gemalt."

Eine Grundrißskizze im Regiebuch Kilians bestätigt die Anordnung des Entwurfs bei dessen Übertragung auf die Bühne. Allein die Wirtshausszenen stellen in der Textfassung der Uraufführung des "Wozzeck" eine größere Zahl von Darstellern gleichzeitig auf die Bühne, und allein für sie zeigt das Regiebuch genauere Notizen. Gleich zu Beginn erklingt laute Tanzmusik. In der Gaststube sind Marie und der Tambourmajor, drei Soldaten, sechs Mädchen, die Wirtin und vier Burschen zu sehen. Man tanzt. Draußen am Tisch

---

[197] Vgl. Abb. bei Manfred Wagner a.a.O., S. 241.

rechts auf der Vorderbühne sitzt auf der vorderen Bank Wozzeck, auf der hinteren Andres. An dem Tisch rechts auf der Hinterbühne sitzen der erste und der zweite und noch vier weitere Handwerksburschen. Ab und zu werden sie von Käthe bedient. Die vier begleiten die gleichzeitig mit der weiterklingenden Tanzmusik vorgetragenen Reden ihrer beiden Kollegen mit "Gelächter", "Johlen" und "Kröhlen" (sic). Nach dem "Laß mich!" Wozzecks[198] geht er von dem Tisch rechts auf der Vorderbühne zu der Bank unter dem Fenster des Wirtshauses, also quer über die vordere Spielfläche, und beobachtet von dort die Tanzenden, Marie und den Tambourmajor. An Wozzecks Textstelle "Weib! Weib! Immer zu." hört die Musik auf, was in der Gaststube mit "Gejohle" quittiert wird. Einer der Handwerker beginnt die Melodie "Ein Jäger aus der Pfalz" zu pfeifen, die anderen singen im Chor mit. Der Soldat kommt aus dem Wirtshaus, gesellt sich zu Wozzeck und geht, als er mit dessen düsteren Reden nichts anfangen kann, an den Tisch vorn rechts zu Andres.

Wieder gibt es "Lachen" und "Gröhlen" an dem Tisch der Handwerker, dann beginnt der erste Handwerksbursche seine von lautem Beifall, Lachen und wieder Gröhlen begleitete Predigtparodie. Während dessen beobachtet Wozzeck Marie und den Tambourmajor weiter, bis der Irrsinnige ihn anspricht und "sich neben Wozzeck ans Fenster drängt." Die entsprechende Szenenanweisung bei Franzos ist im Regiebuch unterstrichen. In dem kurzen Gespräch mit dem Irrsinnigen steigern sich die noch von fern anklingenden Todesgedanken Wozzecks zu einer quälenden Blutvision. Hier wird Wozzeck inmitten eines rundum tobenden, alkoholseligen Vergnügens von dem Irrsinnigen gleichsam infiziert, zweifellos eine stimmungsstarke, dustere Theaterwirkung in der der Uraufführung zugrundeliegenden Textfassung. Sie wird in deren Münchner Einrichtung noch gesteigert, denn gerade in diesem Augenblick tritt

---

[198] Vgl. S. 59.

als Kontrastfigur zu Wozzeck und dem Irrsinnigen der Tambour-major als angetrunkener Kraftkerl, gefolgt von zwei Soldaten, mit einem Krug in der Hand aus dem Wirtshaus und baut sich provozierend rechts neben der Bank unter dem Wirtshausfenster vor Wozzeck auf. Für das Geschehen während des Kampfes notiert Kilian: "Andres, Soldat stehen auf, kommen näher, desgl. 1. und 2. Handwerksbursche. Wirtin, Mädchen kommen ans Fenster, schreien auf." Mit dem Satz "Branntwein, das gibt Courage!" geht der Tambourmajor nach hinten und wieder ins Haus. Andres und der Soldat bleiben bei Wozzeck. Die Tanzmusik fällt nach dem Satz Wozzecks "Einer nach dem andern!" wieder ein, in der Gaststube beginnen die Paare zu tanzen.

Nun hört der durch den Betrug Maries und durch körperliche Gewalt doppelt gedemütigte Wozzeck nicht auf dem freien Feld, sondern vor dem Wirtshaus, die Tanzenden in seinem Rücken, die Stimmen mit dem Mordbefehl. Ins Bild kommt nochmals der scharfe Kontrast zwischen der Situation Wozzecks und der aufgekratzten Fröhlichkeit in seiner Umgebung. Die Bildaussage ist hier ähnlich aufgebaut wie im sechsten Bild. Da quält der Hauptmann den Wozzeck in einer spukhaften Nachtszene mit seinen denunzierenden Andeutungen vor dem Haus der Marie, in dem zeitgleich der Betrug an Wozzeck geschieht. Die Stimmen werden zunächst von der Musik übertönt: "Still Musik!" sagt Wozzeck. Dann versteht er sie und nach dem "-- stich tot - stich -" "stürzt (er)" laut Regiebuch "ab rechts vorn," also wieder quer über die ganze Breite der Bühne. Andres und der Soldat folgen ihm. "Johlen und Kröhlen (sic) aus dem Wirtshaus" notiert der letzte Vermerk Kilians für diese Szene.

Der Regisseur hat sie wie eine abendliche Wirtshausszene aus dem Volkstheater angelegt. Aber der Gegensatz zwischen der groben Fidelitas der Gäste und der Not des betrogenen, geschlagenen, schließlich von Visionen gejagten Wozzeck nimmt der Situation alles Genrehafte. Das fidel vulgäre Wirtshaus wird bald zum bedrohlichen Ort.

Rollers Entwurf für das neunte Bild, "Kaserne", zeigt eine graue Prospektwand mit breiter, blauer Fußleiste und drei gewölbeartigen Bogen, der rechte angeschnitten. Der linke Bogen umfaßt in seinem rechten Teil eine Tür. Vor dem mittleren Bogen stehen nahe beieinander, mit den Fußenden nach vorn, zwei Betten, über deren Kopfende je ein Regal mit den Tornistern und sorgfältig angeordneten Gerätschaften der Soldaten hängt. Unter dem Fußende jeden Bettes steht ein Koffer. Durch den Gewölbeprospekt bekommt die Szene den bedrückenden Charakter einer Kasemattenunterkunft. Das Bühnenfoto in "Bühne und Welt"[199] zeigt nur zwei der drei Bogen des Entwurfs. Der rechte fehlt, der linke ist angeschnitten. Dadurch ist hier die Zentrierung des Bildes auf eine Mittelachse aufgegeben.

In den "Technischen Bemerkungen" schreibt Roller zu diesem Bild: "7. In der Kaserne. Ein Prospekt mit praktikabler Türe, die nach innen schlägt. Wandbretter mit den Tornistern etc. gemalt. Requisiten: Zwei gelb gestrichene hölzerne Soldatenbetten und davor zwei schwarze Militärkoffer. Der rechte (Wozzecks) praktikabel und voll gefüllt.

N.B. Dieses Bild muß sehr kurz verhängt sein, so daß keine eigene Seitendeckung nötig ist. - Wenn die Tür aufgeht, sieht man eine etwas heller beleuchtete, weißgetünchte Korridorwand."

Laut stark unterstrichener Notiz im Regiebuch leiten "ferne Kasernensignale" hinüber in das neunte Bild. Zu dessen Beginn liegt Wozzeck auf dem rechten, Andres auf dem linken Bett. Beide sind angekleidet. Der Tambourmajor tritt nach dem Gebet Wozzecks auf, er geht für seine Prahlereien in die Mitte der Bühne, direkt vor die Betten des Wozzeck und des Andres. Er spricht in diesem Arrangement Andres an, aber er meint Wozzeck. Er will ihn erneut demütigen und geht danach wieder durch die Tür im linken Bogen ab.

---

[199] Bühne und Welt a.a.O.

Die Situation wird szenisch durch das Aufeinanderstoßen der sechzehnten Szene bei Franzos, "Kaserne", und der siebzehnten Szene, "Kasernenhof", nun in einem Bild ganz deutlich: Noch widerstrebt Wozzeck seinen Visionen. Er betet. Unmittelbar an das Gebet und ohne Wechsel des Handlungsortes schließt die erneute, hämisch-brutale und beleidigende Provokation Wozzecks durch den Tambourmajor aus der Kasernenhofszene an. Sie treibt Wozzeck weiter auf den Mord zu. Jetzt ist sein Widerstand gebrochen.

Das zehnte Bild spielt wieder vor Mariens Haustür. Eine Grund-rißskizze im Regiebuch zeigt die gleiche Anordnung wie das Bühnenfoto der sechsten Szene.[200] Vor dem Prospekt steht unter dem Fenster nun eine breite Bank, auf der zu Beginn der Szene links die alte Frau, mit Abstand rechts von ihr Marie mit ihrem Knaben sitzen. Vor ihnen ziehen acht Kinder singend mit einem Schreitspiel "Wie heute schön die Sonne scheint" von links nach rechts und in flachem Bogen wieder zurück über die Spielfläche, auch dies eine Spielbewegung parallel zum Prospekt, dem Charak-ter der Reliefbühne entsprechend. Danach formieren sich die Kinder unter der Anleitung Maries zu dem Kreisspiel "Ringel, Ringel, Rosenkranz" in der Bühnenmitte. Marie geht während dessen auf die rechte Seite und spricht den kurzen Text aus der gestrichenen Bibelszene[201]. Zur Erzählung des Märchens setzt sie sich mit ihrem Jungen wieder auf die rechte Seite der Bank. Auf deren linker Seite sitzt die alte Frau, ein Kind links, zwei Kinder rechts neben sich, zu ihren Füßen zwei Kindergruppen, eine mit zwei Kindern links von ihr, eine mit dreien rechts. Wieder scheint Kilian zunächst eine freundliche Kinderszene zu arrangieren, wohlgeordnet wie auf einem Genrebild des Biedermeier, und wieder weicht das Genre-hafte dem kontrastierend Bedrohlichen durch das düstere Märchen und die angstvollen Vorahnungen der Marie, von denen sie in der

---

[200] Vgl. S. 81.
[201] Vgl. S. 60.

87

Münchner Einrichtung nach der ihr zugrundeliegenden Fassung von Franzos am Schluß der Szene unter dem Eindruck der Erzählung der alten Frau befallen wird.

Das elfte Bild spielt wie das neunte in der Kaserne. Wozzeck kauft von dem Juden das Messer. Eines der wenigen Notate für diese Szene im Regiebuch vermerkt nach dem Abgang des Juden: "Wozzeck tritt zu seinem Spinde, kramt." Ein Spind ist weder auf dem Entwurf Rollers für dieses Bild, noch auf dem Bühnenfoto zu sehen, noch wird es in den "Technischen Bemerkungen" erwähnt. Wahrscheinlich ist der Soldatenkoffer unter dem Bett gemeint. Nach einer im Regiebuch markierten Pause tritt Andres auf. Während des folgenden Gespräches sitzt Wozzeck auf dem Fußende seines Bettes rechts, Andres links am Kopfende des seinen. Wozzeck spricht also nicht zu Andres, sondern zum Publikum gewandt.

Der Entwurf für das zwölfte Bild, "Waldweg am Teich", zeigt hinter einem Streifen grauen Bodens auf beiden Seiten je ein Drittel der Bühne einnehmende dunkel Bäume, deren Kronen sich nach oben verlieren, zwischen beiden Baumgruppen niedriges, dunkles Buschwerk. Dahinter erscheint in dunklem Grünblau der Teich, über ihm, die Mittelachse des Bildes markierend und sich in matten Reflexen im Wasser spiegelnd, ein roter Mond an dusterem Himmel. Hinter dem Teich zeichnen sich die Silhouetten dunkler Nadelbäume ab. Vorne, vor der rechten Baumgruppe, liegt im spitzen Winkel zur Rampe ein Baumstamm. Zu diesem Bild schreibt Roller in den "Technischen Bemerkungen":
"8. Waldweg am Teich. Ein Prospekt, teilweise transparent. Nämlich die Luft und das Wasser. Ein Bogen, ganz dunkel warmes Schwarz ohne jede Zeichnung. Zwischen Bogen und Prospekt ein dunkelgraues Versatzstück ohne jede Zeichnung, Untergebüsch (Erlen) vorstellend, ausgesteift. Zwischen Prospekt und Versatzstück genau in der Mittelachse der Bühne offene Versenkung, in die hohe Treppenstufen hinabführen. Eventuell notwendige Seitendek-

kung vor dem Bogen, ebensolche schwarze Baumkulissen wie der Bogen.
Requisiten: ein plastischer Baumstamm vor dem Bogen - von diesem gegen vorne zu liegend. Der Weg, den Wozzeck und Marie kommen, auf dem Wozzeck abgeht und zurückkommt und auf dem die Bürger vorbeikommen, ist zwischen dem Bogen und dem Versatzstück angenommen.
Beleuchtung: Die transparenten Teile des Prospektes sind dunkel grünlich blau durchleuchtet. Auf den Figuren rechte Hälfte der Rampe blau. Aufsteigender Mond und Spiegelungen desselben im Wasser projiziert. Die Spiegelung mit Wellenspielapparat."
Eine recht grobe Grundrißskizze im Regiebuch Kilians bestätigt die Anordnung des Entwurfes und die Angaben der "Technischen Bemerkungen", auch in bezug auf den Auftritt Wozzecks und Maries. Der Baumstamm allerdings wurde nach der Skizze im Gegensatz zum Entwurf und zu den "Technischen Bemerkungen" an eine Stelle unmittelbar links von der Mittellinie verschoben und parallel zur Rampe gelegt. Wesentliche Notizen zur Führung der Darsteller enthält das Regiebuch auch zu dieser Szene nicht. Kilian hielt sich wohl an die Szenenanweisungen bei Franzos. Die Anweisung: "Zieht sie wieder auf den Sitz." nach Wozzecks Text: "Und gut! Und treu!" ist im Regiebuch unterstrichen. Nach einer flüchtigen Skizze im Regiebuch sitzen beide frontal zum Publikum nebeneinander auf dem Baumstamm, Wozzeck links, Marie rechts. Auch die Szenenanweisung: "Springt auf" nach Maries Frage: "Was zitterst so?" ist unterstrichen.
Nach der Flucht des Wozzeck am Ende des zwölften Bildes setzt eine Tanzmusik ein, die zum dreizehnten Bild, der letzten Wirts-hausszene, überleitet. Eine schnelle Verwandlung war möglich, weil der Teil der Dekoration für die Wirtshausszenen, der auf der Hinterbühne errichtet war, während der Szenen neun, zehn, elf und zwölf durch die möglichst weit vorne zu verhängenden Prospekte verdeckt werden konnte.

Das Regiebuch gibt für die personenreiche dreizehnte Szene wieder genauere Auskünfte zur Personenführung und zu den Arrangements. An dem Tisch auf der Hinterbühne vor dem Wirtshauseingang sitzen vier Handwerker, Käthe und ein Bauer. Im Innern der Gaststube hält sich die Wirtin auf, sechs Mädchen, vier Burschen und zwei Soldaten tanzen. Wozzeck sitzt an dem Tisch auf der Vorderbühne, er tanzt mit Käthe, wie es die Szenenanweisung bei Franzos fordert. Die Musik hört auf. Wozzeck setzt sich mit Käthe an den Tisch auf der Vorderbühne, Wozzeck auf einen Stuhl an dessen linker Schmalseite, mit dem Rücken zum Wirtshaus, Käthe auf die Bank vor dem Tisch.

Wiederum inszeniert Kilian zunächst eine rustikale Wirtshausszene, in die Wozzeck nun als Mörder eintritt, deren Stimmung aber erst kontrastierend umschlägt, als Käthe an Wozzeck die Blutspuren entdeckt. Mit dem Schrei: "Rot! Blut!" springt sie auf und weicht nach rechts zurück. Um Wozzeck versammeln sich nun in einem bedrängendem Kreis die Handwerksburschen, der Bauer und die Wirtin. Nach dem Satz des Bauern: "Puh! Was stinkt da Menschenblut!" setzt die Musik - die entsprechende Notiz im Regiebuch ist breit unterstrichen - laut wieder ein. Wozzeck springt auf, "Käthe stürzt zur Wirtin". Wozzeck geht nach rechts ab.

Die Musik klingt nach Wozzecks Flucht in das vierzehnte Bild hinein.

Zu dieser zweiten Szene am Teich notiert das Regiebuch nur den Auftritt Wozzecks von rechts und einen raschen Auftritt des ersten und des zweiten Bürgers von links. Für die Darstellung des Ertrinkens im Teich nutzte man die in den "Technischen Bemerkungen" Rollers geforderten Treppen in der offenen Versenkung. Zwischen dem Versinken Wozzecks und dem Auftritt der beiden Bürger notiert das Regiebuch eine längere Pause.

Die fünfzehnte Szene spielt wieder vor Maries Haustür. Vier Kinder tanzen, so notiert Kilian im Regiebuch, vor dem Auftritt des ersten Kindes einen "Ringelreihn" in der Bühnenmitte. "5. Kind links mit

Trompete marschierend und blasend." Maries Sohn reitet rechts auf einem Steckenpferd.

Ein weiteres Mal stellt Kilian zunächst eine Genreszene auf die Bühne, die dann vom ersten Kind mit der Nachricht vom Tode der Marie kontrastierend aufgebrochen wird. Die Kinder gehen links ab. Maries kleiner Sohn bleibt allein weiterspielend zurück.

Ein Entwurf Rollers für die sechzehnte Szene, "Seziersaal", zeigt als Prospekt ein hohes Gewölbe in hellem Grauton. Wieder ist der Entwurf um eine Mittelachse zentriert, die auf eine flach gewölbte Nische mit einer aus Ziegeln gemauerten Stufe und ein in seiner Form der Nischenwölbung folgendes, großes und helles, gitterartig gesproßtes Fenster zuläuft. Vor dem Prospekt stehen auf der rechten und der linken Hälfte der Bühne je ein grob gezimmerter Seziertisch mit ihren langen Seiten zum Publikum, unter der Mitte der Tische je ein Holzzuber. Auf dem rechten Tisch liegt die Leiche von Wozzeck, auf dem linken, durch ein Tuch abgedeckt, der Körper Maries. Zwischen den Tischen stehen, dem linken Tisch zugewandt und die Ärmel für die Arbeit aufkrempelnd, der in den Personenangaben für diese Szene bei Franzos genannte Chirurg, dem rechten Tisch zugewandt der Arzt und der Richter, die ebenfalls von Franzos genannt werden.[202] Diesen Entwurf wollte Roller für die Aufführung nicht verwenden.[203] Er schreibt in den "Technischen Bemerkungen":

"9. Im Seziersaal. Dieses Bild wird nicht so gemacht, wie in der Skizze, sondern es wird ein beliebiger dunkler, gewölbter Raum (kurzer Prospekt, etwa Kerker) verwendet. Beide Leichen auf einem Tisch in der Mitte und zwar auf einem schief gegen vorne abfallenden niederem Schautische (Pritsche). Beleuchtung: Schwache Rampe, gelbgrün (nicht blau)." Das Wort "gelbgrün" ist doppelt unterstrichen.

---

[202] Vgl. farbige Abb. bei Manfred Wagner a.a.O., S. 161. Sh. auch die Interpretation der Entwürfe Rollers durch Manfred Wagener ebda., S. 241.

[203] Vgl. S. 48f.

Dieses Arrangement, auch die Färbung der Beleuchtung, sind offensichtlich durch den Vorschlag Hofmannsthals zur Gestaltung der Schlußszene in seinem Brief an Roller vom 26.5.1913 und durch Hofmannsthals textliche Neufassung dieser Szene angeregt worden.[204] Eine flüchtige Grundrißskizze im Regiebuch für dieses sechzehnte Bild deutet, Rollers Anweisung folgend, einen einfachen Prospekt an, davor einen Tisch mit zwei verhüllten Leichen nebeneinander, die Füße zum Publikum weisend. Hinter dem Tisch stehen an dessen linker Ecke der Chirurg, in der Mitte der Arzt, an der rechten Ecke des Tisches der Richter, weiter rechts, etwas abseits, zwei Polizisten. Der Richter kann so den abschließenden Text des Stückes "Ein guter Mord, ein echter Mord ---" als Mittelpunktfigur dieses Arrangements sprechen.

Allenthalben ist Roller bestrebt, mit szenographischen Mitteln möglichst starke Stimmungen wachzurufen. Er will vordergründig naturalistische Bühnenmalerei vermeiden. Statt dessen sollen die Maler beim Herstellen der Dekoration kolorieren. Die Farben in seinen Bildern sollen zuvörderst Stimmungsträger sein. Er verlangt in seinen "Technischen Bemerkungen" ungewöhnlich tieftonige Farben, so im Zimmer des Hauptmanns[205] oder seitlich und nach oben abnehmende Helligkeit, wie in der Studierstube des Doktors.[206] Immer wieder verwendet er tiefe Farbtöne in den Entwürfen. Ganz auf das Evozieren von Stimmungen sind die Anweisungen Rollers für das Bild "Freies Feld. Die Stadt in der Ferne" ausgerichtet. Hier sollen die Darsteller nur als dunkle Silhouetten vor dem flammend farbigen Hintergrund erscheinen.[207] Ebenso zielt die Farbgebung der Entwürfe für die Szenen "Vor dem Wirtshaus"[208]

---

[204] Vgl. S. 35, 47f.
[205] Vgl. S. 74.
[206] Vgl. S. 79.
[207] Vgl. S. 76.
[208] Vgl. S. 83.

und "Waldweg am Teich"[209], sowie die Anweisungen in den "Technischen Bemerkungen" für die Kolorierung der Waldwegszenen[210] auf Stimmungswirkungen. Von besonderer Bedeutung in Rollers "Technischen Bemerkungen" sind seine Anweisungen zur Beleuchtung. Sie dienen nicht nur der Stimmungsgestaltung einzelner Szenen, sie interpretieren das ganze Stück. Die Beleuchtung der Prospekte soll nach oben und nach den Seiten abnehmen. So verschweben die Bilder ins bedrohlich Unsichere. Sie haben keinen festen Halt, keinen sicheren Ort. Das ist die ins Optische übertragene innere Situation Wozzecks, seines Lebensgefühls. Die Personen hingegen sollen in ihrer diffus ins Nichts gleitenden Umgebung unbedingt so hell beleuchtet werden, daß jede Regung ihres Minenspiels deutlich wahrnehmbar ist. Das geschieht durch die Rivalta, also schräg von unten. Das sind die szenographisch-künstlerischen Mittel, die Rainer Maria Rilke jenes nachhaltige Theatererlebnis brachten, das er Marie von Thurn und Taxis in seinem Brief vom 9.7.1915 schildert: "--- ein Schauspiel ohne gleichen, wie dieser mißbrauchte Mensch in seiner Stalljacke im Weltraum steht, malgré lui im unendlichen Bezug der Sterne."[211] Immer wieder wird in den Pressekritiken die Bedeutung der Bühnenbilder Rollers für die Gesamtwirkung der Uraufführung des "Wozzeck" hervorgehoben. R.B. schreibt in der "Münchener Zeitung" vom 10.11.1913, es "--- stellte sich besonders im zweiten Stück oft eine ganz bezwingende Stimmung ein." Eine Reihe anderer Kritiker verweist im Zusammenhang mit der Arbeit Rollers ebenfalls auf den starken Stimmungsgehalt der Inszenierung, der sich wesentlich aus den Bühnenbildern und ihrer von Roller in den "Technischen Bemerkungen" konzipierten Beleuchtung ergab. "Die schnell und gespenstisch wechselnden Bühnenbilder Alfred Rollers"

---

[209] Vgl. S. 88f.
[210] Vgl. ebda.
[211] Rainer Maria Rilke und Marie von Thurn und Taxis: Briefwechsel. Besorgt durch Ernst Zinn, Bd. 1.- Zürich 1951, S. 426.

seien "voll deutscher Stimmung", sagt Hans Brandenburg in "Bühne und Welt" 16 (1914) Heft 7, S. 325. Edgar Steiger berichtet im "Hamburger Fremdenblatt" vom 13.11.1913: "Erst auf der Bühne erschließt sich uns der ganze Sprachzauber dieser hastenden Sätze, die sich zu dem roten, unheimlichen Stimmungsnebel zusammenballen, der den ganzen Himmel in Blut taucht," und im "Literarischen Echo" 16 (1913) Heft 5, S. 327 schreibt er: "Wie beim Rutenschneiden im Moor sich der Himmel rötet, daß er wie Blut dampft, so ballt sich aus all den kleinen Quälereien dieser gehetzten Menschenseele ein roter Nebel zusammen ---." Auch M.G. Conrad und Karl Frieß betonen die die ganze Inszenierung prägende Stimmungskraft der Bühnenbilder Rollers. Conrad schreibt in der Berliner "Täglichen Rundschau" vom 11.11.1913: "Von besonders malerischer Wirkung waren die Szenen auf der Gasse, im Wirtsgarten mit dem anschließenden Tanzsaal und dem gespensterhaften Teich in der Nacht." Karl Frieß sagt in den "Leipziger neuesten Nachrichten" vom 11.11.1913: "Zwei Landschaftsbilder, gespenstische Weiden gegen den glühenden Abendhimmel und ein nächtlicher Wald von feuchten Dünsten durchflimmert, gehörten zu den bleibenden Eindrücken des Abends." Selbst Jos. Rau, dem das ganze Unternehmen der Büchnerfeier im Residenztheater durchaus gegen den Strich ging[212], spricht im "Bayerischen Kurier" vom 11.11.1913 anerkennend von der "eminenten Stimmungskraft" der Bühnenbilder. Die Zeitschrift "Bühne und Welt" ordnet Rollers Arbeit insgesamt anhand seiner "Wozzeck"-Dekorationen in die unterschiedlichen Stile der Szenographie der Zeit ein, verweist auf das "leicht Symbolische seiner Bilder" und begrüßt ihn als "anerkennenswerten Vermittler zwischen illusions- und dekorationsloser Bühne."[213]

---

[212] Vgl. S. 118f.
[213] Bühne und Welt 16 (1914) Nr. 10.

I.2.6. Rollers Figurinen, gezeichnete Rollenbiographien

Alfred Roller hat in seinem Brief an Hofmannsthal vom 27.7.1913 die für ihn "groteske Tragik" im "Wozzeck" erwähnt.[214] Grotesk-komische Züge werden von verschiedenen Kritikern der Uraufführung wahrgenommen. So von Edgar Steiger im "Hamburger Fremdenblatt" vom 13.11.1913: "--- die komische Barbierszene am Anfang packt den Zuschauer durch den ingrimmigen Humor ---." Er wiederholt das wörtlich im "Literarischen Echo" 16 (1913) Heft 5, S. 327 und als -g- im Berliner "Börsen-Courier" vom 12.11.1913 verweist er, wie Hanns von Gumppenberg im "Kunstwart und Kulturwart" 27 (1913) Heft 5, S 462, auf den "wetterleuchtenden Groteskhumor" im "Wozzeck". Richard Elchinger sieht in den "Münchner Neuesten Nachrichten" vom 10.11.1913 einen "Büchnerschen Spielwitz," der "schon im 'Danton' Blüten treibt" und "hier manches wahrhaft beißende Detail zutage" schafft. "Da kann er E.T.A. Hoffmann an gespenstischer Gestikulation übertrumpfen."

Kilian holt dieses groteske Element über die schauspielerische Gestaltung, wesentlich des Hauptmanns, des Doktors und des Tambourmajors in seine Inszenierung hinein. "Der skurrile Hauptmann bekam durch Herrn Basil eine groteske Biedermeier-kontur," schreibt Elchinger in den "Münchner Neuesten Nachrichten" und Steiger im Berliner "Börsen-Courier": "--- daneben stellten Basil (Hauptmann), Höfer (Doktor) und Ulmer (Tambourmajor) treffende grotesk-charakteristische Figuren auf die Bühne." Was spätere Inszenierungen als Sozialkritik und nach der Herrschaft der Nationalsozialisten als Menetekel verstehen werden, wird bei der Uraufführung noch als stimmungsvoller E.T.A. Hoffmann-Spuk aufgefaßt.

---

[214] Vgl. S. 47.

95

Auch hier weist die Arbeit Rollers dem Regisseur den Weg. Er liefert Figurinen, die die Rollengestalten nicht nur in ihrem Kostüm, sondern auch in der Haltung der dargestellten Personen, in ihrer Gestik und ihrer Mimik charakterisieren und damit, wie bei Roller üblich, weit über einen bloßen Kostümentwurf hinausgehen und vielfach wie Illustrationen zu einzelnen Szenen wirken. Es sind gezeichnete Rollenbiographien.[215] Manfred Wagner meint, daß die Figurinen "uns aus der heutigen Sicht des Stückes zu 'putzig' erscheinen."[216] Das ist ein Eindruck, der sich schnell verliert, wenn man sie in den Gesamtzusammenhang der Inszenierung stellt und nicht als einzelne Blätter betrachtet.

Zwei Figurinen gibt es für den Hauptmann. Eine, für das erste Bild, zeigt ihn im geblümten, durch eine lange Hüftkordel gehaltenen Hausrock, langen Unterhosen, blauen Strümpfen und rot-blau geblümten Pantoffeln. Er hält für die Rasur ein Tuch in beiden Händen. Roller gibt ihm ein fettes Gesicht und einen Haarkranz rund um eine mächtige Halbglatze. Ein grotesk-komischer Spießer, der vorzüglich zu seiner Behausung im ersten Bild paßt.

Eine andere Figurine für den Hauptmann zeigt ihn in Ausgangskleidung, im doppelreihigen, mit goldenen Knöpfen versehenen Uniformrock, hohem, schwarz und golden abgesetzten Kragen, Bandelier, schwerem Säbel und Tschako. Ein riesiger, grotesker Kugelbauch steckt prall in einer blauen Steghose mit breiten, roten Biesen zu schwarzen Schuhen. Ein Orden schmückt links die Brust. Das fette Gesicht hat eine Knollennase. Die rechte Hand ist in einer dozierenden Geste, weich im Ellenbogen abgeknickt, erhoben, der linke Arm schlaff gewinkelt. Nun erscheint der wohlgenährte, selbstgefällige Spießer, grotesk überzeichnet und durchaus nicht putzig, in seinem Schmuck.

---

[215] Die Figurinen befinden sich im Besitz von Dozent Dr. Dietrich Alfred Roller, Wien.
[216] Manfred Wagner a.a.O., S. 241.

Auch für den Doktor bietet Roller zwei Figurinen. Die erste, für das fünfte Bild, zeigt ihn im Hausrock aus einem mit großen, gelben und roten Blättern gemusterten Stoff, roter Hüftkordel mit Quasten und breitem, roten Kragen. Er trägt eine schwarze Halsbinde und eine rote "Wagnermütze". Unter dem Hausrock trägt er eine graue Steghose zu schwarzen Schuhen. Die rechte Hand hat er mit dem "pädagogischen Zeigefinger", die linke in einer abwehrenden Geste erhoben. Sichtlich ein grotesker Pedant, auch er glänzend zu seinem häuslichen Ambiente passend.

Eine zweite Figurine, für das sechste Bild, zeigt den Doktor in Straßenkleidung. Er trägt einen braunen, blau gefütterten Gehrock, eine gelbe Weste und eine graue Steghose. Aus der Tasche seines Gehrocks schaut eine Medizinflasche. In einer Hand hält er einen Stock, mit der anderen schwenkt er einen Zylinder. Er schreitet mächtig aus. Die Karikatur eines blind vorwärtsstürmenden, ruhelosen Strebers.

Eine der beiden Figurinen für den Tambourmajor zeigt ihn in seiner Ausgangskleidung mit einem weißen, doppelreihig geknöpften, frackähnlichen Uniformrock, blauer Hose, blauer Mütze und grauen Schuhen. Er trägt mächtige Fangschnüre über der Brust und Quasten an den Schultern. Die Arme in die Hüften gestemmt, mit riesigem Bart steht er da, frontal und breitbeinig.

Die zweite Figurine zeigt ihn in Paradeuniform für den Zapfenstreich. Eine athletisch gewachsene Erscheinung, wieder mit gewaltigem blonden Bart, Tschako und großem, rotem, buschigem Federschmuck in der Kokarde. Er trägt eine breite, rosa Schärpe, gold abgesetzt, weiße Stulpenhandschuhe und einen Tambourstab in Gold. Ein Mannskerl und ein grotesker Gockel.

Im Gegensatz dazu charakterisieren zwei Figurinen den Wozzeck durch ihre Kargheit. Die eine zeigt Wozzeck im Arbeitsgewand, in einer einfachen blauen Bluse, grau-brauner Hose und Stulpenstiefeln mit breitem Umschlag bis zur Wade.

Eine zweite Figurine zeigt ihn in Ausgangskleidung. Er trägt eine einfache, weiße, doppelreihige Uniformjacke mit dunkelblauen

Aufschlägen und blauer Hose. Er steht frontal auf dem Blatt, mit kurzen blonden Haaren und scharfem, ernstem Gesicht. Wie für die bisher beschriebenen Rollengestalten bietet Roller auch für die Marie zwei Figurinen. Die erste zeigt sie in ihrer häuslichen Kleidung. Auch diese Figurine ist betont schlicht gehalten. Marie trägt keine Oberbekleidung, nur ein Unterhemd und einen einfachen Rock, unter dem die Saumkanten eines weißen Unterrocks sichtbar sind. Die Figurine zeigt sie mit bloßen Füßen, Waden und Armen. Sie trägt die Haare über der Stirn offen, am Hinterkopf locker hochgesteckt. Sie schaut in einen Spiegel, den sie in der rechten Hand hält. Die Figurine zeigt im Linksprofil eine schöne, sehr erotisch wirkende, kraftvolle junge Frau.

Die zweite Figurine stellt Marie in Sonntagskleidung dar und ist wiederum im Profil angelegt. Ihre Frisur ist nun sorgfältig, im Stile des Biedermeier vorne gelockt, hinten glatt und hochgesteckt. Sie trägt ein rot-weiß gestreiftes Kleid, an den Oberarmen gebauscht, an den Unterarmen anliegend, mit Ärmelrüschen und weißem, durch eine Brosche gehaltenen Brusttuch als Einsatz, dazu eine grau-blaue Schürze und leichte Schuhe, die von über Kreuz hochgebundenen Bändern gehalten werden. Eine selbstbewußte junge Frau in schlichtem Biedermeierkleid, die sich auch mit wenigem effektvoll herzurichten weiß.

In ganz ähnlicher Weise charakterisieren auch die Figurinen des Andres, der Margareth, des Juden und der Handwerksburschen ihre Rollenfiguren, zum Teil auch, indem sie charakteristische Einzelheiten ihres Handelns auf der Szene illustrierend darstellen.

I.2.7. Die "Zeitschiene" bei Karl Emil Franzos und in der Inszenierung Eugen Kilians

Schon Franzos hatte den Handlungsverlauf in seiner Szenenfolge des "Wozzeck" nach Hinweisen in den Entwurfsstufen bei Büchner durch Szenenanweisungen und Zusätze im Dialog in vier einander folgende Tage gegliedert. Dabei ordnet er die einzelnen Szenen zunächst nur locker, im weiteren Verlauf des Stückes immer straffer, in der zeitlichen Abfolge einander und bestimmten Tageszeiten zu.[217]

Er beginnt mit der von ihm mit der Ortsangabe "Zimmer" überschriebenen Szene H4,5, der morgendlichen Rasur des Hauptmanns durch Wozzeck. In der folgenden Jahrmarktszene, kontaminiert aus H1,1 und H2,3, läßt er in der Ortsangabe die "Lichter" aus H2,3 weg und schreibt nur "Öffentlicher Platz. Buden." Die Szene spielt also, der vorhergehenden hier noch nur locker verbunden, wie natürlich auch die Szene "Das Innere der Bude", in der Vorstellung des Lesers und des vielleicht schon vorweg angenommenen Zuschauers am Nachmittag des gleichen Tages, ebenso die vierte Szene, H4,4, von Franzos mit "Stube" überschrieben. Marie betrachtet sich im Schmuck der Ohrringe. Wozzeck bringt ihr seine Löhnung. Die Handlung dieser Szene kann man sich später am gleichen Nachmittag vorstellen. An ihrem Schluß sagt Wozzeck: "Ich muß fort. Heut Abend, Marie, Adies!" (S. 169) Die fünfte Szene bei Franzos, "Der Hof des Doctors", H3,1, zeigt, daß Wozzeck "fort mußte", weil er den Doktor aufzusuchen hatte. Dessen Lehrveranstaltung findet im Freien und noch bei hellem Nachmittagslicht statt. Der Doktor glaubt, eine neue Spezies Hasenlaus im Fell der Katze erkennen zu können. Als sechste Szene folgt "Freies Feld. Die Stadt in der Ferne", bei Franzos eine Kontamination aus H2,1 und H4,1. In H2,1 sagt Andres: "Es wird finster ---" und in H2,1 und H4,1: "Sie trommeln drin. Wir müssen fort." Die Szene spielt also am Abend. Das betont Franzos. Bei ihm findet in dieser Szene ein Sonnenuntergang statt. Er läßt Andres sagen: "Die Sonn' ist unter --" (S. 172) und am Schluß der Szene: "Nacht! Wir müssen heim!". Das "heim" bedeutet, die beiden müssen dorthin, wo sie wohnen, also in die Stadt. Die Trommeln, die Andres hört, sind die des

---

[217] Die Seitenangaben im Folgenden richten sich nach der Büchnerausgabe von Franzos.

Zapfenstreichs, der nun in der siebenten Szene, "Die Stadt" (S. 173), einer Kontamination von H2,2 und H4,2, aufzieht. Sie beginnt also unmittelbar nach dem Ende der vorhergehenden Szene am Abend und endet in tiefer Dunkelheit. "Es wird so dunkel, man meint, man wird blind," sagt Marie und: "Sonst scheint doch die Laterne herein. Ach! wir armen Leut. Ich halt's nit aus, es schauert mich." Wieder verstärkt Franzos die Situation. Er läßt den gerade vom Steckenschneiden zurückgekehrten Wozzeck sagen: "Und jetzt Alles finster, finster!" (S. 174)

Es wird nun nicht deutlich, welchem Tag Franzos die folgende achte Szene, kompiliert aus H2,6 und H4,8, von ihm mit "Studirstube des Doctors" überschrieben, zuordnen wollte.

Im voraufgegangenen Bild läßt Franzos, H4,2 folgend, den Wozzeck, bevor er abgeht, sagen: "Jetzt muß ich fort." In Analogie zum Übergang von der vierten zur fünften Szene kann man annehmen, daß Wozzeck in der achten Szene wieder sogleich den Doktor aufgesucht hat. Damit wäre auch diese achte eine Nachtszene. Die neunte Szene, H4,6, die Begegnung zwischen Marie und dem Tambourmajor, von Franzos mit "Straße" überschrieben, wäre zeitlich parallel zur achten Szene, also auch als Nachtszene, zu denken. In der zehnten Szene, "Straße", kontaminiert aus H2,7 und H4,9, hat der Doktor die Untersuchung des Wozzeck gerade abgeschlossen. Er befindet sich in Eile auf dem Weg zu einer Patientin und wird vom Hauptmann aufgehalten. Zu ihnen stößt Wozzeck, der nach seinem Pflichtbesuch beim Doktor auf dem Weg zurück zu Marie ist. Auch dies wäre dann eine Nachtszene. Die elfte, eine Kontamination aus H2,8 und H4,7, von Franzos mit "Mariens Stube" überschrieben, wäre die letzte des ersten Tages. Nach der Denuntiation des Hauptmanns eilt Wozzeck zu Marie und unterzieht sie einem nächtlichen Verhör. Dieser Deutungsmöglichkeit widerspricht, daß in den Szenen acht bis elf bei Franzos weder in den Dialogen noch in den Szenenanweisungen ein Hinweis auf eine spätere Abend- oder Nachtstunde enthalten ist. Zudem bildet das Ende der siebenten Szene mit der in der Dunkelheit allein zurückbleibenden, erschauernden Marie einen so starken Stimmungsakzent, einen solchen emontionalen Höhepunkt, daß eine Fortführung an dieser Stelle und über vier Szenen das Abend- und Nachtmotiv zernutzen würde, sowohl auf der Bühne, wie im "inneren Theater", in der Vorstellung des Lesers. Einem so effektsicheren Autor wie Franzos wäre ein solcher Fehler kaum unterlaufen. Schließlich fragt der Doktor den ausschließlich auf Erbsendiät gesetzten Wozzeck in der Studierstubenszene: "Hat Er schon seine Erbsen gegessen, Wozzeck?" Demnach sucht ihn Wozzeck zu früher Stunde auf. Der Doktor will wissen, ob er noch nüchtern ist, oder ob er seinen Kontrakt an diesem Tage schon einmal erfüllt hat.[218] Man darf also annehmen, daß für Franzos der erste Tag mit der siebenten Szene endet, und der zweite mit seiner achten, "Studierstube des Doctors", beginnt. Die beiden Straßenszenen, seine neunte und seine zehnte, seine elfte Szene, "Mariens Stube", seine zwölfte Szene, "Wirtshaus", H4,14, und seine dreizehnte, "Die Wachtstube", eine Kontamination aus H1,4 und H4,10, spielen am Tage.

Hat Franzos bis dahin nur eine lockere Verknüpfung in der Abfolge der Szenen des zweiten Tages erkennen lassen, so führt er von der vierzehnten Szene ab die Kennzeichnung der "Zeitschiene" wesentlich deutlicher fort. Die Tageszeitangaben in der vierzehnten Szene bei Franzos, "Wirtshaus", einer Kontamination aus H1,5, H1,11 und H4,11, trennen diese Szene auf der "Zeitschiene" klar von den vorhergehenden des zweiten Tages. Franzos ergänzt die Szenenanweisung bei Büchner in H4,11 durch das Wort "Abend" (S. 186), und er läßt den Soldaten, der hier den Text von Andres aus H1,11 spricht, Wozzecks Frage nach der Uhrzeit beantworten: "Elf Uhr!" (S. 188)

Seiner fünfzehnten Szene, "Freies Feld", H4,12, gibt er die Szenenanweisung "Nacht" bei. (S. 190) Die fünfzehnte Szene schließt also

---

[218] Vgl. Burghard Dedner a.a.O., S. 150 und 153.

im zeitlichen Ablauf unmittelbar an die vierzehnte an. Die am Ende der vorhergehenden Wirtshausszene während des kurzen Gesprächs mit dem Irrsinnigen (S. 189) in Wozzeck aufsteigenden Blutvisionen werden nun zu den Mordbefehlen.

In der sechzehnten Szene, einer Kontamination aus H1,7 und H4,13, von ihm mit "Kaserne" überschrieben, ergänzt Franzos die Szenenanweisung aus H4,13 zu "Nacht. Andres und Wozzeck schlafen in einem Bett." Die Szene schließt sich auf der "Zeitschiene" der vorhergehenden an. Wozzeck wird weiter von Visionen gequält. Mit ihr endet der zweite Tag. Wie das Ende des ersten Tages, wird auch das des zweiten Tages von Franzos durch einen emotionalen Höhepunkt, Wozzecks angstvolles Gebet, akzentuiert.

In der siebzehnten Szene der Ausgabe von Franzos, "Kasernenhof", mit einem von ihm nach Motiven aus H1,8 geschriebenen Zusatztext, muß der nach einer Szenenanweisung "abseit" stehende Wozzeck Andres und den Tambourmajor während ihres Gesprächs[219] sehen können. Ebenso der Tambourmajor den Wozzeck. "Frag Er den Wozzeck da!" sagt er zu Andres (S. 191). Die Szene bringt für Wozzeck in dem höhnischen, bewußt verletzenden "Geständnis" des Tambourmajors, neben der Demütigung die Gewißheit über den Treubruch Maries. Sie spielt bei Tage, und sie ist die erste des dritten Tages bei Franzos.

Ebenfalls bei Tage spielt die achtzehnte Szene, H4,16, von Franzos mit "Mariens Stube" überschrieben. "Das brüst' sich in der Sonne!" läßt er Marie von ihrem Kinde sagen. (S. 192)

Die neunzehnte Szene, H4,15, von Franzos mit "Kramladen" überschrieben, könnte zeitlich parallel zur achtzehnten Szene verlaufen. Inhaltlich schließt sie sich der siebzehnten unmittelbar an. Die Prahlerei des Tambourmajors hat Wozzeck den Betrug Maries bewiesen. Er hat den Entschluß zum Mord gefaßt und kauft das Messer.

---

[219] Vgl. S. 11.

In der zwanzigsten Szene, H1,14, der Kinderszene mit der Erzählung des Märchens, der Franzos die Ortsbezeichnung "Straße" gibt, ergänzt er die Szenenanweisung durch die Formulierung "Sonntag Nachmittags." Der zweite und der dritte Tag sind für Franzos zwei Tage eines Wochenendes. Bei ihm endet die Szene in einem Zusatztext mit den angstvollen Überlegungen Maries zum Schicksal des Kindes nach ihrem Tode.[220] Er verzichtet damit auf den wirkungsstarken Augenblick aus H1,14, wenn Wozzeck Marie abholt. Er gewinnt damit aber auch eine andere Wirkmöglichkeit. Die bei ihm folgende einundzwanzigste Szene, "Kaserne", H4,17, die Testamentsszene, kann nun als zeitlich parallel mit der vorigen und den Angstgedanken der Marie aufgefaßt werden. Auch dies ist ein Effekt aus der Schauer- und Schicksalsdramatik. Das heraufziehende Verhängnis gewinnt deutlichere Gestalt. Der von ihm mit "Waldweg am Teich" überschriebenen Mordszene, seiner zweiundzwanzigsten, H1,15, gibt er die Szenenanweisung "Es dunkelt" und folgt damit Hinweisen im Text der Marie in H1,15 "-- der Nachttau fällt." und "--- s' ist finster." Den letzteren übernimmt er nicht in seinen Text. Offenbar will Franzos die Szene in der Abenddämmerung, vor Aufgang des Mondes, noch nicht bei völliger Dunkelheit beginnen lassen.

Das Geschehen der dreiundzwanzigsten Szene, "Wirtshaus", H1,17, mit dem blutverschmierten Wozzeck unter den Gästen, schließt unmittelbar an die vorhergehende Szene an, spielt also am späteren Abend des dritten Tages. Die vierundzwanzigste Szene, von Franzos wieder mit der Ortsbezeichnung "Waldweg am Teich" versehen, ist eine Kontamination aus H1,19, H1,20 und H1,16, in dieser Reihenfolge. Franzos gibt ihr die Szenenanweisung "Nacht" bei. Sie schließt unmittelbar an die voraufgegangene Wirtshausszene an. Der Verdächtige will die Spuren seiner Tat beseitigen und kommt dabei um. Die beiden Bürger, denen Franzos den von ihm

---

[220] Vgl. ebda.

abgewandelten und ergänzten Text der in H1,16 auftretenden Personen gegeben hat, hören, wie Wozzeck ertrinkt. Nach einer von Franzos eingefügten Szenenanweisung am Schluß der Szene "eilen (sie) der Stadt zu." Dorthin bringen sie die Nachricht von den unheimlichen Vorgängen am Teich und in der fünfundzwanzigsten Szene, wo Franzos in seiner Ausgabe die Bezeichnung der Tageszeit "Früher Morgen" fett gedruckt noch vor die Ortsangabe "Vor Mariens Hausthür" (S. 200) gesetzt hat, erfahren dann auch die Kinder vom Tode der Marie. Es ist die erste Szene des vierten Tages.

Die letzte Szene des Stückes, bei Franzos die sechsundzwanzigste, der er die Ortsbezeichnung "Secirsaal" gab, H1,21, wirkt auf den Leser wie die Tatortinspektion einiger für Mordfälle zuständiger Beamter.

Auch Kilian sah im "Wozzeck" wegen seiner Form als einer Folge "vieler kleiner, lose aneinandergefügter Szenen" noch nach der Uraufführung ein zwar bedeutendes, aber auch "gänzlich undramatisches und untheatralisches"[221] Werk. Als Strukturelement des Textes, das dessen lose Fügung bewirkt, das auch in der szenischen Gestaltung und Interpretation ins Bild kommen konnte, also bühnendienlich war, erkannte er die zeitliche Gliederung des "Wozzeck". Die Inszenierung der Uraufführung übernimmt von Franzos die Einteilung der Handlung in vier Tage. Wie Franzos verbindet sie die einzelnen Szenen auf einer "Schiene" in einer linearen zeitlichen Abfolge, aber die konzentriert sie nun auf die Abend- und Nachtstunden. Gleichzeitig verkürzt sie die Zeitspanne zwischen der Denuntiation des Hauptmanns und dem Mord Wozzecks an Marie.

Wie bei Franzos beginnt der erste Tag[222] mit der morgendlichen Rasierszene. Die zweite Szene, "Stube", die vierte bei Franzos,

---

221 Eugen Kilian: Georg Büchners Dramen auf dem Theater.- In: Bühne und Welt 16 (1914), Nr. 10, S. 457.

222 Zur Spielfassung der Uraufführung vgl. S. 55ff.

spielt am gleichen Tage. Zwischen zwei Arbeitspflichten besucht Wozzeck seine Marie. Sein Satz "Ich muß fort!" bezieht sich nun nicht mehr, wie bei Franzos, auf den Dienst beim Doktor, sondern auf das Steckenschneiden in der dritten Szene "Freies Feld. Die Stadt in der Ferne". An deren Ende ertönen bei einfallender Dunkelheit die Trommeln in der Stadt, die zur Zapfenstreichszene überleiten. Maries Frage an Wozzeck: "Hast Stecken geschnitten für den Major?" und Wozzecks Bericht von seinen Visionen beim Steckenschneiden zeigen ebenfalls, daß diese Szene zeitlich unmittelbar an die voraufgehende dritte Szene anschließt. Mit dieser vierten Szene endet der erste Tag.

Bei Franzos spielen fünf der sieben Szenen des ersten Tages bei Tage und zwei am Abend. In der Inszenierung der Uraufführung verschiebt sich das Verhältnis. Die beiden Jahrmarktszenen und die Szene im Hof des Doktors werden gestrichen. Von den vier Szenen des ersten Tages spielen nun zwei am Tage und ebenfalls zwei am Abend.

Der Anfang des zweiten Tages ist deutlicher markiert als bei Franzos. Er beginnt hier eindeutig mit der Szene in der Studierstube des Doktors, der achten bei Franzos, der fünften in der Uraufführung. Deren erster Satz ist nach Streichung des vorhergehenden Textes die "Morgenfrage" des Doktors: "Hat er schon seine Erbsen gegessen Wozzeck?"[223] Die Szenen von der neunten bis zur dreizehnten spielen bei Franzos am Tage. In der Inszenierung der Uraufführung nun werden die beiden Straßenszenen, die Szenen neun und zehn bei Franzos, an einem Ort, "Vor Mariens Haustür", zur sechsten Szene zusammengezogen. Kilian notiert zu deren Beginn auf dem Durchschußblatt mit doppelter Unterstreichung "Abend".[224] Die weiteren Szenen des zweiten Tages schließen sich in dichter zeitlicher Folge an. Die siebente Szene der Uraufführung,

---

[223] Vgl. S. 56.
[224] Vgl. S. 57.

die elfte bei Franzos, mit dem Verhör Maries in ihrer Stube durch Wozzeck, trägt im Regiebuch auf dem Durchschußblatt zu Anfang für Marie den Vermerk "räumt auf". In beschränkten Wohnverhältnissen ist das eine abendliche Verrichtung. Wozzeck sucht nach dem Gespräch mit dem Hauptmann und dem Doktor in der voraufgehenden Szene alsbald Marie auf, um sie zur Rede zu stellen. In ihrer achten Szene, "Vor dem Wirtshaus", faßt die Uraufführung in dieser Reihenfolge die Szene vierzehn bei Franzos, "Wirtshaus", einen Textausschnitt aus seiner dreizehnten Szene, "Die Wachtstube", seine zwölfte Szene, "Wirtshaus", und seine fünfzehnte, "Freies Feld", zusammen.[225] Ohne sich um die Gefühle Wozzecks zu kümmern, sucht Marie gleich nach ihrem Streit mit ihm die Nähe des Tambourmajors. Wozzeck seinerseits will Gewißheit, die Marie ihm verweigert hat. Er geht zum Wirtshaus, um Marie zu beobachten. Er "muß sie sehen", wie er zu Andres sagt. In der Wahrnehmung der Zuschauer schließt sich die achte Szene dem Geschehen der siebenten unmittelbar an. Sie spielt später am gleichen Abend. Die Szene in der "Kaserne", die sechzehnte und die letzte des zweiten Tages bei Franzos, wird in der Uraufführung mit der siebzehnten bei Franzos, "Kasernenhof", zur neunten Szene zusammengefaßt.[226] Sie ist die letzte des zweiten Tages. Bei Franzos steht in der Szenenanweisung zu seiner sechzehnten Szene die Zeitangabe "Nacht" und "Andres und Wozzeck schlafen in einem Bett." Im Regiebuch der Uraufführung ist das, wie schon im Einrichtungsplan Wollfs, geändert zu "Abend. Andres und Wozzeck liegen angekleidet auf einem Bett." Für die Zuschauer sind sie vor kurzer Zeit aus dem Wirtshaus zurückgekommen. Auch der in ihre Unterkunft eindringende Tambourmajor kommt für sie geradewegs aus dem Wirtshaus. Er wiederholt seinen Schlachtruf aus der Wirtshausszene: "Ich bin ein Mann!" und

---

[225] Vgl. S. 58f.
[226] Vgl. S. 59.

bereitet Wozzeck bald nach der Schlägerei im Wirtshaus lustvoll eine weitere, letzte Demütigung. Hier, am Abend des zweiten Tages, faßt Wozzeck bereits den Mordbeschluß. Bei Franzos geschieht das erst in seiner siebzehnten Szene am Morgen des dritten Tages. Die zeitliche Abfolge der Szenen wird im Vergleich zu Franzos gerafft, die Zeitschiene bekommt ein stärkeres Gefälle, die Handlung gewinnt an Tempo.

Bei Franzos beginnt der Abend des zweiten Tages mit seiner vierzehnten Szene, "Wirtshaus". Sechs der neun Szenen des zweiten Tages spielen bei ihm tagsüber, nur drei am Abend und in der Nacht. Wie beim ersten Tag wird dieses Verhältnis in der Inszenierung der Uraufführung signifikant verändert. Von den fünf Szenen des zweiten Tages spielt nur eine, die erste in der Studierstube des Doktors, am Morgen, hingegen spielen vier am Abend.

Bei Franzos beginnt der dritte Tag mit seiner siebzehnten Szene, "Kasernenhof", die in der Uraufführung der letzten Szene des zweiten Tages zugeordnet wird, und er endet mit der vierundzwanzigsten Szene bei Franzos, "Waldweg am Teich", und dem Tode Wozzecks.

In der Uraufführung beginnt der dritte Tag mit der zwanzigsten Szene bei Franzos, "Straße", mit dem Reigen der Kinder und der Erzählung der alten Frau. In der Uraufführung ist dies die zehnte Szene. Sie spielt laut Eintragung im Regiebuch wieder "Vor Mariens Haustür". Die Zeitangabe von Franzos "Sonntag Nachmittags" wird übernommen. In dieser Szene gibt Kilian nun aber Marie zusätzlich einen Text aus der gestrichenen Bibelszene: "Der Franz ist nit gekommen, gestern nit, heut nit - mir wird heiß, heiß."[227] Damit bringt er die bisher so sorgsam beachtete Zeitschiene durcheinander, denn die letzte Begegnung zwischen Marie und Wozzeck fand in der siebenten Szene der Uraufführung beim Streit der beiden in Maries Stube am Abend des zweiten Tages statt. Es

---

[227] Vgl. S. 60.

war wohl der Wunsch Kilians, etwas von den Gewissensqualen Maries und von ihrer Angst vor der Reaktion Wozzecks auf ihren Treubuch, die in der Bibelszene zum Ausdruck kommen, in die Straßenszene hinüberzuretten, der ihn diesen dramaturgischen Ausrutscher übersehen ließ. Auch Franzos war mit diesem Satz in der Bibelszene der gleiche Fehler in der zeitlichen Anordnung und Verknüpfung der Szenen unterlaufen.

In ihrer elften Szene faßt die Uraufführung die neunzehnte bei Franzos, "Kramladen", mit dem Kauf des Messers und die einundzwanzigste Szene bei Franzos, die Testamentszene, in einer Kasernenszene zusammen.[228] In der Vorstellung der Zuschauer spielt sie zeitgleich mit der zehnten Szene oder kurz nach ihr.

Die zwölfte Szene, "Waldweg am Teich", die zweiundzwanzigste bei Franzos, spielt am Abend bei Mondaufgang. Die dreizehnte, "Wirtshaus", mit der drohenden Entlarvung Wozzecks als Mörder, bei Franzos die dreiundzwanzigste Szene, spielt am späteren Abend, die vierzehnte, "Waldweg am Teich", bei Franzos die vierundzwanzigste mit dem Tod Wozzecks, bei Nacht. Von der zweiundzwanzigsten Szene bei Franzos und der zwölften der Uraufführung, "Waldweg am Teich", ab verläuft die zeitliche Abfolge der Szenen in beiden Fassungen gleich.

Bei Franzos spielen von den acht dem dritten Tag zugeordneten Szenen fünf tagsüber oder am Nachmittag, drei am Abend und in der Nacht. In der Uraufführung spielen von den fünf Szenen des dritten Tages zwei am Nachmittag, drei am Abend und in der Nacht. Die dem vierten Tag zugeordneten Schlußszenen, die fünfzehnte und die sechzehnte, spielen in der Uraufführung wie bei Franzos am Tage, die fünfzehnte am frühen Morgen.

Wie bei Franzos wird auch bei Kilian das Ende des ersten, des zweiten und des dritten Tages durch einen besonderen emotionalen Höhepunkt akzentuiert. Bei Kilian ist das, wie bei Franzos, am

---

[228] Vgl. S. 61.

ersten Tag das ahnungsvolle Erschauern Maries in der Dunkelheit, dann, am zweiten Tag, abweichend von Franzos, bei dem an dieser Stelle das Gebet Wozzecks steht, der Mordbeschluß und am dritten Tag bei beiden der Tod Wozzecks.

In der Szenenfolge bei Franzos liegen zwischen der Begegnung Wozzecks mit dem Hauptmann und dem Doktor und dem Mord an Marie etwa zweiunddreißig Stunden. In der Inszenierung der Uraufführung vollzieht sich der Zusammenbruch Wozzecks von dem Verdacht des Treubruchs der Marie nach der Denuntiation des Hauptmanns bis zum Mord binnen vierundzwanzig Stunden, von einem Abend auf den anderen. Sie macht daraus ein Abend- und Nachtstück. Auf der Bühne wird der rasante Sturz des Wozzeck in immer tiefere Finsternis gezeigt.

I.2.8.   Die Regiekonzeption der Uraufführung und Rollers bestimmender Einfluß

Kilian interpunktiert die steil abfallende Linie dieses Sturzes szenisch durch kontrastierende Stimmungen im Gesamtaufbau der Inszenierung, wie innerhalb einzelner Bilder. Hofmannsthal hatte in seinem Brief an Franckenstein vom 12.5.1913 "gerade in der balladenhaften Aufeinanderfolge der contrastierenden Szenen --- das Geniale und Bezaubernde"[229] des "Wozzeck" gesehen[230]. So sieht es , ohne Absprache mit Hofmannsthal, auch Kilian. Er schreibt in dem Aufsatz "Georg Büchners Dramen auf dem Theater": "In diesem Streben nach einer szenischen Vereinfachung durfte indessen nicht zu weit gegangen werden. Denn gerade in der Reihenfolge dieser vielen kleinen, lose aneinandergefügten Szenen, in der wundervollen Kontrastierung, die dadurch vielfach zustande kommt, liegt ein Haupreiz dieses seltsamen dichterischen Werkes.

---

[229] Ulrike Landfester a.a.O., S. 118.
[230] Vgl. S. 29.

Wollte man den Versuch wagen, dieses eigenartige, erdgeborene, modern empfundene, in der dichterischen Gestaltung des Problems und der Charaktere so tiefergreifende, in der Form aber gänzlich undramatische und untheatralische Werk auf die Bühne zu stellen, so durften die besonderen dichterischen Vorzüge in der Kontrastierung der Szenen nicht geopfert werden. Welcher außergewöhnliche Reiz liegt beispielsweise in der Reihenfolge und Anordnung der Schlußszenen! Der nächtliche Mord am Waldweg, die tragikomische Lustigkeit der folgenden Wirtshausszene, wo der Mörder sich in überhitzter Sinnenlust zu betäuben sucht, dann die Rückkehr Wozzecks zu der einsamen Stelle des Mordes und sein Selbstmord im Waldteich, als wundervoller Gegensatz zu dem grausigen Nachtbilde, die im Sonnenlicht auf der Straße spielenden Kinder, die in gefühlloser Freude hinauslaufen, um die im Wald gefundene Leiche zu sehen, während das arme verlassene Kind der Gemordeten ahnungslos sein lustiges "Hei, hei, hopp, hopp!" erklingen läßt, endlich die epigrammatische Schlußszene des Ganzen, wo der Richter im Seziersaal die Tragik des Falles mit seinen bureaukratischen Betrachtungen über den 'guten', den 'echten', den 'schönen' Mord erledigt: das sind dichterische Gesichte, wie sie nur einem Gottbegnadeten beschieden sind."[231] Solche Kontraste betont Kilian in seiner Inszenierung. Ihretwegen gibt er der letzten Wirtshaussszene gegen das ihm unbekannte Votum Hofmannsthals und gegen Wollfs Einrichtungsplan ein eigenes Bild. Aus dem Zitat wird deutlich, daß er auch die von Wollf zunächst vorgesehene Streichung der beiden Schlußszenen, wie Roller und Hofmannsthal, [232] nicht gebilligt oder hingenommen hätte.

Faßt man die den "Wozzeck" interpretierenden Aussagen Wollfs und Kilians, die Ergebnisse der Betrachtung der Bühnenbildentwürfe Rollers, seiner Anweisungen in den "Technischen Bemerkungen

---

[231] Eugen Kilian a.a.O., S. 457.
[232] Vgl. S. 37f., 35.

zu: Georg Büchner 'Wozzeck'", des Regiebuchs Kilians und der Presseberichte zusammen, so ergibt sich: Die Uraufführung des "Wozzeck" zeigt das Werk als betont stimmungstarke, vom Mitleid geprägte Symboldichtung für die Qual und die Verlassenheit des Menschen in der Welt und den Wozzeck zuvörderst als Repräsentanten der zum Leiden verfluchten Menschheit und nur beiläufig als mißhandelten Angehörigen einer unterdrückten Schicht, wobei Kilian seine Inszenierung mit gegensätzlichen Stimmungen und Stimmungsbrüchen akzentuiert, groteske Elemente ins Bild holt, vornehmlich aber das Athmosphärische betont, das immer dunklere Töne annimmt.

Dieses Inszenierungskonzept wurde wesentlich bestimmt durch das Bildkonzept Rollers. Kilian hatte seine Inszenierung auf die Bühnenbilder Rollers abzustimmen, auf deren Entstehung er keinen Einfluß hatte. Er mußte sie in diese Bilder, ihnen entsprechend, hineinstellen. Bis in die Beleuchtung, bis in Einzelheiten der Gänge und Positionen der Schauspieler greifen die "Technischen Bemerkungen" Rollers der Arbeit des Oberregisseurs des Königlichen Hofschauspiels vor. Eine künstlerische Konstellation, die heute kaum noch vorstellbar ist.

Kilian hatte in diesem Falle damit offenbar keine Schwierigkeiten. In einem Brief an Roller vom 10.3.1914 würdigt er dankbar dessen Verdienste um die Uraufführung des "Wozzeck": "Schon lange wollte ich Ihnen sagen, dass Ihre wundervollen, durch feinste Stimmung ausgezeichnete (sic), Entwürfe und deren glückliche technische Anordnung sehr viel zu dem Erfolg und dem starken Eindruck des Wozzeck an unserer Bühne beigetragen haben."[233] In dem Aufsatz "Georg Büchners Dramen auf dem Theater" schreibt er: "Die vornehme Kunst Alfred Rollers in Wien hatte für die Münchener Aufführung die Skizzen für die neun verschiedenen Dekorationen des Stücks entworfen: einfache, charakteristische

---

[233] Dietmar Goltschnigg 1998, S. 125f.

Bilder, voll starker und beredter Stimmungskraft, einfach auch in der technischen Anordnung --."[234] Das Bühnensystem Rollers für die Uraufführung des "Wozzeck" hielt Kilian für vorbildhaft. "Eine derartige technische Einrichtung ist da, wo das Problem nicht etwa mit der Drehbühne gelöst werden kann ---, unbedingt notwendige Vorbedingung für die Aufführung von Büchners Trauerspiel."[235] Er hat Rollers szenographische Lösung für seine Kieler Inszenierung des "Woyzeck" (1925) übernommen.

Kilians und Rollers Interpretation des "Wozzeck" und ihre Vorstellung von dessen szenischer Realisierung stimmten offenbar auch ohne Konzeptionsgespräche zwischen Regisseur und Bühnenbildner überein. Als führender Kopf des Unternehmens ist Roller zu betrachten. Er schuf mit seiner Arbeit die Vorgaben für Kilian und wies ihm den Weg.

I.2.9.   Emma Berndl und Albert Steinrück in der Uraufführung des "Wozzeck"

Die Presseberichte zur Uraufführung des "Wozzeck" und zur Premiere des "Danton" befassen sich ausführlich mit Büchners Werk und seiner Person, weniger mit der Inszenierung und noch weniger mit den Darstellern, handelt es sich doch in den Augen der Kritiker bei der Zentenarfeier für einen weithin vergessenen Dichter zuvörderst um ein literarisches Ereignis.

Ein Rollenfoto in Postkartengröße im Besitz des Deutschen Theatermuseums in München zeigt Emma Berndl, die Darstellerin der Marie, getreu nach der Figurine Rollers,[236] in schlichtem, aber Wuchs und Figur betonenden, senkrecht gestreiften Kleid, den linken Arm in die Hüfte gestemmt, erhobenen Hauptes stolz-

---

[234] Eugen Kilian a.a.O., S. 457.
[235] Ebda.
[236] Vgl. S. 98.

herausfordernd ins Objektiv blickend, ganz die leichtfertige, triebhafte Person, wie Kilian sie nach den Eintragungen im Regiebuch spielen ließ.

Als eine "derb-frauliche Carmengestalt" beschreibt sie J. V. Wilhelm Hagen in der "München-Augsburger Abendzeitung" vom 10.11.1913. Aber gerade das war wohl nicht die Stärke einer Schauspielerin für das Fach der Heldinnen am Münchner Hoftheater. "Frl. Brendl bemühte sich sehr um die leichtfertige Marie, aber das Hetärenhafte liegt dieser Darstellerin nicht besonders," schreibt Richard Elchinger in den "Münchner Neuesten Nachrichten" vom 10.11.1913 und E.K. in der "Frankfurter Zeitung" vom 11.11.1913: "Frl. Berndl war als leichtfertige Marie nicht ganz am rechten Ort." Deutlicher auf eine problematische Besetzung hinweisend berichtet aß. in der Berliner "Norddeutschen Allgemeinen Zeitung" vom 11.11.1913: "Mit der Marie erbrachte die klassische Heroine des Hoftheaters, Frl. Berndl, auf ihr weit entlegenem Gebiet eine Probe ihres Talents und ihres Könnens. Nur hebt ihre blendende Schönheit sie über die Sphäre eines gemeinen Soldatenliebs hinaus. Solch ein Schatz hätte wohl den Herrn vom Stab in die Augen gestochen, ehe ein Wozzeck dazu gekommen wäre." Der Kritik fehlte bei der Marie Emma Berndls offenbar das Volksnahe und eine ursprüngliche, kräftige Sinnlichkeit.

Über die Rolle des Wozzeck sagt Hanns von Gumppenberg im "Kunstwart und Kulturwart" 27 (1913) Heft 5, S. 463: "Das Bedeutsamste aber bleibt die Zeichnung des Füsiliers selbst, deren Nachschöpfung so ziemlich alles in Anspruch nimmt, was die moderne Schauspielkunst in den letzten Jahren gelernt hat." Gemeint ist hier die psychologische Durchdringung und Differenzierung einer Rollenfigur und die Gestaltung des passiven Helden, seiner inneren Befindlichkeit, durch Haltungen und Handlungen, die die naturalistische Dramatik in ihren Nebentexten unterbringt.

Albert Steinrück spielt einen Wozzeck mit "Fallhöhe", einen kraftvollen Mann, der rat- und hilflos in seinen Untergang stürzt, seine Marie mitreißend, der sich dabei aber noch wehrt. Er spielt ihn

"mit überzeugender Kraft und Natürlichkeit",[237] als "eine Figur voll
erschütternder Menschlichkeit und Volkstümlichkeit"[238], in "einem
sehr lebensechten Charkatergemälde engster seelischer Gebunden-
heit."[239] Steinrück nutzt die ganze breite Skala seiner Möglichkeiten. Er ist "verhalten", aber er hat auch "animalisch ausbrechen-
de"[240] Wucht und "vulkanisch wirkende Kraft."[241] "Wozzeck steht
stramm, auch wenn drinnen seine Liebste vom Korporal verführt
wird. Aber seine Augen springen wie tolle Hunde hin und her,
greifen, packen zu, erwürgen ---. Der Wozzeck Steinrücks war von
kongenialer Gestaltung, meisterhaft, wie selten ein Mensch aus
seiner Kunst."[242] Steinrücks Wozzeck hatte ursprünglich die Kraft
zur Auflehnung. Sie war verbraucht und lodert nur noch einmal auf,
als er erkennen muß, daß ihm das Letzte und Liebste genommen
wird. Er sieht die Zeichen am Himmel und die Chiffren der Pilze
am Boden, aber er liest eben noch nicht Karl Marx. Dennoch bleibt
er in seinen verworren-mystischen Grübeleien gefährlich, ein
unaufgeklärter Revolutionär.

Steinrücks Ruhm als Wozzeck verbreitet sich über die gesamte
deutsche Theaterlandschaft. Es gab keine Pressekritik der Münchner
Büchnerfeier im ganzen Deutschen Reich, die ihn nicht bis zum
Hymnischen gepriesen häte. Da machten auch die Münchner
Korrespondenten der Berliner Zeitungen, die sonst eher zurückhal-
tend über das Münchner Theaterleben berichteten, keine Ausnahme.
Die in Sachen Theater stolz alles überstrahlende Hauptstadt mußte
hellhörig werden. Durch Steinrücks Leistung wurde der bisher
weithin als fragmentarisches Buchdrama eingestufte "Wozzeck" für
die Theater interessant. Er hatte "von der Kraft des Dichters einen

---

[237] aß. in: Norddeutsche Allgemeine Zeitung, Berlin 11.11.1913.
[238] M.G. Conrad in: Tägliche Rundschau, Berlin 11.11.1913
[239] -g- in: Berliner Börsen-Courier 12.11.1913.
[240] Hans Brandenburg in: Bühne und Welt 16 (1914) Nr. 7, S. 325.
[241] Karl Frieß in: Leipziger neueste Nachrichten 11.11.1913.
[242] J.Fr. in: Berliner Tageblatt 11.11.1913.

ungeheueren Begriff"[243] gegeben, die Uraufführung des "Wozzeck" wurde "durch Steinrücks geniale Verkörperung der Hauptrolle zu einem theatralischen Ereignis."[244] Noch 1925 erinnerte man sich in München an Steinrücks Wozzeck. "Man hat Steinrücks elementaren Gestaltungswillen in dieser Rolle nicht vergessen. Er gab Natur, das Unterliegen eines Kraftmenschen," schreibt O.-F.-Sch. in seiner Kritik zu Hans Schweikarts erster "Wozzeck"-Inszenierung an den Münchner Kammerspielen im "Bayerischen Kurier" vom 18.6.1925. Steinrück selbst hatte für sich eine äußerst wirkungsvolle Gastspielrolle gefunden. Er wurde zur Lokomotive für die Bühnenlaufbahn des "Wozzeck". Er trug wesentlich dazu bei, daß der "Wozzeck" nun in das Bewußtsein des literarischen, wie des Theaterpublikums trat. Seine Gestaltung schuf eine Rollenkonvention, die den Woyzeck über viele Jahre gerne und ohne entsprechende Stütze im Text, ja gegen ihn, dem Fach des schweren Charakterspielers zuordnete. In München geschah das noch 1925 an den Kammerspielen durch die Besetzung der Rolle mit Kurt Katsch.

Kilian, der seinem Münchner Ensemble kritisch, dessen Damen sogar skeptisch gegenüberstand, notiert in seinem Tagebuch unter dem Datum der Uraufführung des "Wozzeck" zu den Schauspielern: "Steinrück hervorragende Leistung --- namentlich im letzten Teil --. Berndl: sehr anständig und für ihre Verhältnisse charakteristisch gut. --- Höfer nicht ganz überzeugend. Nebenrollen und Ensemble gut."

---

[243] Anon. in: Vossische Zeitung, Berlin 14.11.1913.
[244] Edgar Steiger in: Hamburger Fremdenblatt 13.11.1913.

I.3.   Die Aufnahme der Uraufführung des "Wozzeck" in der Theaterkritik und beim Publikum. Die Reaktionen Erich Mühsams und Hofmannsthals

Hofmannsthals Prophezeiung in seinem Brief an Franckenstein vom 19.1.1913[245], daß der "Wozzeck" als ein im Sinne der Zeit modernes Stück aufgefaßt werden und seine Uraufführung dem Ruf der Hofbühne bei dem Teil des Publikums, der der zeitgenössischen Literatur zuneigte, förderlich sein könnte, bestätigte sich. Die Berliner "Vossische Zeitung" berichtet am 14.11.1913, man rechne die Büchnerfeier, insonderheit die öffentliche Aufführung des "Danton", "in literarischen Kreisen der Königlichen Hofbühne hoch an." "Wer Georg Büchner war, weiß zwar kaum die große Menge der Theaterbesucher," schreibt R.B. vergleichsweise kühl in der "Münchener Zeitung" vom 10.11.1913,"--- und darum ist es auch garnicht so ungerechtfertigt, daß man des 100. Geburtstags dieses 'Klassikers zweiter Ordnung' im Residenztheater mit einer Feier gedacht hat." In der Berliner "Norddeutschen Allgemeinen Zeitung" vom 11.11.1913 sieht deren Münchner Korrespondent in der Büchnerfeier die "Erfüllung einer literarischen Ehrenpflicht" durch die Königliche Hofbühne. "Das Publikum erlebte staunend die Auferstehung eines für die Gesellschaft verschollenen, nur noch im Präparat der Literaturhistoriker erhaltengebliebenen Dichters. Das war ja einer von echtem Schrot und Korn. --- So kräftig, so kraß in der Farbe und mit solchem 'Schmiß', so wirklichkeitsbeflissen bei aller Gewalt der Phantasie, daß man einem künstlerischen Gipfel der Moderne sich gegenüber glauben könnte." Auch nach dem Bericht von M.G. Conrad in der Berliner "Täglichen Rundschau" vom 11.11.1913 haben die beiden Werke Büchners "in der Kunststadt München eine Auferstehung gefeiert, die ihm gewiss in weitere Kreise die Wege ebnen und seinem --- Genius gesegnete

---

[245] Vgl. S. 19f.

Wirkungsfelder erschließen wird. Uneingestandenermaßen haben unsere Bühnenbeherrscher seither durch ihr Verhalten doch die Meinung befestigen helfen, daß der revolutionäre Georg Büchner zu den problematischen Romantikern zu rechnen und mit seinem dramatischen Nachlaß nichts Rechtes im Lichte der Rampe anzufangen sei. Der seither kaum mehr als das Fragment einer dramatisierten Schauerballade geachtete 'Wozzeck' hat dagegen bei der Münchner Uraufführung hinreißende Kraft der Dichtung und so frischen dramatischen Schwung erwiesen, daß bei ähnlich guter Darstellung und angemessener Inszenierung wie im königlichen Residenztheater in München überall der Erfolg gesichert ist." Für den Kritiker im "Berliner Börsen-Courier" vom 12.11.1913 steht der "Wozzeck" "dem modernen Empfinden merkwürdig nahe." Für E.K. in der "Frankfurter Zeitung" vom 11.11.1913 verweist er "auf Zunkunftswege, die der moderne Naturalismus dann leider nicht mit ganzer Entschlossenheit betreten hat." Richard Elchinger faßt die Tendenz des weitaus größten Teils der Presse in der Wertung Büchners nach der Münchner Büchnerfeier in den "Münchner Neuesten Nachrichten" vom 10.11.1913 in einem Satz zusammen: "Dieser Zweiundzwanzigjährige beschämt einen ganzen Areopag dramatischer Autoren." Geradezu hymnisch beschreibt J.Fr. im "Berliner Tageblatt" vom 11.11.1913 die Wirkung der beiden Stücke am Premierenabend der Büchnerfeier: "Wir hatten die Köpfe und Herzen heiß nach diesem Abend und gingen schwärmend ein Stündlein durch die Nacht, fühlten mit schmerzlicher Lust eine Jugend, deren stürmende Gewalt uns Heutigen fernblieb. Diesem dreiundzwanzigjährigen Jüngling mit der Fackel, der ein solch unerhörtes Versprechen monumentaler Genialität in die Welt warf, wollen wir ehrlich huldigen. Ihn zu feiern, ist Pflicht."
Immer wieder betonen die Pressekritiken die ausgesprochen positive Aufnahme, die der "Wozzeck" und die Darsteller beim Publikum der Premiere gefunden haben. "Das Stück schlug ein und brachte Steinrück und Frl. Berndl viele Hervorrufe," schreibt die Berliner "Norddeutsche Allgemeine Zeitung" vom 11.11.1913. "Das

Publikum war sehr gefesselt und spendete lebhaften Beifall," berichtet die "Frankfurter Zeitung" vom 11.11.1913. In der "München-Augsburger Abendzeitung" vom 10.11.1913 berichtet J. V. Wilhelm Hagen vom "starken Beifall, der sich am Schlusse ohne jeden Widerspruch auslöste. --- Das Publikum stand teilweise unter einem starken Bann und manch einer aus unseren Tagen würde sich glücklich schätzen, wenn seine ersten Talentproben eine solche Aufnahme fänden." M.G. Conrad konstatiert in der Berliner "Täglichen Rundschau" "eine wundervoll wirkende Darstellung des Trauerspiels 'Wozzeck', --- die in der Abfolge der szenischen Bilder eine außerordentliche Steigerung des Eindrucks bewirkte, so daß das Publikum am Schluß im Tiefsten ergriffen sich in Beifallskundgebungen nicht genug tun konnte." Edgar Steiger sieht im "Literarischen Echo" 16 (1913), Heft 5, wie der "Wozzeck" das Publikum "im Innersten packte." Auch Kilian notiert in seinem Tagebuch unter dem Datum der Büchnerfeier für den "Wozzeck": "Sehr starke Wirkung und großer Applaus." Nur wenige sehr konservative Münchner Zeitungen wenden sich im Gegensatz zu den meist begeistert zustimmenden auswärtigen Blättern gegen die Zentenarfeier und gegen Büchner. Ein Anonymus ärgert sich im "Bayerischen Vaterland" vom 11.11.1913, daß man ein in der Französischen Revolution spielendes Stück "ausgerechnet am Tage der Verfassungsbeeidigung des Königs Ludwig III." herausbringt, ein Umstand, den andere Kritiker als Pointe, oder, wie Edgar Steiger im "Hamburger Fremdenblatt" vom 13.11.1913, als "neckischen Zufall" empfinden. Karl Frieß erkennt in den "Leipziger neuesten Nachrichten" vom 11.11.1913 darin einen "Beweis für die Vorurteilslosigkeit der Bühnenleitung." Der Anonymus im "Bayerischen Vaterland" sieht im "Wozzeck" nur eine "grelle Eifersuchtstragödie". Schweres Geschütz führt Jos. Rau im "Bayerischen Kurier" vom 11.11.1913 auf: "Georg Büchner --- wurde in den letzten Wochen ziemlich provokatorisch als ein genialer Feuergeist der umstürzlerischen Bewegung in Deutschland gefeiert." Für Rau ist Büchner der Verfasser des "aufreizenden Flugblatts, 'Der hessische

Landbote'", ein "unsteter Brausekopf", ein "gefährlicher Aufwieg-ler". Den "Danton" sieht er als "V e r h e r r l i c h u n g d e r f r a n z ö s i s c h e n R e v o l u t i o n ." "Wir stehen vor dem merkwürdigen Eifer eines k ö n i g l i c h e n Instituts, welches sich auf Grund seiner Sonderstellung nicht allein von a r t i s t i s c h e n L i e b h a b e r e i e n lenken lassen soll. Es existieren in München mehrere Privatbühnen. Und dorthin müßte man bei Büchner, der gerade in der letzten Zeit wieder mit seinen Ideen für allerlei unkünstlerische Zwecke beschlagnahmt wurde, neidlos den Vorrang abtreten."[246] Selbst heute noch ist die Interpretation, die Rau dem "Wozzeck" angedeihen läßt, ärgerlich: "In der ledernen Hülle des Füsiliers Wozzeck steckt der immergültige Arlecchino, der als grimassierende Figur bei allerlei Scherz zur Wahnsinnstat getrieben wird. Zum Schlusse liegt der Tölpel mit geknicktem Kopf und ausgestreckten Gliedern da." Höchst verständlich, wenn Francken-stein in einem hingewischten, knappen Brief an Hofmannsthal vom 11.11.1913, also bevor er den großen Erfolg der Büchnerfeier in der Presse außerhalb Münchens zur Kenntnis nehmen konnte, wohl hauptsächlich angesichts dieser Kritik Raus vor Zorn förmlich explodiert: "Lieber Hugo 'Wozzeck' haben wir am Samstag gemacht. Eine ausgezeichnete Aufführung; Rollers Decorationen machten sich prachtvoll. Presse zum größten Theil lobend aber keineswegs begeistert oder gar das Besondere dieser Sache hervorhebend. Zum Wozzeck gab ich Büchners 'Danton Tod',[247] was mir eine unerhörte Hetze in der Klerikalen und conservativen Presse Eintrug. Überschriften 'Verherrlichung der Revolution im Hoftheater' etc. ... Resultat: Bei der gestrigen 3ten Aufführung war das Theater schon halbleer. Man verliert mit der Zeit jede Lust

---

[246] Sperrungen im Original.
[247] Franckenstein hat Hofmannsthal die Kombination des "Wozzeck" mit dem "Danton" in der Büchnerfeier des Residenztheaters offenbar erst in diesem Brief mitgeteilt, sie also nicht vorher mit ihm abgesprochen.

diesen Sau Münchnern etwas anständiges im Theater vorzuführen."[248]

Da hatte Franckenstein die schärfste Attacke, die gegen die Büchnerfeier im Residenztheater geritten wurde, noch gar nicht zur Kenntnis nehmen können. Sie kam diesmal von links und erschien im "Kain. Zeitschrift für Menschlichkeit."[249] Herausgeber und einziger Autor des "Kain" war Erich Mühsam. "Mitarbeiter dankend verbeten," stand im Kopf zu lesen. Sie war Mühsams linksanarchistische "Bekenntnis-Zeitschrift".[250] In ihr erschienen unter dem Titel "Münchner Theater" in unregelmäßigen Abständen scharf wertende Berichte über die Arbeit der Münchner Bühnen. Ganz unproletarisch, mit höchstgespannten literarischen und theaterästhetischen Ansprüchen wollte Mühsam die Münchner Schauspielbühnen mit ihren künstlerischen Leistungen an der Spitze der deutschen Theater sehen. Albert von Speidel schien ihm als Generalintendant der Hoftheater dabei auf dem richtigen Wege. Er lobte seinen Spielplan und seine Neuengagements im Ensemble, vor allem das Steinrücks, den er in besonderer Weise schätzte. Gegen Franckenstein aber, der vielfach als ein Mann der Mühsam verhaßten Klerikalen galt, hegte er Vorbehalte und Mißtrauen.[251] Auch Kilian, obwohl von Speidel nach München geholt, begegnete er mit wütender Ablehnung. Bei ihm findet sich die böse Stigmatisierung Kilians als "Oberlehrer" ohne, daß er direkt seinen Namen nennt.[252] Im gleichen Absatz spricht er von der Hoffnung, "am Residenztheater werde Steinrücks Einfluss die Einflüsse der Hofeklektiker bezwingen," die leider getrogen habe. Für Steinrück will er zwei Monate später "mit allem Nachdruck daran --- erinnern, mit lauter

---

248 Ulrike Landfester a.a.O., S. 121.
249 Kain 3 (1913) Nr. 9, S. 139f.
250 Kain 2 (1912) Nr. 1, S. 1.
251 Vgl. Kain 3 (1913) Nr. 1, S. 8f.
252 Kain 1 (1912) Nr. 11, S. 170.

Stimme immer wieder fordern, dass den Fähigkeiten dieses Mannes mehr Aufgaben gestellt werden als bisher."[253]

Wie in der Kritik der konservativen Presse wird in der Besprechung der Büchnerfeier durch Mühsam die weltanschauliche Grundhaltung des Rezensenten, aber vor allem dessen Position in den Münchner theaterpolitischen Kämpfen und Kabalen[254] sehr deutlich.

Mühsam beginnt seinen Bericht mit einer scharfen Kritik an der bisherigen Amtsführung Franckensteins: "Der provisorische Intendant des Hoftheaters, Herr Baron v. Franckenstein, hat seine besondere Eignung zur Nachfolge Speidels bisher nicht erkennen lassen. Mindestens das Schauspiel ist unter seiner Leitung in wahrhaft betrüblichem Maße in Stagnation geraten. --- Nichts ist erfolgt, garnichts. Wenn schon einmal die Ankündigung einer Aufführung Hoffnungen erweckte, dann kam der Premierenabend und mit ihm die Enttäuschung.

Georg Büchner sollte gefeiert werden, das war Ehrenpflicht im Jahre seines hundertsten Geburtstags. Daß man sich dieser Ehrenpflicht bewußt war, ist gewiss anzuerkennen."[255] Mühsam gehört an führender Stelle zu diesen der modernen Literatur anhängenden, also auch Büchner gegenüber aufgeschlossenen Menschen, bei denen Hofmannsthal durch die Aufführung des "Wozzeck" für Franckenstein "Credit" zu erwerben hoffte. In diesem Fall vergeblich. Büchner ja, Franckenstein nein und Kilian schon gar nicht, das war Mühsams Linie. Er schreibt: "Selten bin ich mit solcher Spannung und Vorfreude ins Theater gegangen, wie an dem Abend, an dem diese beiden herrlichen Werke auf dem Zettel des Residenztheaters angekündigt waren. Aber auch kaum je bin ich derartig

---

[253] Kain 2 (1912) Nr. 1, S. 11.

[254] Vgl. dazu Eugen Kilian: Aus der Theaterwelt. Erlebnisse und Erfahrungen.- Karlsruhe 1924, S. 116, 118, 137.- Vgl. auch S. 52.

[255] Kain 3 (1913) Nr. 9, S. 139.

deprimiert, ja empört aus dem Theater herausgekommen."[256]
Zunächst stört ihn rechtens die Kombination des "Danton" mit dem
"Wozzeck" an einem Abend. "Es war natürlich schon unklug, zwei
Stücke hintereinander zu spielen, deren jedes abendfüllend ist.
Lieber hätte man auf eines überhaupt verzichten sollen, und jetzt
kann man sagen: wäre 'Wozzeck' allein gegeben worden und diese
'Danton'-Aufführung uns erspart geblieben, das Theater hätte dem
Publikum, dem Dichter, den Schauspielern und sich selbst den
größten Gefallen erwiesen."[257] Karl Wollfs "Danton"-Bearbeitung
lobt er: "Mit dieser Einrichtung in der Hand hätte ein brauchbarer
Regisseur eine glänzende Aufführung zustande bringen können."[258]
Es folgt ein zornig lodernder Verriß von des unbrauchbaren Kilian
"Danton"-Inszenierung. Dann fährt Mühsam fort: "Selbst die
anschließende 'Wozzeck'-Aufführung konnte über den trostlosen
Eindruck der Dantonverschandelung nicht mehr hinweghelfen.
Zwar war Steinrück in der Titelrolle glänzend und Basil famos in
einer komischen Charge (!). Aber der unglückliche Dr. Kilian führte
auch hier Regie, und so wurde aus dem ungeheuren Auf und Nieder
von Geschehnissen ein gleichmäßiges Sichabwickeln einer
Handlung."[259] Mit dieser so knappen wie vernichtenden Wertung
steht Mühsam im augenfälligen Gegensatz zu allen anderen
Kritikern, sofern sie nicht gänzlich konservative Seelen waren, und
in noch schärferem Gegensatz zu seinen Dichterkollegen Hofmannsthal[260] und Rilke.[261] Weder die Arbeit Rollers, noch die
Tatsache, daß es sich hier um die Uraufführung des "Wozzeck"
handelte, waren ihm der Erwähnung wert. Wohl aber bringt er
abschließend mit einem letzten Hieb auf Franckenstein nochmals

---

[256] Ebda.
[257] Ebda.
[258] Ebda.
[259] Ebda., S. 140.
[260] Vgl. S. 125.
[261] Vgl. S. 131ff.

sein großes Anliegen in Sachen Hoftheater vor seine Leser: "Hat sich der Intendant um diese Aufführung nicht gekümmert? Hat er sie gutgeheißen? Weiß er nicht, wer für bestimmte Stücke in Frage kommt? Oder kümmert er sich nicht darum? Herr v. Franckenstein wird ja wohl nach Ablauf seiner beiden Probejahre auf seinem Posten bleiben. Vielleicht nimmt er einen guten Rat an: Er engagiere für das Schauspiel umgehend einen guten Direktor."[262] Gemeint war damit natürlich Steinrück, der dann für die Spielzeit 1918/19 auf diesen Posten berufen wurde.

Wie Franckenstein war auch Kilian von der Reaktion der Münchner Tagespresse nach der Premiere enttäuscht. Unter dem Datum des 9.11.1913 schreibt er in sein Tagebuch: "Unglaubliche Mattigkeit und Flauheit der gesamten Münchner Kritik gegenüber dem ungewöhnlichen Unternehmen und der im ganzen auch ungewöhnlichen Vorstellung!! Einfach jammervoll!! Elchinger in MNN."[263] Ebenfalls unter dem 9.11.1913 berichtet das Tagebuch: "Danton wird mehr beklatscht als Wozzeck. Die Zusammenstellung ist nicht gut. Das Publikum ist schon müde, als Wozzeck beginnt. Mein Vorschlag, die Lützower Lager-Szenen aus Grabbes Napoleon zu spielen, wäre besser gewesen." Dieser Vorschlag erscheint heute abwegig. Worin eine Verbindung zwischen diesen Grabbeausschnitten mit ihrem leicht ironisch gebrochenen Freiheitskriegspathos nebst Blücherkult und humorigen Soldatenszenen zum "Woyzeck" bestehen könnte, ist nicht zu erkennen, es sei denn in der Form eines Kontrastes, wie ihn sich Roller für ein neben und nach dem "Woyzzeck" zu spielendes Stück gewünscht hatte.[264] Auf

---

[262] Kain 3 (1913) Nr. 9, S. 140.

[263] MNN = Münchner Neueste Nachrichten.- Kilian hat seine Notate mit "erste Wiederholung von 'Danton' und 'Wozzeck'" überschrieben. Die fand am 9.11.1913 statt. Die Münchner Kritiken erschienen ab dem 10.11.1913. Kilian hat seine Eintragungen unter dem Datum der zweiten Vorstellung aber erst vorgenommen, als ihm die Münchner Kritiken vorlagen.

[264] Vgl. S. 47.

Ermüdungserscheinungen im Publikum wird vereinzelt auch in Pressekritiken hingewiesen, trotz der in Fettdruck hervorgehobenen Ankündigung auf dem Programmzettel: "Zwischen beiden Stücken findet eine längere Pause statt."[265] So spricht R.B. in der "Münchener Zeitung" vom 10.11.1913 geradezu von "Strapazen", die die zwei Stücke "dem Zuschauer zumuteten."[266]

Kilians Beobachtung, daß der "Danton" vom Publikum "mehr beklatscht" werde als der "Wozzeck" bestätigt sich in den Besprechungen nicht. Vielmehr wird in den weitaus meisten Fällen, sowohl was die persönlichen Eindrücke der Kritiker, wie auch deren Beschreibung der Publikumsreaktionen angeht, der Wirkung der "Wozzeck"-Inszenierung der Vorzug vor der des "Danton" gegeben.[267] Gegen die Erwartungen Hofmannsthals scheint aber der Teil des Publikums, den man für den "Wozzeck" begeistern und bei dem man durch dessen Uraufführung Renommee gewinnen konnte, selbst in München nicht sehr groß gewesen zu sein. Schon für die dritte Vorstellung am 11.11.1913 notiert Kilian in Übereinstimmung mit Franckensteins Brief gleichen Datums an Hofmannsthal in seinem Tagebuch: "Besuch miserabel!!" und für den 18.11.1913: "Mässig besucht."

Am 2. und am 3.1.1914 war Hofmannsthal in München, um sich die "Ariadne"-Aufführung und den "Wozzeck" anzusehen, dem man für die Vorstellung am 3.1. Hofmannsthals "Der Tor und der Tod" voranstellen wollte. Hofmannsthal war davon nicht entzückt. In seinem Brief vom 26.12.1913 an Franckenstein, mit dem er seinen

---

[265] Die Programmzettel befinden sich im Besitz der Theaterwissenschaftlichen Sammlung der Universität zu Köln.

[266] Nach Auskunft des Programmzettels der Premiere begann der Abend mit den beiden Inszenierungen des "Danton" und des "Wozzeck" um "7 ½ Uhr" und endete "gegen 11 Uhr". Der Programmzettel für die Vorstellung am 20.11.1918, als der "Wozzeck" allein gespielt wurde, notiert für die Spieldauer "Anfang 7 Uhr, Ende gegen 8 ½ Uhr."

[267] Vgl. u.a. Anon. in: Vossische Zeitung, Berlin 14.11.1913; Karl Frieß in: Leipziger neueste Nachrichten 11.11.1913; E.K. in: Frankfurter Zeitung 11.11.1913; Edgar Steiger in: Hamburger Fremdenblatt 13.11.1913.

124

Besuch ankündigt, schreibt er: "Auch zum Wozzek bleib ich natürlich. Falls Du zu diesem ohne besondere Mühe i r g e n d einen anderen Einacter ansetzen kannst als 'Tor u Tod' so tust du mir noch einen großen Gefallen."[268] Das "irgend" unterstreicht er energisch. Jeder andere Einakter schien ihm besser zum "Wozzeck" zu passen, als sein Frühwerk. Dennoch blieb es bei dieser Kombination. Hofmannsthal war trotz seiner kritischen Einstellung zu Kilian hell begeistert von der Aufführung des "Wozzeck". Hingerissen und im Stakkatostil schreibt er am 6.2.1914 an Roller: "Lieber Herr Professor, Gehetzt, und alles auf ein ruhigeres Wiedersehen aufschiebend, möchte ich Ihnen nur ein Wort sagen, über den tiefen Eindruck den ich (und alle die mit mir waren) in München von Wozzek hatten, von dem Werk selbst - auf der Bühne auch über alles Erwarten, so herrlich, so complet - und Ihre Bilder so schön, so völlig zur Sache gehörig - derWeidenplatz, dann die Mordstätte, unvergeßlich - einer meiner stärksten Eindrücke im Theater."[269] Kilian notiert im Tagebuch - neben recht kritischen Bemerkungen zur Aufführung von "Der Tor und der Tod" - für den 3.1.1914 nur "Hofmannsthal zugegen", vermerkt den schwarzen Vorhang, mit dem man nun die offenen Verwandlungen abdeckte[270] und eine Umbesetzung: "Den Doctor spielt statt Höfer Stettner, anständig --".

---

[268] Hofmannsthal hat diesen kurzen Brief, nach dem Schriftbild zu urteilen, in offenbarer Eile geschrieben und ihn bruchstückhaft mit "26.II.19" datiert. Die Jahreszahl wurde von fremder Hand zu 1913 ergänzt. (Vgl. Ulrike Landfester a.a.O., S. 113) Das so entstandene Datum "26.II.1913" kann nicht stimmen, denn die Büchnerfeier mit "Dantons Tod" und "Wozzeck" hatte erst am 8.11.1913 Premiere. Am 3.1.1914 wurde der "Wozzeck" in München gespielt und am 2.1.1914 die "Ariadne". Demnach wäre der Brief auf den 26.12.1913 zu datieren.

[269] Dietmar Goltschnigg 1998, S. 125 liest statt "--- auf der Bühne auch über alles Erwarten ---" "--- auf den tiefen uns über alles Erwarten ---" und statt "--- im Theater." "--- im Jahr." Die Erregung durch das Erlebnis der Aufführung klingt in diesem Brief noch so stark nach, daß man annehmen muß, Hofmannsthal habe ihn sehr bald nach dem 3.1.1914, vielleicht am 6.1. und nicht am 6.2.1914 geschrieben und falsch datiert.

[270] Vgl. S. 72.

Über eine Reaktion Hofmannsthals auf die Vorstellung oder über eine Begegnung mit ihm schreibt Kilian in seinem Tagebuch nichts.

I.4.   Die Aufführungsserie von 1913 bis 1919. Die Reaktion Rainer Maria Rilkes auf die Vorstellung vom 24.6.1915

Trotz des mäßigen Besuches hatte man in München den "Wozzeck" nach einer Aufstellung im Soufflierbuch und nach dem Zeugnis der entsprechenden Personenzettel bis zum 21.8.1919 mit insgesamt zwanzig Vorstellungen auf dem Spielplan.[271] Dabei folgten die Aufführungen einander zum Teil in so großen Abständen, daß man von Wiederaufnahmen sprechen muß.

Als Aufführungsdaten verzeichnet das Soufflierbuch für die Spielzeit 1913/14 den 8., 9., 11., 15., 18. und 29.11.1913, sowie den 5.12.1913 und den 3.1.1914. Bis dahin also acht Abende.

Kilian gibt in einem Brief an Roller vom 10.3.1914 zwei Begründungen für das vorläufige Ende der Vorstellungsserie am 3.1.1914. Er schreibt: "Leider findet das grosse Publikum wenig Gefallen an Büchner und die Vorstellung war infolgedessen meist sehr schlecht besucht.

Augenblicklich können wir den Wozzeck nicht spielen, da Basil, der Darsteller des Hauptmanns, längere Zeit nach Russland beurlaubt ist; doch werde ich nach seiner Rückkehr auf Wiederaufnahme des Büchner-Abends zu drängen suchen und mir dann erlauben, Sie zu benachrichtigen. Es wäre uns eine große Freude, wenn wir Sie zu einer Vorstellung des Stückes hier begrüssen

---

[271] Wolfdieter Rasch a.a.O. zählt nur die Aufführungen der Spielzeiten 1913/14 und 1914/15. Er schreibt deswegen irrtümlich: "--- die beiden Stücke wurden neunmal gespielt, 'Wozzeck' noch in der nächsten Spielzeit viermal wiederholt." Diese Angaben übernimmt ähnlich Dietmar Goltschnigg 1998, S. 125. Nach Goltschnigg ist aber der "Wozzeck" "in der Spielzeit 1913/14 neunmal --- wiederholt", also mit der Premiere zehnmal gespielt worden. Für eine neunte oder zehnte Vorstellung in der Spielzeit 1913/14 fanden sich jedoch keine Belege.

dürften. In herzlicher Verehrung Ihr sehr ergebener Kilian."[272] Ob
Roller den "Wozzeck" in München gesehen hat, ist nicht festzustellen.

Inzwischen war der Erste Weltkrieg ausgebrochen - mit den
entsprechenden Folgen für die Spielpläne der deutschen Theater.[273]
- und erst am 24.6.1915, Kilian stand schon bei der Armee, kommt
es zur Wiederaufnahme. Es folgen drei Vorstellungen am 26.6., am
1.7. und am 19.8.1915.

Die Inszenierung ruht danach über acht Monate bis zum 6.5.1916,
dann wieder über eineinviertel Jahre bis zum 27.8.1917 und
nochmals acht Monate bis zum 25.4.1918.

Nach der Revolution und nach dem Ende des Ersten Weltkrieges
erschien der "Wozzeck" nach einer Pause von sieben Monaten
wieder am 20.11.,[274] am 3.12. und am 11.12.1918, dann nochmals
nach über acht Monaten Pause am 17.8.1919 und am 21.8.1919. Die
Vorstellung am 11.12.1918 wurde kurzfristig als Ersatz für eine
Aufführung der "Armut" von Anton Wildgans, die wegen einer
Erkrankung im Ensemble ausfallen mußte, in den Spielplan
genommen.

Über die Gründe der höchst unterschiedlichen Theaterleitungen vor
und nach der Revolution, das Stück bei schwachem Besuch so lang
im Spielplan zu halten, kann man nur spekulieren. Wollte man dem
Kunstwerk "Wozzeck", offensichtlich einem Minderheitenpro-
gramm, dienen? Hatte sich der gute Ruf der Aufführung so
verbreitet, daß sie tatsächlich dem Renommee des Hauses förderlich
war, daß man sie sogar in den Sommermonaten, wenn sich viele
Fremde in München aufhielten, ansetzte? Rudolf Weinmann
berichtet, "daß 'Dantons Tod' und 'Wozzeck' von so glücklichem
Gelingen begleitet waren, der literarischen Gesellschaft in Dresden

---

[272] Dietmar Goltschnigg 1998, S. 126.
[273] Vgl. S. 209f.
[274] Diese Wiederaufnahme wurde bei Wolfram Viehweg a.a.O., S. 386 falsch als
Neuinszenierung aufgeführt.

den Wunsch einzugeben, den Bühnenleiter und das vollständige Ensemble des Münchner Residenztheaters zu einem Gastspiel nach Dresden zu veranlassen."[275] Oder wollte man Steinrück entgegenkommen? Wollte er, der Münchner Schauspieldirektor der Spielzeit 1918/19, sich auch selbst etwas Gutes tun und in seiner Glanzrolle paradieren? Wollte man hier schon, in der frühen Phase der Novemberrevolution, unter der Generalintendanz Victor Schwanneckes, die Gestalt des Wozzeck in einer ursprünglich ganz anders konzipierten Inszenierung als den ersten Bühnenproletarier und Büchner als den ersten sozialistischen Dramatiker verstanden sehen, wie es in den folgenden Jahren vielfach geschah? Die Vorstellung am 17.8.1919 war eine geschlossene Sonntagnachmittag-Veranstaltung für die "Amtliche Volksaufklärungsstelle".

Anläßlich der ersten Wiederaufnahme am 24.6.1915 schrieb E.B. in der "Münchener Zeitung" vom 25.6.1915: "Niemand wird glauben, daß man mit einem eminent literarischen Stück wie es Georg Büchners tragische Szenenfolge 'Wozzeck' ist, ein Geschäft machen kann. Derartige Leckerbissen werden immer nur von wenigen geschätzt und begehrt. Um so rühmenswerter ist es, als ein Akt von seltenem Idealismus, daß man sich trotzdem entschlossen hat, das merkwürdige, in seiner fragmentarischen Knappheit so urwüchsige und geniale Werk der Romantik (sic!) wieder einmal in den Spielplan aufzunehmen. Wie die Bilder eines Traums gehen diese vielen Szenen in symbolischer Gedrängtheit an uns vorüber; und in erster Linie war es auch diesmal der Wozzeck des Herrn Steinrück, dem neben der eigenartigen, dem primitiven Charakter des Stückes angepassten Inszenierung der sehr starke Erfolg der Aufführung zu danken war."

K.E. erkennt in der "Münchener Post" vom 26.6.1915 nun auch die weitreichende Bedeutung der Münchener Uraufführung des

---

[275] Rudolf Weinmann: München als Theaterstadt und Eugen Kilian.- In: Eugen Kilian als künstlerische Persönlichkeit, Regisseur, Schriftsteller und Dramaturg.- München 1918, S. 87.

"Wozzeck". "Das unsterbliche Werk Georg Büchners --- bildet - in der Darstellung des Münchener Residenztheaters - ein bedeutsames Blatt in der Geschichte der deutschen Bühne. Steinrücks Wozzeck wird nicht vergessen werden." Und er nimmt als erster Kritiker die gerade für die Münchener Regiekonzeption so wichtige Gestalt der alten Frau wahr: "Und sollte unsere Hofbühne ein phonographisches Museum haben, man unterlasse ja nicht, die Märchenerzählung der Frau Conrad-Ramlo der Nachwelt zu erhalten, die aller Herzen klopfen läßt, wenn sie das traurigste Märchen, das jemals ersonnen, das Märchen vom einsamen Kinde, erzählt."[276] Die Inszenierung wurde in der Münchener Presse deutlich noch positiver aufgenommen als 1913. Sie hatte sich seither voll durchgesetzt. Auch Richard Elchinger engagiert sich unter dem Kürzel E. in den "Münchner Neusten Nachrichten" vom 26.6.1915 nun stärker für die Inszenierung als 1913: "Auf diese Szenen muß man immer wieder die Liebhaber eines unalltäglichen Theaters hinweisen." Wie für E.B. in der "Münchener Zeitung" ist der "Wozzeck" auch für ihn ein Stück für ein Elitepublikum. "Steinrück," schreibt Elchinger "ist milder geworden und in diesem Grade unabsichtlicher und feiner." Den Hauptmann spielt nun Victor Schwannecke, der erste Handwerksbursche der Uraufführung, laut Elchinger "mit Sinn für das Groteske." Auch diese Wiederaufnahme des "Wozzeck" fand "vor geringer Zuhörerschaft" statt, wie Richard Rieß in der "Breslauer Zeitung" vom 27.6.1915 berichtet. Selbst eine Uraufführung, die man diesmal dem "Wozzeck" voranstellte, konnte die Zuschauer nicht in größerer Zahl ins Theater locken. Den "Danton" wollte man als ein Stück, das das Schicksal eines Helden der Französischen

---

[276] Die Rolle der alten Frau war schon in der Uraufführung des "Wozzeck", wie später so oft, hoch besetzt. Marie Conrad-Ramlo war als Nora (1880) und als Hedda Gabler (1891) in den Münchener Aufführungen beider Werke maßgeblich an der Durchsetzung Ibsens beteiligt. (Vgl. Ernst Leopold Stahl: Vom Münchener Hof- und Staatsschauspiel. Ein Überblick über seine Geschichte.- In: 150 Jahre Bayerisches National-Theater. Herausgegeben von der Generaldirektion der Bayerischen Staatstheater.- München 1928, S. 15.)

Revolution zum Gegenstand hatte, im Kriegsjahr 1915 nicht mehr zeigen. Man ersetzte ihn durch einen der fünf Einakter aus Jakob Wassermanns Zyklus "Die ungleichen Schalen", "Der Turm von Frommetsfelden". Karl Wollf inszenierte das Stück. Wieder muß man sich arg mühen, um eine einleuchtende Begründung für die Kombination mit dem "Wozzeck" zu finden. In dem Zyklus Wassermanns erscheinen die Charaktere der männlichen und der weiblichen Zentralfiguren als ungleiche Schalen einer Waage, ein Bild, das sich, wenn man es denn möchte, auch auf Wozzeck und Marie anwenden läßt. Zudem bot das Stück in der Gestalt des Ritters von Lang eine für Steinrück vorzüglich geeignete Rolle und drei der fünf Einakter aus den "Ungleichen Schalen" hatte man im Jahr zuvor bereits am Münchener Hoftheater gespielt. Kilian schreibt am 25.4.1914 in sein Tagebuch: "Erstaufführung im Residenztheater. 'Die ungleichen Schalen' von Jacob Wassermann, die noch unter Speidels Intendanz von mir erworben worden waren. Die Regie hat Franckenstein ohne Rücksprache mit mir an Steinrück gegeben." Das zeigt nochmals das gespannte Verhältnis zwischen Franckenstein und Kilian, auch nach der Uraufführung des "Wozzeck". Am 20.6.1915 notiert Kilian, der nun schon im Kriegsdienst steht, in seinem Tagebuch: "In München wird Wassermanns 'Thurm von Frommetsfelden' vorbereitet, dessen Uraufführung durch mich eingeleitet worden war. Regiebuch von mir ausgearbeitet." Auch diese bereits bestehende Verbindung zwischen Wassermann und dem Münchener Hoftheater wird dazu beigetragen haben, daß man den "Danton" nun just durch den "Turm von Frommetsfelden" ersetzte.

Die Uraufführung des "Turms von Frommetsfelden" und die Wiederaufnahme des "Wozzeck" am 24.6.1915 wurden dem Publikum nach Auskunft des Programmzettels "mit ermäßigten Preisen" angeboten, ebenso die Vorstellung beider Werke am 26.6. und am 1.7.1915. Auch die Vorstellung des "Woyzeck" am 19.8.1915 lief zu ermäßigten Preisen. Man wußte demnach, daß man mit keinem größeren Besucherinteresse rechnen durfte. Vom

19.8.1915 ab spielte man den "Wozzeck" allein, ohne ein ergänzendes, den Abend "füllendes" Stück und ohne Pause. Laut Programmzettel begann die Vorstellung um "8 Uhr" und dauerte bis "nach 9 ½ Uhr". Kilian wird als Regisseur des "Wozzeck" seit dem 24.6.1915 auf dem Programmzettel nicht mehr genannt. Ein Affront des Hoftheaters gegen seinen abwesenden Oberregisseur. Max Nadler spielt für Fritz Ulmer den Tambourmajor. In der Aufführung vom 20.11.1918 firmiert das vormalige "Königliche Residenztheater" als "National-Theater. Kleines Haus". Wie in der Uraufführung spielen Friedrich Basil den Hauptmann, Emil Höfer den Doktor und Fritz Ulmer den Tambourmajor. Die Zeile "Insceniert von Herrn Dr. Kilian" auf dem Programmzettel der Premiere wird durch eine neue Formulierung ersetzt: "Spielleitung: Herr Steinrück." Inwieweit das - bei gleicher Besetzung aller wesentlichen Rollen - als Hinweis auf eine Überarbeitung oder Neufassung der Inszenierung gewertet werden kann, oder als Hinweis auf eine Beaufsichtigung der Wiederaufnahmeproben der Inszenierung Kilians, den man ansonsten als Unperson behandelt, durch Steinrück zu gelten hat, ist aus dem vorliegenden Material nicht zu erschließen.

Rainer Maria Rilke hat am 24.6.1915 die Wiederaufnahme der "Wozzeck"-Inszenierung Kilians im Residenztheater gesehen. Schon am 26.6.1915 berichtet er Hertha König: "Etwas haben Sie versäumt, man spielt Büchners 'Wozzeck' am Residenztheater, es ist über die Maßen, dem Strindberg der Gespenstersonate nicht unverwandt, der Kühnheit und Autorität des szenischen Diktats nach, das dem Zuschauer keine Wahl noch Ausflucht läßt."[277] Am 9.7.1915 schreibt er an Marie von Thurn und Taxis unter dem Eindruck dieser Vorstellung, deren Regiekonzeption gleichsam zusammenfassend: "Eine ungeheure Sache, vor mehr als achtzig Jahren geschrieben (Georg Büchner war der jung verstorbene

---

[277] Rainer Maria Rilke: Briefwechsel mit Regina Ullmann und Ellen Delp. Herausgegeben von Walter Simon.- Frankfurt am Main 1987, S. 349f.

Bruder des bekannten Ludwig Büchner), nichts als das Schicksal eines gemeinen Soldaten, (um 1848 etwa) der seine ungetreue Geliebte ersticht, aber gewaltig darstellend, wie um die mindeste Existenz, für die selbst die Uniform eines gewöhnlichen Infanteristen zu weit und zu betont scheint, wie selbst um den Rekruten Wozzeck alle Größe des Daseins steht, wie ers nicht hindern kann, daß bald da bald dort, vor, hinter, zu Seiten seiner dumpfen Seele, die Horizonte ins Gewaltige, ins Ungeheure, ins Unendliche aufreißen, ein Schauspiel ohnegleichen, wie dieser mißbrauchte Mensch in seiner Stalljacke im Weltraum steht, malgré lui im unendlichen Bezug der Sterne. Das ist Theater, so könnte Theater sein."[278] In einem Brief an Sidonie Nádherný von Borutin vom 19.8.1915 schreibt Rilke, er freue sich, daß Thankmar von Münchhausen während eines Aufenthaltes in München "doch wenigstens zweimal hineingerissen wird in die großen gültigen Verhältnisse rücksichtsloser Kunst. (Strindbergs 'Gespenster-Sonate' und Büchner's 'Wozzeck': zwei Ereignisse am hiesigen Theater.)"[279] Beide Werke bezeichnet er auch in einem Brief an Ellen Schachian vom 30.8.1915 als "zwei mir überaus erstaunliche dramatische Erscheinungen", die ihn "wieder gegen das Theater (das ich jahrelang entbehrte, ohne es zu merken) aufmerksam und dankbar gemacht, als ob mir von ihm doch noch Erschütterungen und Einflüsse kommen sollten ---. Büchner in seinem 'Wozzeck', Strindberg in seiner 'Gespenstersonate', irr ich mich, oder ist das mehr und zukünftigeres Theater, als wir bisher kannten? Der Wozzeck vor etwa achtzig Jahren geschrieben, unbekannt! Und wie vieles macht er unnütz, was man laut und begeistert begrüßt hat, wie

---

[278] Rainer Maria Rilke und Marie von Thurn und Taxis: Briefwechsel, Bd. 1. Besorgt durch Ernst Zinn.- Zürich 1951, S. 426f.
[279] Rainer Maria Rilke: Briefe an Sidonie Nádherný von Borutin. Herausgegeben von Bernhard Blume.- Frankfurt am Main 1973, S. 242.

vieles spätere. Hier geht ein Weg, ja ich möchte fast sagen: hier geht der Weg."[280]

Rilke sieht unter dem Eindruck der Münchener Inszenierung des "Wozzeck" in einem Brief an Katharina Kippenberg vom 1.10.1915, mit dem er sich für die Büchnerausgabe Wilhelm Hausensteins im Insel-Verlag einsetzt, nun die "tatsächliche Aktualität Büchners ---. Die hiesige Aufführung des 'Wozzeck' hat mich überzeugt, wie sehr nicht nur wir, sondern auch der stumpfere Bürger den Büchner jetzt aufzufassen vermöchte, wir: de toute conviction, er: malgré lui - Donc ne hésitez plus, je vous en prie, de publier ce volume, c'est dans la constellation, je vous assure -."[281] Wie für Hofmannsthal ist der "Wozzeck" auch für Rilke zunächst ein Stück für eine Elite, für ihn und seinesgleichen. Nun aber, im Oktober 1915, ist es auch ein Stück für Leute, die nicht mit einem so feinen Kunstsensorium gesegnet sind, ein aktuelles Stück. Wenn Rilke schreibt, daß "auch der stumpfere Bürger den Büchner j e t z t aufzufassen vermöchte", meint er die Menschen mit den Erfahrungen des ersten Weltkriegsjahres. Sie stehen da wie Wozzeck, ausgeliefert unfaßlichen und unbegreiflichen Schicksalsmächten, zum Leiden verurteilt.

Rilke begegnet in der Interpretation des Residenztheaters einem "Wozzeck", der seinem Welt- und Lebensgefühl in dieser Zeit nahe stand und dem er 1910 in den "Aufzeichnungen des Malte Laurids Brigge" Gestalt gegeben hatte. Er schreibt am 8.11.1915 an L.H.: "Was in Malte Laurids Brigge --- ausgesprochen eingelitten steht, das ist eigentlich nur dies, mit allen Mitteln und immer wieder von vorn und an allen Beweisen dies: Dies, wie ist es möglich zu leben, wenn doch die Elemente dieses Lebens uns völlig unfaßlich

[280] Rainer Maria Rilke: Briefwechsel mit Regina Ullmann und Ellen Delp. Herausgegeben von Walter Simon.- Frankfurt, 1987, S. 70.

[281] Rainer Maria Rilke, Katharina Kippenberg: Briefwechsel. Herausgegeben von Bettina von Bomhard.- Wiesbaden 1954, S. 134f.

sind?"[282] Eine Woyzeckfrage, wenn der sie denn so hätte stellen können.

---

[282] Rainer Maria Rilke: Briefe aus den Jahren 1914 - 1921. Herausgegeben von Ruth Sieber-Rilke und Carl Sieber.- Leipzig 1937, S. 86.

II. DIE INSZENIERUNG VON VICTOR BARNOWSKY AM LESSING-THEATER IN BERLIN 1913

II.1. Die Arbeit der Zensurbehörde und die Spielfassung

Am 16.12.1913, kurz vor dem Ende des Zentenarjahres, gedachte auch das Lessing-Theater in Berlin des 100. Geburtstages von Georg Büchner. Dessen Direktor Victor Barnowsky - Arthur Eloesser war sein Dramaturg - inszenierte den "Wozzeck" und "Leonce und Lena". In dieser Reihenfolge standen die beiden Stücke auf dem Programm. Eine glückliche Kombination, wie sich erweisen sollte.

Am 10.11.1913 hatte das Lessing-Theater "je zwei Exemplare von 'Leonce und Lena', ein Lustspiel von Georg Büchner und 'Wozzeck', ein Trauerspiel-Fragment von Georg Büchner" an das "Königliche Polizeipräsidium, Theaterabteilung" in Berlin gesandt, "mit der höflichen Bitte um gefällige Freigabe der Stücke zur Aufführung am Lessing-Theater".[283] Es waren Exemplare der Ausgabe "Georg Büchner: Dramatische Werke" von Rudolf Franz, die auch der Münchner Uraufführung zugrunde lag. Das geht aus zwei Bemerkungen in den Akten hervor, die sich auf das Spiel der Marie "auf S. 172 oben" beziehen. Dort findet sich bei Franz der Schluß der Straßenszene mit der Begegnung zwischen Marie und dem Tambourmajor (H4,6). In der Ausgabe von Franzos steht sie auf S. 178, auf S. 172 bei Franzos tritt Marie nicht auf. In der Ausgabe von Landau endet der "Wozzeck" auf der Seite 84 des zweiten Bandes. Die der Zensurbehörde eingereichten Textexemplare befinden sich nicht mehr bei den Akten und waren nicht aufzufinden.

---

[283] Die Akten des Vorgangs befinden sich im Brandenburgischen Landeshauptarchiv in Potsdam.

135

In einer Notiz in den Zensurakten vom 18.11.1913 wird die Entscheidung anheimgestellt, "ob sich das vorliegende Stück, das nur ein Fragment ist und über das eine treffende Inhaltsangabe nicht gefertigt werden kann, zur öffentlichen Aufführung eignet." Danach versucht sich der Verfasser der Notiz aber doch an einer Skizze des Handlungsablaufes im "Wozzeck": "Es (das Stück) schildert, wie der Bursche eines Hauptmanns, der ein derbes Bauernmädchen, von dem er ein Kind hat, als Geliebte besitzt, von Eifersucht, die er nicht bezähmen kann, gepackt und dadurch zum Mörder des Weibes und zum Selbstmörder wird." Für den Beamten ist der "Wozzeck" offensichtlich eine schlichte Eifersuchtstragödie, insgesamt ungefährlich für Staat und Gesellschaft. Er weist - mit Seitenangabe - auf zwölf einzelne, von ihm angestrichene Stellen im Text hin. Da die Zensurexemplare nicht vorliegen, kann man nur vermuten, daß und wo er sich da in seinem sittlichen Empfinden unangenehm berührt fühlte. Auf der aufgeführten S. 166 dürfte das die Bemerkung der Margareth von den durchgeguckten "sieben Paar lederne Hosen" gewesen sein, auf den Seiten 168 und 169 die Vorwürfe des Doktors an Wozzeck wegen des kontraktwidrigen Pissens, auf S. 171 der Vorschlag des Tambourmajors "--- wir wollen eine Zucht von Tambourmajors anlegen", auf S. 172 der Schluß der Szene mit der Begegnung Maries und des Tambourmajors. Auf der Seite 177 werden ihn die Formulierungen des Tambourmajors "Wer kein besoffener Herrgott ist ---" und "Ich will ihm die Nas ins Arschloch prügeln", auf Seite 179 die des ersten Handwerksburschen "Meine Seele, meine unsterbliche Seele stinket nach Branntewein!" und "Der Teufel soll den lieben Herrgott holen!" und auf Seite 182 dessen Text "--- meine unsterbliche Seele stinket sehr nach Branntewein. Zum Schluß, meine geliebten Zuhörer, laßt uns noch über's Kreuz pissen, damit ein Jud' stirbt!" gestört haben. Auf Seite 183 muß der Hinweis des Beamten der Prahlerei des Tambourmajors in der Kasernenhofszene "--- ich sage Ihm, ein Weibsbild! Zur Zucht von Tambour-Majors! Ein Busen und Schenkel! Und alles fest!", auf Seite 189 der Mordszene, auf Seite 191 dem Text

Wozzecks "Hast dir das rote Halsband verdient, wie die Ohr-
ringlein, mit deiner Sünde!" gegolten haben, auf Seite 192 der Rede
vom guten, echten, schönen Mord.
Eine Aktennotiz dokumentiert eine Einlassung Arthur Eloessers zu
dreien dieser amtlichen Bedenken: "Auf Seite 177 wird eine andere
Änderung gefunden werden. Auf Seite 179 wird gebeten, die
beanstandete Stelle stehen zu lassen. Es handelt sich um das
unsinnige Geschwätz eines Handwerksburschen, das in seiner
Unsinnigkeit gekennzeichnet wird. Niemand wird es als ernste
Meinung auffassen und Anstoß daran nehmen. Die eingeklammerte
Stelle auf Seite 177 wird evtl. geändert werden."
Am 26.11.1913 bittet die Zensurbehörde die "Intendanz des
Königlichen Hoftheaters zu München" brieflich, ihr "das Textbuch
in derjenigen Fassung, in welcher das Stück dort zur Aufführung
gelangt ist, gefälligst zur Einsichtnahme übersenden zu wollen."
Bereits am 28.11. folgen die Münchener der Bitte, schicken das
Regiebuch und bitten ihrerseits um "baldgefällige Rückleitung."
In Berlin hat man sich mit der Münchner Fassung im Vergleich mit
dem vom Lessing-Theater vorgelegten Strichexemplar befaßt. Das
Ergebnis wird in einem handschriftlichen Aktenvermerk niederge-
legt. "Das Stück --- ist im Münchener Hoftheater zur Aufführung
gelangt. Es kann zensurpolizeilich im Allgemeinen nicht beanstan-
det werden, sondern es kann sich nur fragen, ob einzelne Derbheiten, die in München ausgemerzt sind, auf die aber das hiesige
Lessing-Theater nicht verzichten will, gestrichen werden müssen.
Das Lessing-Theater hat lediglich Striche gemacht auf Seite 168,
169, 177.[284] Dagegen hat es die in München gestrichenen meines
Erachtens als Geschmacklosigkeiten wirkenden am Rande angestri-

---

[284] Auf den Seiten 168 und 169 handelt es sich vermutlich um die Sätze des Doktors, in
denen er das Verbum "pissen" verwendet, auf S. 177 um die Kraftausdrücke des
Tambourmajors "Wer kein besoffener Herrgott ist ---" und "Ich will ihm die Nas ins A-
loch prügeln."

chenen Stellen auf Seite 168, 169, 182 stehen lassen.[285] Ich empfehle von Zensurstrichen abzusehen, da es nicht Aufgabe der Zensur ist, für die Wahrung des guten Geschmacks zu sorgen." Am 11.12.1913 wird die Aufführung des "Wozzeck" "genehmigt mit Ausnahme des von der Direktion Gestrichenen auf Seite 168, 169, 177." Nach den Akten sagte Barnowsky bei der Generalprobe einem anwesenden Beamten der Zensurbehörde eine "Abschwächung des Spiels auf S. 172 zu." Eine Aktennotiz vom 18.12.1913 vermerkt, daß die Zusage bei der Premiere eingehalten worden sei "derart, daß die Szene jetzt unbedenklich erscheint", und eine weitere vom 20.12.1913 bestätigt: "Die Zusage war eingehalten, das Spiel der Marie gegen die Generalprobe stark eingeschränkt. Die Szene erscheint jetzt unbedenklich." Damit war das Zensurprozedere abgeschlossen. Der Vorgang zeigt, daß die Behörde Georg Büchner als relevanten politischen Schriftsteller gar nicht wahrnahm. Man sah im "Wozzeck" eine schlichte Eifersuchtstragödie, die einige sprachliche Derbheiten im Bereich des Sexuellen und des menschlichen Stoffwechsels enthält, insgesamt aber keinen Anlaß zu Zensurmaßnahmen bot, auf die man dann auch verzichtete. Am 17.12.1913 sandte der Berliner Polizei-Präsident, Abteilung VIII, der "Königlich-Bayerischen General-Intendanz der Hoftheater und der Hofmusik" das von dort inzwischen telegraphisch angeforderte Regiebuch zurück. Im Begleitschreiben des zuständigen Beamten heißt es: "Die Rücksendung hat sich zu meinem Bedauern etwas verspätet, da es mir von Wert war, das Buch während meiner Verhandlungen mit der Direktion des hiesigen Lessingtheaters über

---

285 Die Seiten 168ff enthalten in der Ausgabe von Franz die Szene "Studierstube des Doktors". (Zur Textfassung dieser Szene in München vgl. S. 56f.) Auf der Seite 182 sollte in der Wirtshausszene nach dem Willen des Lessing-Theaters der in München gestrichene und in der Aktennotiz der Berliner Zensurbehörde vom 18.11.1913 beanstandete Satz des Handwerksburschen "Zum Schluß, meine geliebten Zuhörer, lasset uns noch über's Kreuz p-n, damit ein Jud' stirbt!" bleiben.

die Zensurpolizeilische Genehmigung noch in Händen zu haben. Ich bitte, die Verzögerung entschuldigen zu wollen."
Im Falle "Wozzeck" verliert das Berliner Amt einiges von dem Horrorimage einer autoritären Polizeizensurbehörde und zeigt sich eher als biedere und etwas tumbe Verwaltung, die mit dem Theater - vornehmlich in Sachen Sittlichkeit - verhandelt, statt ihm mit politischen Motiven unabänderliche Anweisungen einer Obrigkeit zu erteilen.
Hinweise zur Textfassung der Inszenierung Barnowskys sind verschiedenen Pressekritiken zu entnehmen. Er streicht, wie die Münchener, die Jahrmarktszenen,[286] dazu die Szenen im Hof des Doktors[287] und im Seziersaal,[288] deren Personal im Gegensatz zu allen anderen Rollen in einer Anzeige der "Berliner Theater-Welt" vom 23.12.1913 nicht aufgeführt wird. Er nahm aber im Gegensatz zu München die Bibelszene der Marie auf.[289]

II.2.   Die Regie und das Bühnenbild

In München hatte man mit einer technisch karg ausgestatteten Bühne und einem angespannten Etat zu arbeiten. Anders in Berlin. Das Lessing-Theater war im Sommer 1913 nach Entwürfen Karl Walsers renoviert worden. Es bekam bei dieser Gelegenheit eine Drehbühne, einen massiven Kuppelhorizont und einen Beleuchtungsturm des Systems Schwabe.[290] Zudem war es wirtschaftlich mit Erfolgsinszenierungen wie Ibsens "Peer Gynt" und Shaws

---

[286] Vgl. dt. (= Conrad Schmidt) in: Vorwärts, Berlin 19.12.1913; gt. in: Volksstimme, Frankfurt am Main 27.3.1914.

[287] Vgl. M.J. (=Monty Jacobs) in: Vossische Zeitung, Berlin 6.4.1921 in einer Kritik der Woyzeck-Inszenierung Max Rheinhardts.

[288] Vgl. Friedrich Düsel in: Kunstwart und Kulturwart 27 (1914) 2. Januarheft, S. 145f.

[289] Vgl. Herbert Ihering in: Die Schaubühen 9 (1913) Nr. 52, S. 1279f; Paul Wiegler in: BZ am Mittag, Berlin 18.12.1913.

[290] Vgl. Neuer Theater-Almanach. Herausgegeben von der Genossenschaft Deutscher Bühnen-Angehöriger 25 (1914), S. 310.

"Pygmalion" in gutem Zuge.[291] Svend Gade als Bühnenbildner für den "Wozzeck" und Karl Walser für "Leonce und Lena" schöpften aus dem Vollen und so waren denn auch die Inszenierungen und der Eindruck, den sie hinterließen, wie schon in München, aber aus ganz anderen Gründen, wesentlich von der Ausstattung bestimmt. Eine klare Regiekonzeption ist bei Barnowsky im "Wozzeck" aus dem vorliegenden Material nicht zu erkennen. Die Spielzeit 1913/14 war Barnowskys erste am Lessing-Theater. Nun konnte er, der Enge des "Kleinen Theaters", das er seit 1905 als Direktor leitete, entflohen, sich auch Inszenierungen größerer Stücke vornehmen. Der "Peer Gynt" war, wie Julius Berstl, viele Jahre als Dramaturg der Barnowsky-Bühnen tätig, berichtete, Barnowskys "erste Regieaufgabe großen Stils ---. Aber schon im gleichen Jahr 1913 und in den anschließenden Kriegsjahren durfte Barnowsky mit Aufführungen von Georg Büchners 'Wozzeck' ---, Goethes 'Iphigenie' ---, von Molières 'Don Juan' beweisen, daß er nach und nach in die 'Regieschuhe' hineinwuchs und sich nicht vor den übrigen Berliner Regisseuren jener Zeit zu verstecken brauchte."[292] Barnowsky stand also 1913 am Beginn eines neuen Abschnitts seiner Entwicklung als Regisseur. Auf Herbert Ihering wirkte er freilich auch 1921 noch "wie ein Meister der unmotivierten Regie."[293] Ingeborg Strudthoff befindet: "Es war --- nicht Barnowskys Sache, von einem geistigen Mittelpunkt aus zu schaffen, er kam stets von den einzelnen Situationen her."[294]

Barnowskys Inszenierung war eine Folge stimmungsstarker Einzelbilder. Für den Kritiker der "Berliner Volkszeitung" "ist Viktor Barnowsky eine Regieleistung von seltener Art gelungen, schnell wechselnde Bilder, aber sie fügen sich ineinander und umreißen die Tragik eines Schicksals mit harten, festen Linien ---.

---

[291] Vgl. Friedrich Düsel a.a.O.
[292] Julius Berstl: Odyssee eines Theatermannes.- Berlin 1963, S. 64.
[293] Zitiert nach Julius Berstl.
[294] Ingeborg Strudthoff a.a.O., S. 46.

Trommelwirbel und Pfeifenklang schmettert durch die Szenen, dann wieder eröffnet sich ein weites, romantisches Land. Traum und Wirklichkeit fließen ineinander, und unsichtbare Dämonen beherrschen das Spiel."[295] Für J.K. im "Berliner Lokal-Anzeiger" vom 18.12.1913 "überwog der Eindruck eines tragischen Bilderbogens. --- Das Einzelschicksal des bedauernswerten Rekruten --- kam wie in packenden Filmbildern eindrucksvoll zur Geltung." Karl Strecker berichtet unter dem Eindruck der Inszenierung Barnowskys von einem "geradezu impressionistischen Schauen der Volksgestalten"[296] bei Büchner. Emil Faktor sah im "Berliner Börsen-Courier" vom 18.12.1913 eine "traumhaft geisternde Tragödie", Arthur Westphal in "Die Welt am Montag" vom 22.12.1913 eine "wie Traumgesichter vorübergleitende Bilderfolge." Im März 1914 gastierte das Lessing-Theater auf Einladung des "Vereins Frankfurter Kammerspiele" im Schauspielhaus in Frankfurt am Main. Der Kritiker gt. sah in der Frankfurter "Volksstimme" vom 27.3.1914 "in der bunten Szenenfolge, die --- an unserem Auge vorüberzog, ein Märchen der Wirklichkeit." Es fällt auf, daß eine Reihe von Kritikern in Berlin wie in Frankfurt ihre Leser nach der Begegnung mit Barnowskys "Wozzeck"-Inszenierung nachdrücklich auf eine Nähe Büchners zur Volksdichtung, die sie in der Aufführung wiederfanden, hinwiesen.[297] gt. zürnt in der Frankfurter "Volks-

---

[295] M. Sch. in: Berliner Volkszeitung 18.12.1913.

[296] Karl Strecker in: Bühne und Welt 16 (1914) Nr. 9, S. 409.

[297] Vgl. dazu auch Paul Wiegler a.a.O. und H.S. in: Frankfurter Zeitung 27.3.1914. E.H. (= Ernst Heilbron) schreibt in seinem Bericht über die Berliner Premiere in der Frankfurter Zeitung vom 19.12.1913: "Uns sprach ein Dichter, einer der naturwüchsigen. Man sehe in Georg Büchner nicht den von Shakespeare Abhängigen: er bedurfte keines geborgten Lichtes.--- Wohl aber hatte seine dichtende Seele ihre Heimat. Man erkennt unschwer die schlichte Weise, die zu ihm hinüberklang, wenn er s e i n e Weisen suchte: das deutsche V o l k s l i e d. Dem modernen Realismus böte Wozzecks Geschick nur ein dumpfes S c h a u s p i e l. Das aber wird bei Büchner zur T r a g ö d i e! (Sperrungen im Original.) Eben darum, weil der verratene Wozzeck so leidhaft empfindet, wie der Betrogene im Volkslied; so leidhaft, rein und groß. Weil es die Szenen aus dem Volkslied sind, die sich hier aneinanderreihen und gleichsam den

141

stimme" gar: "--- steht das nicht irgendwo in 'Des Knaben Wunder-horn'? --- Wie kommt es nur, daß die Vereinigungen für Heimat-kunst, die so zahlreich sind, wie Sand am Meer, dieses Kunstwerk noch nicht entdeckten? Wie kommt es, daß keine Frankfurter Bühne sich bisher dieses Heimatdichters (sic!) angenommen hat?"
Dieser Anlage des "Wozzeck" als ein stimmungsvolles und in vielen massiven Bildern auf die Drehbühne gebrachtes "dramati-sches Volkslied"[298] widerspricht Siegfried Jacobsohn: "Dieser Regisseur darf den Freischütz gesehen haben - das wird ihm hier eher nützen als schaden. Aber er darf nicht für eine Vielzahl jagender Szenchen eine massive Dekoration nach der anderen aufbauen. Er darf nicht von fliegenden Wortfetzen eines Visionärs, die an mein inneres Gesicht drängen, immer wieder mein leibliches Auge auf schöne bunte Häuser und Straßen ablenken. Er darf nicht von zwei zu drei Minuten den schwerfälligen Zwischenvorhang herunterplumpsen lassen."[299]
Was Jacabsohn störte, die starke realistische Bildwirkung der Inszenierung in der Ausstattung Svend Gades, war es aber auch, was andere Kritiker geradezu begeisterte.
"Die Aufführung verdient uneingeschränktes Lob. Dekorationen --- und Inszenierung boten herrliche Bilder."[300] "Svend Gade hat winklige Stuben, winklige Gassen, einen Wirtshausgarten, tiefen Walddämmer voll poetischen Lebens gegeben."[301] Gade verwendet

---

Kranz der Tragödie runden. Weil Volksliedspuk Wozzecks Seele erschüttert und Volksliedklänge ihm zu seelischen Motiven werden. --- uns sprach ein Dichter, einer der Begnadeten. --- . Ihm weckte nicht nur das Volkslied die dichtende Seele, er war selbst wie einer dieser Volkslied-Sänger, in denen die Luft und die Kraft, der Ton und die Weise, die ihren Weg ziehen und nach denen niemand fragt. Was wissen die Scheunen vom Reichtum der Felder?" - Vgl. dazu Paul Landau a.a.O., Bd. 1, Sei-te 155f.

[298] E.H. a.a.O.
[299] Siegfried Jacobsohn in: Das Jahr der Bühne 3 (1913/14), S. 102ff.
[300] Z. in: Das Freie Volk, Berlin 25.12.1913.
[301] F.E. (= Fritz Engel) in: Berliner Tageblatt 18.12.1913.

für jedes seiner Bilder den gleichen Rahmen aus hohen, schroffen Felsen, ein "verfluchtes Tal",[302] was Jocobsohns ironische Wendung, der Regisseur des "Wozzeck" dürfe den "Freischütz" gesehen haben, erklärt. Der "Wozzeck" spielte in einer Art erweiterter Wolfsschlucht. Paul Wieglers Schilderung verweist auf deren Stimmungskraft: "Rot leuchtet über hohen Felsen der Abend, und in Dunkelheit sind Wald und Teich versenkt. Noch ergreifender fast in der Stimmung ist die Dekoration, die das Wirtshaus zeigt mit dem hellen Tanzsaal, der Laube, in der die Laterne brennt, mit dem unentwirrbaren Blätterdach und droben am Berge den stillen Häusern. Dann gibt es die bunte Kleinstadt mit Ecken und Giebeln, in der die Kinderschar ihren Ringelreihen tanzt, die Stube Mariens, an deren Fenster mit Gebraus die Regimentsmusik vorbeizieht und das niedere, lastende Kasernengewölbe."[303] Bis in Einzelheiten werden die gleichen, stimmungsbetonten Wirkungen der Bilder wie in der Uraufführung, vielleicht, bei soviel Parallelen, unter deren Einfluß, angestrebt, aber mit ungleich reicheren Mitteln, unter der extensiven Nutzung der neuen Drehbühne. Sehnsucht nach Schlichterem verrät Julius Bab im "Hannoverschen Courier" vom 30.12.1913: "Svend Gade hatte Szenenbilder geschaffen, die vielleicht noch düsterer und stilistisch primitiver hätten sein können, aber jedenfalls, wie sie auf der Drehbühne schnell vorüberrollten, immer stimmungstarke Gruppierungen für das Auge ermöglichten." Herbert Ihering befand gewohnt energisch: "Svend Gade ist kein Maler für den 'Wozzeck'. Seine unselbständige Kunst glättet und verniedlicht. So erhielt die Aufführung trotz sicherer Schauspielkunst zu kleines Format."[304]

---

[302] Paul Wiegler a.a.O.
[303] Ebda.
[304] Herbert Ihering a.a.O.

II.3. Die Darsteller

Daß es dazu nach dem Urteil der weitaus meisten Zeugnisse dann
doch nicht gekommen ist, ist vor allem Albert Steinrück zu
verdanken, den man nach dem Erfolg seines Münchener Wozzeck,
wenige Wochen nach der Uraufführung, für die gleiche Rolle nach
Berlin geholt hatte. "Steinrück hat sich mit dem Wozzeck auch in
Berlin durchgesetzt," berichtet Herbert Ihering.[305] Mehrfach
verweist die Berliner Kritik auf das betont physiognomische Spiel,
das Steinrück, wie schon in München, bei der Gestaltung seines
Wozzeck einsetzt. Emil Faktor sah einen Steinrück, "der mit
eindringlichem Verständnis für ein verschlossenes Menschengemüt
Psychologie trieb" und "Ergreifendes in der Physiognomie bot."[306]
Ein später auch von anderen Schauspielern wiederholt eingesetztes
Gestaltungsmittel verwendete Steinrück für seinen Berliner
Wozzeck, von dem in den Münchener Berichten noch nicht die
Rede war. Er gab der Sprache des Wozzeck einen "Slavischen
Akzent"[307], wobei dann aber offensichtlich "die Verständlichkeit
des Wortes vernachlässigt" wurde.[308] Auffälligstes äußeres
Gestaltungsmittel bleibt die schwere und kraftvolle Körperlichkeit
Steinrücks, die diesen Wozzeck eben nicht nur als passiven Helden
erscheinen läßt. Seine innere Qual, seine Leidenschaft kann aus all
seiner Versponnenheit in gewaltsamer Handlung nach außen
brechen. Er bleibt gefährlich. "Als Wozzeck hat Herr Steinrück
stiernackige, scheue Demut und die Brutalität des wehrlosen
Instinktmenschen."[309] "Schwerfällig setzt er ein, die innere Leidenschaft in seinem Minenspiel wiedergebend, das dem Unrecht nichts

---

[305] Ebda.
[306] Emil Faktor in: Berliner Börsen-Courier, 1. Beilage, 18.12.1913. Vgl. auch J.K. in:
Berliner Lokal-Anzeiger 18.12.1913.
[307] F.E. (=Fritz Engel) a.a.O.
[308] Emil Faktor a.a.O. Vgl. auch J.K. a.a.O.
[309] Paul Wiegler a.a.O.

Gutes verhieß. Dann aber, als die Eifersuchtstragödie begann, wuchs er in seine Rolle hinein, steigerte er die innere Erregung bis zu einer Wildheit, die kein Erbarmen kannte. Vor der Gewalt dieses Zornes schwieg das Mitleid."[310] "Er hatte einen Dämon in der Stimme, einen Teufel im Leibe."[311] Arthur Westphal beschreibt Steinrücks Wozzeck als "handfesten, schwerfälligen, lebensängstlichen und bedrohlich glühenden Musketier."[312] Für Paul Fechter spielte Steinrück einen Wozzeck "jenseits aller Naturalistik".[313] Ernst Heilborn wurde bei Steinrücks Darstellung offensichtlich an den Satz des Danton aus der fünften Szene des zweiten Aktes erinnert: "Puppen sind wir, von unbekannten Gewalten am Draht gezogen; nichts, nichts wir selbst!" Er schreibt: "Bei aller Schwere und Gebeugtheit war der Gestalt, die er verkörperte, etwas Hellhöriges eigen. Als umgaukelten ihn ferne Rhythmen, die ihn einspannen und seinen Fuß dahin zu gehen zwangen, wohin er ihn nie zu setzen gewöhnt hätte. Man sah das Joch auf seinem Nacken; aber die daran befestigten Seile dienten nicht zum Ziehen, sondern es wurde an ihnen von irgendwoher gezogen. --- Es war etwas von der Tragik und Mystik des Volksliedes in Steinrücks Gestaltung ---."[314]

Freilich gab es auch schon erste Zweifel an der von Steinrück bestimmten Theaterkonvention der Besetzung des Wozzeck mit einem schweren Charakterspieler und auch an der Verwendung der Wozzeck-Gestalt als effektvolle Gastspiel- und Virtuosenrolle, wie Steinrück sie nutzte. "Seine Kunst feierte Triumphe. Er meißelte eine Figur von eindringlicher Kraft und Monumentalität. Für die

---

[310] F.R. in einer unidentifizierten Kritik des Frankfurter Gastspiels des Lessing-Theaters in der Theaterwissenschaftlichen Sammlung der Universität zu Köln. Das Gastspiel wird leider bei Wolfram Viehweg a.a.O., S. 386 falsch als Inszenierung des Frankfurter Schauspielhauses aufgeführt. Diese Angabe erscheint auch in Georg Büchner: Werke und Briefe. Münchner Ausgabe. München 1988, S. 653.

[311] Fr. S. in: Frankfurter Nachrichten 27.3.1914.

[312] Arthur Wesphal in: Welt am Montag, Berlin 22.12.1913.

[313] P.F. (= Paul Fechter) in: Vossische Zeitung, Berlin 18.12.1913.

[314] E.H. (= Ernst Heilbron) a.a.O.

Eigenart der Dichtung war er vielleicht um einen Grad zu wuchtig. Diesen armen, gehetzten Soldaten --- deutet man sich eigentlich weniger breitschultrig, weniger gewaltsam und darum auch weniger bewußt aus dem Ensemble heraustretend. Steinrück scheint mir aus der Rolle etwas zuviel machen zu wollen, etwas zu merkbar alle Register seiner allerdings in jedem Augenblicke bewundernswürdigen Schauspielkunst zu ziehen. Gedrängteres Spiel und stärkere Einordnung in den episch-balladesken Stil würde bei geringerem Effekt im Einzelnen die Wirkung des Ganzen gewiß noch erhöhen."[315] Noch direkter formuliert der Kritiker der "Berliner Börsen-Zeitung" seine Einwände: "Steinrücks Wozzeck ist zu derb, nicht verkümmert genug. Ihm traut man zu, daß er den Nebenbuhler niederschlägt; nicht, daß er das Weib und sich auslöscht."[316] Karl Strecker verbindet in seinem Bericht in der Berliner "Täglichen Rundschau" vom 18.12.1913 hohe Anerkennung für Steinrücks Leistung mit einer Kritik am stets gegenwärtigen, bedrohlich Gewaltsamen in Steinrücks Wozzeck. "Freilich ruhte die Wirkung des Ganzen vornehmlich auf den Schultern des Hauptdarstellers und hier bewies Herr Albert Steinrück, der die Rolle schon in München geschaffen hatte, wieder einmal, was die Berliner Schauspielkunst an ihm verloren hat. Vielleicht in seinem Äußeren den Charakter von vornherein ein wenig zu deutlich auf den Verbrecher anlegend und damit über die Absichten des Dichters irreführend, wußte Herr Steinrück doch von Anfang an das tragische Mitleid mit dieser gepeinigten, gestoßenen und betrogenen Kreatur in uns zu erregen und bis zum Schluß wachzuhalten. Sein dumpfes Hingetriebenwerden in den Mord, die grimme Verzweiflung und das unheimliche Tasten nach einer übersinnlichen Aufklärung des wunderlichen Lebensrätsels wurde mit einer so sicheren Selbstverständlichkeit vom Darsteller verkörpert, daß man diesen schwerfälligen, im

---

[315] H.S. a.a.O.
[316] Kp. in: Berliner Börsen-Zeitung 18.12.1913.

Grunde braven - hier liegt die Irreführung durch die Maske! - Kerl in seinen geheimsten Regungen zu verstehen glaubte."
Die Rolle der Marie besetzte Barnowsky mit Ilse Wehrmann, die noch eine Spielzeit zuvor, im Januar 1912, in der denkwürdigen Inszenierung von "Leonce und Lena" durch Gustav Lindemann am Düsseldorfer Schauspielhaus die Lena gespielt hatte, und die man mit großen Hoffnungen und nach vielen Schwierigkeiten für ihr Berliner Gastspiel von den Düsseldorfern freigekämpft hatte.[317]
Schon am 11.3.1913 bittet kein Geringerer als Rudolf Rittner Louise Dumont in einem Brief mit dem Briefkopf des Lessing-Theaters um die Freigabe Ilse Wehrmanns aus ihrem bis zum Ende der Spielzeit 1914/15 laufenden, fünfjährigen Vertrag am Düsseldorfer Schauspielhaus, damit man sie in das neue Ensemble des Lessing-Theaters übernehmen könne. Rittner war "zu ernster Suche" im Schauspielhaus gewesen und hatte dort seinen "talenthungrigen Blick auf Ihr Fräulein Ilse Wehrmann geworfen." Im Lessing-Theater, meint Rittner, habe die Wehrmann "allergrößte Chancen --- ungewöhnlich rasch in die Höhe zu kommen," denn die Chance für ein junges Talent liege "nun einmal in Berlin, und in einem erst werdenden Ensemble schafft man sich unendlich viel leichter Raum, als in einem bereits gefestigt bestehenden. Tun Sie doch Ihrem alten Brahm-Kollegen einen Gefallen: geben Sie uns das blonde Talent zum Herbst 1913 frei." Die Düsseldorfer folgten diesem Wunsche nicht, wohl aber dem weiteren Drängen des Lessing-Theaters in Sachen Wehrmann und gestatteten ihr das Berliner Gastspiel als Marie. Gegen alle Hoffnungen und Erwartungen der Leitung des Lessing-Theaters wurde es ein Mißerfolg. Die Beamten der Zensurbehörde hatten im allerletzten Stadium der Probenarbeit, bei der Generalprobe, Änderungen in der Gestaltung der Marie in der Straßenszene mit der Begegnung zwischen Marie

---

[317] Vgl. Personalakte Ilse Wehrmann im Dumont-Lindemann-Archiv, Theatermuseum der Landeshauptstadt Düsseldorf.

und dem Tambourmajor verlangt.[318] Eine Änderung der Rollenin-
terpretation zu diesem Zeitpunkt und in einem wesentlichen
Charakterzug der Rollenfigur ist für jeden Schauspieler eine
Katastrophe, zumal für eine bis zur Überspanntheit sensible Frau,
wie es Ilse Wehrmann war. Sie mußte auf behördlichen Wunsch das
sexuell Triebhafte aus der Darstellung der Marie herausnehmen.
Was die Zensurbehörde und das 5. Berliner Polizeirevier zufrieden-
stellte, erzürnte die Kritik, die man von derlei amtlichem Begehren
kaum unterrichtet haben dürfte. Herbert Ihering schreibt: "Ihre
Natur, die zum Elementaren drängt, hat sich entweder noch nicht
gefunden oder schon verloren. Die Höhepunkte gerieten fast
beunruhigend unsicher."[319] In der "Berliner Börsen-Zeitung" fand
man: "Ilse Wehrmann als Weib ist nicht triebhaft genug, beinahe zu
salonhaft kokettierend."[320] "Die Darstellerin des liebesdurstigen
Weibes war (für Barnowsky) auffälliger Durchschnitt," schrieb Emil
Faktor,[321] und Paul Fechter: "Ein wenig fahrig, unsicher, mit
einzelnen guten Augenblicken gab sich die Marie des Fräulein
Wehrmann."[322] Was sollte eine junge Schauspielerin unter den
obwaltenden Umständen wohl sein, wenn nicht fahrig und unsicher? Das Gastspiel Ilse Wehrmanns als Marie am Lessing-Theater
in Berlin ist einer der leider kaum untersuchten Fälle, in denen nicht
ein literarisches Werk, sondern eine Schauspielerin oder ein
Schauspieler Opfer der Zensur wurden.
Wieder, wie in München, hatte man die Rolle der Großmutter hoch
besetzt, mit Ilka Grüning, die dann auch als Gouvernante in "Leonce

---

[318] Vgl. S. 138.
[319] Herbert Ihering a.a.O.
[320] Kp. a.a.O.
[321] Emil Faktor a.a.O.; vgl. auch dt. (=Conrad Schmidt) a.a.O., F.E. (= Fritz Engel) a.a.O.,
B.P. (=Beda Prilipp) in: Neue Preußische Zeitung (Kreuz-Zeitung) 18.12.1913, Paul
Wiegler a.a.O.
[322] P.F. (=Paul Fechter) a.a.O.

und Lena" sogar mit Beifall auf offener Szene gefeiert wurde.[323] Der Hauptmann und der Doktor, in München als groteske E.T.A.-Hoffmann-Figuren interpretiert, wurden in Berlin, dem Bilderbuchstil der Inszenierung folgend, durch die Darstellung Guido Herzfelds und Rudolf Klein-Rhodens dämpfend ins Spitzweghafte gebracht.[324]

Bereits eine Woche nach der Premiere gab es Wechsel in der Besetzung der beiden Hauptrollen.[325] Erich Walter übernahm zeitweise den Wozzeck und Paula Janover die Marie. Das Gastspiel Ilse Wehrmanns war zwischen dem Düsseldorfer Schauspielhaus und dem Lessing-Theater nur für wenige Vorstellungen vereinbart worden. In Paula Janover bekam Steinrück nun eine Partnerin, die Schritt halten und sowohl die erotisch-triebhaften Züge der Rolle - um sie kümmerte sich die Zensurbehörde nicht mehr -, als auch deren innere Nöte und Zweifel überzeugend in ihr Spiel bringen konnte. "Paula Janover zeigte uns die nicht schlechte, sondern nur aus Lebensfülle sündige Soldatendirne, die auch durch tieftragische Töne der Verzweiflung an unser Herz rührte."[326] Sie spielte die Rolle auch beim Gastspiel des Lessing-Theaters in Frankfurt. "Eine bessere Partnerin als Paula Janover --- wird sich Steinrück niemals wünschen. --- Groß und schön, ergreifend wie eine Messe, war die Selbstanklage des sündigen Weibes. Und wie gab sie ihrer erotischen Leidenschaft einen überzeugenden Ausdruck! Sie wollte nicht mehr sein, als eine Dirne, die Armut und Sinnlichkeit in eine Bahn geschleudert, aus der es keine Rettung gab."[327]

---

[323] Vgl. Julius Bab in: Hannoverscher Courier 30.12.1913, P.F. (= Paul Fechter) a.a.O., Paul Wiegler a.a.O.

[324] Vgl. H.S. a.a.O.

[325] Vgl. Anzeige in: Berliner Theater-Welt 23.12.1913, S. 3.

[326] Z. a.a.O.

[327] F.R. a.a.O.; vgl. auch gt. a.a.O., H.S. a.a.O.

## II.4.	Die Aufnahme Büchners und des "Wozzeck" in der Berliner und in der Frankfurter Theaterkritik

Wiederholt stellt die Berliner Kritik Büchner ihren Lesern als einen trotz aller rühmenden Gedenkartikel zu seinem 100. Geburtstag nur den Literarhistorikern bekannten, im breiten Publikum aber vergessenen Autor vor und begrüßt ihn und den "Wozzeck" nun enthusiastisch als Entdeckungen von höchster Aktualität für das Theater der Zeit. Eine Wirkung, die weit über den eigentlichen Anlaß einer Zentenarfeier auf dem Theater hinausging. " 'Wozzeck' und 'Leonce und Lena' wurden im Lessing-Theater gefeiert, als ob es einen lebendigen Dichter durchzusetzen gäbe," schreibt Herbert Ihering. "In Wahrheit: wäre Büchner ganz unbekannt und durch einen Zufall kämen seine Manuskripte ans Licht - niemals wäre der Augenblick für eine literarische Fälschung günstiger gewesen. Büchner als Heutiger ausgegeben - es würde heißen: 'Der Autor wird, wenn er sich folgerichtig entwickelt, die ersehnte Synthese von Naturalismus und Romantik bringen.' Nun aber hat Büchner vor hundert Jahren gelebt als ein Genie, das die Entwicklung von Jahrzehnten vorweg nahm, und dessen Schaffen dennoch folgenlos blieb. Denn der Naturalismus des endenden 19. Jahrhunderts und die Neuromantik des beginnenden 20. Jahrhunderts sind unabhängig von ihm und haben nur eine rückwirkende Kraft: sie haben Büchner entdecken helfen. Aber jetzt beginnen seine Werke zu wandeln und das zu sondern, was sie befreite. Sie rechtfertigen den Realismus, der die Kraft zur Romantik hat, sie vernichten die Romantik, die nicht die Kraft zum Realismus hat."[328]
Angeregt durch die Verbindung des "Trauerspiel-Fragments" mit dem "romantischen Lustspiel"[329], aber auch explizit unter Bezug auf den "Wozzeck" allein, wird nun wiederholt von der Erfüllung der

---

[328] Herbert Ihering a.a.O. - Vgl. auch Friedrich Düsel a.a.O.
[329] Vgl. Anzeige in: Berliner Theater-Welt 23.12.1913, S. 3.

künstlerischen Sehnsucht der Zeit nach einer Synthese von Naturalismus und Romantik auf der Bühne durch Büchner gesprochen,
wenn man den vergessenen Dichter als alle überragenden Zeitgenossen unter den dramatischen Autoren begeistert begrüßt. Mit
dieser Sehnsuchtserfüllung begründet man den Enthusiasmus für
Büchner, mit ihr die Behauptung seiner Aktualität. Eines von den
vielen, üblichen literarischen Jubiläen, gerade auch des Jahres 1913,
wird als besonderes Ereignis empfunden. "Aber ein wirkliches
Datum deutscher Bühnengeschichte," so schreibt Julius Bab in
schöner Hochachtung vor Berlin als Theaterhauptstadt des Reiches,
"wird, glaube ich, der Tag bleiben, an dem zum ersten Male auf
einer Berliner Bühne zwei Werke des größten deutschen Bühnenge-
nies erschienen: das Lessing-Theater spielte Georg Büchner ---.
Man kannte von diesem feurigen Meteor am deutschen Kunsthim-
mel lange Zeit nichts als den jugendlich großen Wurf seines
Revolutionsdramas 'Dantons Tod'. --- Das Trauerspiel 'Wozzeck'
aber --- bedeutet in menschlicher Tiefe und künstlerischer Sicherheit noch einen ungeheuren Fortschritt gegenüber diesem Danton.
Gleichwohl blieb es nur die Freude weniger Kenner und erst vor
Monatsfrist wurde es von Albert Steinrück (sic!) zum ersten Male
am Münchener Hoftheater zur Aufführung gebracht. --- In dem
phantastischen Naturalismus, in dem psychologischen Monumental-
stil dieses Dreiundzwanzigjährigen liegen offenbar und erfüllt viele
der innersten Sehnsüchte unserer Zeit. Deshalb kann und muß der
so lange Verstorbene uns heute ein ganz Lebendiger werden, und
ein starker Schritt auf diesem Wege ist die Barnowskysche Aufführung: Ein wichtiges Datum."[330]
Im Jahrgang 1914, Nr. 2 der Wochenschrift "Die Gegenwart"
berichtet Bab auf Seite 21 über das Berliner Theater. Er schreibt mit
hoher Anerkennung über Max Reinhardts Inszenierungen von
Strindbergs "Wetterleuchten" und Shakespeares "Kaufmann von

---

[330] Julius Bab a.a.O.

Venedig" mit Albert Bassermann als Shylock. Das war die künstlerische Konkurrenz, in der sich der Büchnerabend des Lessing-Theaters zu bewähren hatte, und Bab schätzt ihn noch entschieden höher ein als solche Gipfelpunkte der Bühnenkunst: "Weit über diese guten und interessanten Dinge aber erhebt sich der große Abend des neuen Lessingtheaters, an dem Direktor Barnowsky in einer erfindungsreichen und stimmungsstarken Inszenierung zwei Werke eines der größten deutschen Dichter zum ersten Male auf eine Berliner Bühne brachte, Georg Büchners Trauerspiel 'Wozzeck' und das Lustspiel 'Leonce und Lena'. --- keineswegs erscheint mir das bisher allein berühmte Erstlingswerk 'Dantons Tod' der Höhepunkt der Büchnerschen Dichtung. Weit über diesem dunkel brodelnden, der Freude am Stoff doch nur schwer entwachsenden Erstling erhebt sich an Tiefe des Plans und Größe der Gestalt der 'Wozzeck'. Jene im allertiefsten Sinne revolutionäre Leidenschaft für Menschenrechte - (die mir denn auch Büchners Flugschrift, dem 'Hessischen Landboten', in ihrer prophetischen Gewalt einen wahrhaft anderen Rang anzuweisen scheint, als der raffiniertesten sozialdemokratischen Hetzschrift!) -, dieser große ethische Grundwille --- jenes tiefste Gefühl für die Heiligkeit alles Lebens ---. Dies ist in ganz kleinen Szenen, mit einer absichtslosen Großheit, aus einem dichterischen Urgefühl hingeworfen, daß es wie mit Posaunen des jüngsten Gerichts auf uns eindröhnt. Kein stärkeres Zeichen gibt es für Büchners Dichtermacht, als daß er seinem Text Strophen des Volksliedes und Sprüche der Bibel mischen kann, ohne daß sie unter den gleichgewachsenen Riesenleibern seiner eigenen Worte irgendwie fremdartig erscheinen. Wenn die alte Frau am Abend auf der Bank das Märchen vom armen Kinde erzählt, das von Sonne, Mond, Sternen und Erde verraten ist, so gewinnt diese Dichtung von den Elenden und Beleidigten eine Höhe, die nirgends in der deutschen Poesie ihresgleichen hat. --- Und zwei Werke grundgenialer Art durch eine sehr solide Aufführung, wie ich denke, für immer der lebendigen deutschen Bühne erobert zu haben, das ist für die neue Direktion des Lessingtheaters ein schöner Ruhm. Ein phantastisches Genie, wie Büchner, dem scharfäugig erfaßte Natur ins Monumentale wächst, das ist im Grund die tiefste Sehnsucht unserer Zeit und unserer Bühne." Der Büchnerabend, so meint Bab, könnte "für die Direktion Barnowsky die Bedeutung eines Programms haben, mit dessen Verwirklichung das Lessingtheater wieder eine führende deutsche Bühne sein würde."

Der "Wozzeck" auf der Bühne löste selbst in der Inszenierung als reich ausgestattete Bilderbuchballade in den Feuilletons fassungsloses Staunen aus. "Hundert Jahre wäre der Mann heute alt. Man fasst sich an den Kopf und wills nicht glauben, obschon es in allen Zeitungen gestanden hat und in allen germanistischen Kollegs gelehrt wird. Hundert Jahre! Und sieht aus, wie eine lebendige Hoffnung auf Morgen, wie ein Pionier der reichsten theatralischen Zukunft. Wer als naiver Mensch die genialisch hingeschleuderten Fetzen der Wozzeck-Tragödie --- zu sehen bekommt, muß glauben, einer aus dem Stamme der Eulenbergs und Schmidtbonns, der Strindberg und Wedekind sei in glücklichster Stunde weit über sich selber hinausgewachsen, habe zu ersten Male die Brücke zwischen dem eigenen Erleben und der tiefsten Sehnsucht der Zeit geschlagen und sei so zum Märchenprinzen seiner Epoche geworden, die, wie keine andere, an innerer Ratlosigkeit und zwiespältigem Drange leidet. --- In der Tat: diese Feier in memoriam Georg Büchner war unendlich viel mehr als eine Angelegenheit der Literaturgeschichte. Sie war lebendigste Gegenwart. Sie ging jeden von uns an. Sie redete die Sprache unserer künstlerischen Sehnsucht, und sie schien wie geschaffen dazu, unserem hochgereckten Zeitgenossen-Dünkel einen kräftigen Dämpfer aufzusetzen. Wie jämmerlich klein --- wirkt beispielsweise der ganze Herbert Eulenberg, wenn man ihn neben die mächtig aufquellende Genialität des knapp vierundzwanzigjährigen Büchner rückt! Der Vergleich fällt für den Heutigen deshalb so niederschmetternd aus, weil Eulenberg und Büchner im letzten Grunde nach den gleichen dichterischen Zielen streben: nach der Versinnlichung der skeptisch-romantischen, triebhaft-geistigen, in Vernunft und Gefühl gespaltenen Sehnsucht, die seit fünfzig Jahren durch die Welt und durch diese Zeit geht. --- Ecce poeta!"[331] Wie in München sieht man auch in der Berliner und der Frankfurter Theaterkritik den "Wozzeck" als eine Dichtung, in der wesentlich und nachhaltig Stimmungen gestaltet werden. Wie in München sieht man in der Wozzeckgestalt ein umfassendes Symbol gottverlassenen Leidens der Menschheit in der Welt, dem Büchner in tiefstem Mitleid begegnet. Ein "atemberaubendes Symbol jenes sinnlosen Leidens."[332] Dies wird, neben den Elementen der Volksdichtung, als das Romantische im "Wozzeck" aufgefaßt. Viel deutlicher als in München nimmt man in Berlin und auch in Frankfurt daneben den Sozialkritiker Büchner wahr und sieht in Wozzeck einen, der nicht von fernen, unbekannten Schicksalsmächten, sondern von konkreten anderen, stärkeren, ihm gesellschaftlich übergeordneten Menschen Mißachtung und Gewalt erfährt. Hier findet man den "Naturalismus" im "Wozzeck". Für Emil Faktor ist er in einer bezeichnenden Formulierung "eine soziale Soldatenballade."[333] "Diese Geschichte des armen Grenadiers mit dem schweren Hirn und der ringenden Menschenseele," schreibt Julius Bab, "den alle behäbigen Philister zum skrupellosen Objekt ihrer Ausbeutung machen, --- diese Geschichte hat alle Proletariertragödien der kommenden Generationen vorweggenommen und meilenweit übertroffen. Denn hier führt das elementare Menschengefühl des großen Dramatikers das Elend der Armen und Enterbten auf jene letzte Wurzel zurück, auf die das Kantsche Wort weist: Brauche niemanden als Mittel! Den armen Wozzeck brauchen alle als Mittel, bis die beleidigte Würde seines Menschentums in entsetzlicher Raserei sich rächt."[334] "Bis wir wieder ins Paradies zurückkehren, als unschuldsweiße Lämmer, wird der

---

[331] Arthur Westphal a.a.O.
[332] Ebda.
[333] Emil Faktor a.a.O.
[334] Juilus Bab in: Hannoverscher Courier a.a.O.

Unterschied zwischen Arm und Reich und die Ausnutzung des Schwachen durch den Starken unter den Menschen klaffen," sagt der Kritiker F.E.. "Es ist ein unentrinnbarer Stoff der Kunst, vom hohen Drama bis zur Posse, und in diesem 'Wozzeck' sehen wir ihn nun von der Glut eines stürmischen Herzens zu einem ganz unmittelbar ergreifenden Gebilde geläutert. Die Szenen geben einen erschütternden Tatbestand, dargestellt von einer überlegenen Ironie, die ihren Quell im Mitleid hat. --- Der Kampf des unten gegen das Oben, so alt wie die Erde selbst, spiegelt sich hier und das kurze Stück ist ein Abbild aller Revolutionen."[335] Auf solche Gedanken ist man in der biederen preußischen Zensurbehörde bei der Lektüre des "Wozzeck" nicht verfallen. Freilich braucht F.E. den Begriff "Revolution" im Zusammenhang mit dem "Wozzeck" auch nicht im Sinne eines plötzlichen Bruchs mit allem Bestehenden, gewaltsamen Aktionen von Menschen gegen von Menschen geschaffene Verhältnisse, sondern als reflexhaft-unwillkürliche, spontane Reaktion auf eine schicksalhaft vorgegebene Ordnung in Oben und Unten. "Man fühlt etwas vom Walten der Natur, die sich von Zeit zu Zeit Luft machen muß ---." Aber: "Dieses Trauerspielfragment wäre ganz von heute, und in jedem Sinne modern, wenn Wozzeck statt in seiner Sentenzensprache die Sprache seiner sozialen Schicht redete. --- So hat der Büchner von 1813 gut das Examen von 1913 bestanden; wird auch 2013 nicht ganz vergessen sein."[336]

Am klarsten gibt der Frankfurter Kritiker F.R. seinen Lesern eine Deutung des "Wozzeck" als sozialkritische Dichtung. Die Antworten, die Wozzeck dem Hauptmann in der ersten Szene gibt, werden für ihn "zu einer furchtbaren Anklage gegen die menschliche Gesellschaft,die dem Unterdrückten auch die letzten Freuden vorenthalten will. --- Empörend die frivole Art, wie er (der Doktor) das Fortschreiten der Krankheit des Wozzeck feststellt und den

---

[335] F.E. (= Fritz Engel) a.a.O.
[336] Ebda.; vgl. auch dt. (= Conrad Schmidt) a.a.O., Z. a.a.O.

braven Menschen zu einem Opfer seiner Willkür machen will." Er spricht auch vom "grenzenlosen Mitleid des Dichters", aber nicht allgemein für eine leidende Menschheit, deren Symbol der Wozzeck ist, sondern "mit dem unterdrückten Volk. Unerbittlich peitschen die Anklagen das Gewissen auf, die mit der hinreißenden Wucht eines dramatischen Genies herausgeschleudert wurden." Für F.R. hat man Büchner "nicht zu Unrecht einen ersten wahren Sozialisten genannt."[337]

Julius Babs Diktum nach der Aufführung im Lessing-Theater faßt die Meinung des weitaus größten Teils der Berliner Presse zusammen: "Ich glaube, daß der lebendigen deutschen Bühne hierdurch ein Besitztum allererster Ranges endgültig gesichert ist."[338] Emphatischer klingt es aus Frankfurt: "Es siegt der Geist! Mehr als 75 Jahre haben die Dichtungen Georg Büchners von den deutschen Bühnen ungenützt, übersehen, verachtet in den Bibliotheken gelegen, nun endlich stehen sie auf, in leuchtenden Farben und Gestalten, reden, singen, leben. --- in diesem Jahr - wer wagts noch zu bestreiten? - ist ein neuer Dichter erschienen mit neuen, sieghaften Werken."[339]

Die Stimmen, die dem Werk oder der Aufführung kritisch begegneten oder sie ablehnten, waren eine klare Minderheit. Zu ihnen gehört überraschenderweise auch der Kritiker dt. im sozialdemokratischen "Vorwärts". Er begrüßt zwar die Tatsache der Büchnerinszenierungen am Lessing-Theater als "erwünschte Wirkung" des 100. Geburtstages Büchners, "des Revolutionärs, der mit den Verfolgern im Nacken das Drama 'Dantons Tod' fiebernd aufs Papier warf." Aber er hat die altvertrauten Einwände gegen den "Wozzeck" als Bühnenstück. Ihn stört: "Alle paar Minuten wechselt der Schauplatz. Büchner schwebt da etwas wie ein impressionistischer Notizenstil vor, der, auf zusammenhängend aufbauende

---

[337] F.R. a.a.O.
[338] Julius Bab in: Hannoverscher Courier a.a.O.
[339] F. R. a.a.O.

Entwicklungen verzichtend, Eindrücke und Bilder gleichsam im Fluge auffängt. Alles wird gleichermaßen zur Episode." Was die bürgerlichen Blätter begeistert als Erfüllung einer künstlerischen Sehnsucht der Zeit preisen, die Verbindung "naturalistischer" und "romantischer" Elemente, die man im "Wozzeck" auffand, ist für den Kritiker des "Vorwärts" ein rügenswerter Fehler. "Das Verwirrende der Buntheit wird dadurch noch gesteigert, daß Büchner in den naturalistischen Grundton allerhand fremdartig Bizarres --- einflicht." Er bringt als erster Theaterrezensent im Zusammenhang mit dem "Wozzeck" ein kritisches Motiv vor seine Leser, das später noch des öfteren in Besprechungen von Woyzeckinszenierungen erscheinen wird: "Mit den letzten paar Gulden kauft Wozzeck sich ein Messer. Aber er zückt es, so haben Elend und Not seinen Willen gebrochen, nicht gegen den infamen Beleidiger. Er ersticht nur die Geliebte, das leichtsinnige Geschöpf, das ihn gewiss nicht kränken wollte." Das offizielle, führende Blatt der deutschen Sozialdemokratie befand: "Die Wozzeckszenen brachten es --- zu keiner starken Bühnenwirkung." [340] Emil Faktor schrieb: "Eigene Daseinberechtigung auf der Bühne besitzt 'Wozzeck' --- nur in geringem Maße," und er führt dafür ebenfalls formale Gründe an: "Maßlosigkeit im Ausdruck und viel zu viel Zurückhaltung im szenischen Bau - all diese Momente sind die geistigen Merkmale eines Bruchstückes, das aus wildem Boden der Vergangenheit entsproß und die produktivsten Köpfe der Gegenwart erregte ---. Eine knappe, der Besinnung feindliche Bilderfolge hastete vorüber --. Selbstverständlich ist kein Anlaß, einem durch einen günstigen Zufall zusammengeklaubten Fragmente in dieser Art kritisch zu begegnen. Aber man muß darauf hinweisen, welche Wirrungen es für die Darstellung zu lösen gilt." [341]

---

[340] dt. (= Conrad Schmidt) a.a.O.
[341] Emil Faktor a.a.O.; vgl. auch J.K. a.a.O.

In der Berliner "Germania" schreibt ein Anonymus am 18.12.1913: "In 'Wozzeck' hat Büchner, der in 'Dantons Tod' sein bekanntestes Drama als echter Revoluzzer geschrieben hat, sich gemäßigter und mit größerer Vertiefung in die Sache an ein Problem gewagt, das halb aus Ifflands Raritätenkabinett, halb aus Jacob Michael Reinhold Lenz' naturalistischen Trauerspielen stammt. --- Mit ein paar Strichen ist das Drama auseinandergesetzt; wenige helle Farbtupfen, der Tanz in der Schenke und das Spiel der Kinder, kontrastieren gegen das Grau der weit ausgesponnenen Handlung. Feinbeobachtetes mit unerbittlicher Schärfe in Miniaturarbeit gemalt. Viel Unerquickliches darunter; die Farbe der Tendenz deckt jede ihr fremde, heitere Regung zu. Jacob Michael Reinhold Lenz hat das ähnlich gemacht, aber doch aus umfassenderen Gesichtspunkten und vor allen Dingen stärker.

Der 'Wozzeck' ahnt die neunziger Jahre unserer Literaturentwicklung voraus. Das hat man dem Dichter durch 'literarischen' Beifall nach der Aufführung zu verstehen gegeben. Aber daß er selbst doch nur Nachahmung der siebziger Jahre des achtzehnten Jahrhunderts ist, hat das wohl einer von den Klatschern bedacht? --- Der Abend als Ganzes? Literatur, trotz aller gegenteiligen Behauptungen."

Die "Berliner Börsen-Zeitung" faßt ihre Kritik so zusammen: "Im ganzen: es waren literarische Experimente, die dem Lessing-Theater als Verdienst anzurechnen sind. Aber für die Dauer wird Georg Büchner nicht aus der Gefangenschaft der Literaturgeschichte auf die Bühne der Lebenden hinüberzuretten sein."[342]

Es waren, mit Ausnahme des "Vorwärts", Zeitungen konservativer Richtung, die noch, durchaus mit Respekt vor dem Dichter, teils zögerlich, teils mehr oder weniger entschieden, derlei formale und literarhistorische Vorbehalte - kaum politische - hegten.

---

[342] Kp. a.a.O.

II.5.   Ein Sonderfall: Die "Wozzeck"-Interpretation Julius Harts

Einen späten, gleichwohl von Pathos wild durchwogten und obendrein gewohnt brillanten kritischen Waffengang focht Julius Hart aus Anlaß der Büchnerinszenierung Barnowskys, ein singuläres Phänomen unter den Büchnerdeutungen in der Theaterkritik.[343] "Durch Mark und Bein schneidet's. Es zerreißt das Herz. Im knappsten Raum zusammengedrängt die soziale Tragödie - eigentlich nur ein Akt ... und doch hinaus und hinaufweisend ins Unendliche. Menschheitstragödie. ---. Eine Dichtung, so kompliziert wie nur möglich, voller Tiefen und Abgründe, voller Wege hinab zu den Urquellen, - unerschöpflich in ihren Gefühlen und Ahnungen und Phantasien, ... unzugänglich der Verstandeskritik, für sie nur ein Brett vor der Stirn. Wollte man darüber nachdenken, so würde man verrückt." Büchners Werk ist für Julius Hart "ein einziges Ringen, ein wilder Kampf allein gerade mit dieser absurdsinnlosen Natur, der vernunftlosen," die sein Leben so früh und blindlings zerstört habe. Und: "Nur eine reine Genieschöpfung ist das Wozzeck-Drama und verwechselt nicht Prosperos Zauberbücher mit Kleidern und Lappen, Wortlaute mit Wortsinnen, fühlt den Sinn dieser gewitterkurzen Tragödie: geht sie auch im Bettlerkleid, so ist sie doch groß und ernst, voll Prophetengeistes, allumfassend, tief und gewaltig, im Grunde und Kern nicht anders wie der Sophokleische 'König Ödipus'." Nichts habe Büchner sein wollen, "als Naturvergötterer, Naturanbeter." Aber: "Ganz etwas anderes als nur eine Naturnachahmung und ein Wirklichkeitsabklatsch ist dieser Naturalismus, die einzig ganz typische germanische Naturkunst. Kein Affe der Natur sein, sondern, durch und durch selber Natur sein, wie sie nur bilden und schöpfen, und gerade nur leben und handeln wie diese absurde, grund- und zwecklose, amoralische,

---

[343] Julius Hart in: Der Tag, Berlin 19.12.1913.

alogische Natur, so ichlos wie sie, gleichgültig gegen jedes Ich, Staat und Individuum, Leben und Tod, - dieselbe Sonne über Gerechten und Ungerechten." Hier rauscht Sturm und Drang. Büchner spricht, so offenbart Hart seinen Lesern, "nur von dem letzten größten Kampf der Menschheit, dem Kampf zwischen Vernunft und Natur. --- Die von der Vernunft misshandelte, zerstörte und ans Kreuz geschlagene Natur ist auch das Wozzeck-Thema. Hier Wozzeck, die verratene und verkaufte Natur in Christo, der liebende Mensch - und Liebe nur, Liebe allein ist es, was die Natur in uns heischt und will, ... und dort der Doktor, der Hauptmann, die Kinder der Vernunft und Wissenschaft, Gesetz und Moral, Philister, Pharisäer und Sadduzäer." Es gehe, so Hart, "gegen eine Ratio und einen Vernunftmenschen, einen Theologen, einen Philosophen und Wissenschaftler, der nur diese alogische, absurde Natur nicht zu begreifen vermag, nicht in ihr leben, weben und sein will ... --- Gegen diesen asiatischen, lateinisch-romanischen Verstandesvergötterer, den Dogmatiker und Absolutisten, den Abstrakten und Zerspalter --- revolutioniert seit dreihundert Jahren ein Germane, ein spezifisch-typisch germanischer Kunst- und Naturgeist." Büchner, so kündet Hart, sei "mit am tiefsten" in das Wesen dieser "neue(n) germanische(n) Naturwelt und Naturkunst" eingedrungen. Er sieht in Büchner einen Antiintellektualisten, der gegen eine überhebliche und eitle, welt- und machtversessene Vernunftkultur und Verstandeskunst aufsteht und aus den Tiefen seines Germanentums eine auf dem Gefühl und dem germanischen Verstehen einer "absurden, grund- und zwecklose(n), amorali-sche(n), alogische(n) Natur" gründende, neue Naturkunst schöpft. Hier hätte ein Georg Lukács vor allem Faschismus ein prächtiges Beispiel für einen faschistisch verfläschten Georg Büchner finden können. Emphatisch läßt Hart schließlich Büchner vom Tode höchstselbst angesprochen werden: "Du schufst den 'Wozzeck'. Was willst du mehr? Früh mußtest du sterben, weil du kraftvoll und fähig warst, in so geringem Keim alles Leben und Dichten einzuschließen und zu erschöpfen." Mit biblischem Posaunenschall wendet sich

Hart zusammenfassend an seine Leser: "Wer Augen hat zu sehen, und Ohren zu hören, der fühlt und schaut, wie diese unscheinbare Hülle dennoch auch Lear, Hamlet, Macbeth, Shylock und Prospero schon in sich trägt und eine ganze Christustragödie, - und wer's nicht hören und sehen kann, für den sind auch alle Hamlets, Shylocks, Christus, Faust und Macbeths nicht geschrieben und immer nur geschundene Raubritter."

Bei solch einer rauschhaften und mythisch überhöhten Verehrung für eine dramatische Dichtung konnte deren Darstellung auf einer profanen Bühne kaum Gnade finden vor Julius Hart, zumal - im Gegensatz zur lateinisch-romanischen Verstandeskunst, wo "alles Effekt und Berechnung, Theater im höchsten Maße" ist - "die so grenzenlos widertheatralische Kunst Büchners" sich nach Hart "nun einmal garnicht in den Rahmen der Bühne hineinspannen läßt." Er findet in Barnowskys Inszenierung "so gut wie garnichts" von seinem "Ritter Georg, wie er im Buche steht", wieder. Er rügt, es sei Barnowsky nicht gelungen, das gemeinsame Thema von "Wozzeck" und "Leonce und Lena", nämlich den Kampf des germanischen Gefühls und Naturempfindens gegen die romanische Verstandes-kunst und Wisschenschaftsklügelei, auf der Szene deutlich zu machen. Am 6.4.1921 erinnert er sich in seiner Kritik der Inszenie-rung des "Woyzeck" durch Max Reinhardt im "Tag" an den "Wozzeck" Barnowskys als an "einen seiner größten Regieerfolge." Die Begeisterung seiner Kritikerkollegen für die Darstellung Steinrücks teilt er nicht. "Steinrück spielte ja in sich sehr vortreff-lich einen Wozzeck à la Gerhart Hauptmann, aber der Büchnersche Wozzeck war das nicht. Dieser Wozzeck ist nichts anderes als Christus, - das höchste Weltprinzip, - die Liebe selber, verschandelt, mißhandelt, ans Kreuz geschlagen in der Welt der menschlichen Vernunft, und wie dieses Weltprinzip, die Liebe, Christus in solcher Welt an sich selber irre, das höchste, reinste Wesen, betrogen in seinem Glauben, Mörder, Verbrecher wird - diese wildeste Tragik, der dämonisch-geniale Humor und Witz, die Aretinische Bosheit

(die jedenfalls sieht er bei seinem germanischen Naturkünstler Büchner) ging ganz verloren."
Von der Besetzung bestand allein Ilka Grüning vor dem mystisch verhangenen Blick dieses Großmeisters der literarischen Kritik. Nur sie "trafs an diesem Abend ganz intuitiv, wie es echte Kunstsache ist."
Julius Harts Kritik der Inszenierung des "Woyzeck" durch Max Reinhardt zeigt keinerlei Spuren seiner Interpretation aus dem Jahre 1913 mehr.

II.6.   Das Publikum

Wie in München wandte man sich auch mit der Berliner Büchner-feier an ein literarisch versiertes Elitepublikum, das aber, wie sich schon für München nach der Premiere der Uraufführung erwiesen hatte, auch in Berlin noch wenig Interesse an Büchner zeigte, oder aber auch in des Reiches Hauptstadt zahlenmäßig zu schwach vertreten war. Julius Berstl schreibt in seinen Lebenserinnerungen bei der Würdigung des literarischen Spielplans der Barnowskybüh-nen: "So war es uns bei Büchners 'Wozzeck' und 'Leonce und Lena' von vornherein klar, daß das Publikum trotz der Meisterleistung Albert Steinrücks als Woyzeck 'instinktiv' fortbleiben würde. Dennoch fühlten wir uns verpflichtet, den Dichter aus unverdienter Vergessenheit zu befreien und seine Werke der Nachwelt zu unterbreiten."[344] Das Lessing-Theater traf zur Absicherung des risikoreichen Unternehmens zweckdienliche Maßnahmen. Friedrich Düsels Bericht schöpft offenbar aus Insiderwissen: "Schlimmsten Falles, wenn das zahlende Publikum auf eine Doppelpremiere mit dem tragischen Fragment 'Wozzeck' und dem romantischen Lustspiel 'Leonce und Lena' durchaus nicht anbeißen will, nimmt man sich ein Muster an dem Hochzeitsvater aus dem Evangelium:

---

[344] Julius Berstl a.a.O., S. 107.

man ladet Studenten und Studentinnen, Privatdozenten und Professoren der Germanistik ein, dann wird das Haus schon voll werden und an Beifall kein Mangel sein ... Eine Weile schien es wirklich so, als sei solche künstliche Erwärmung des Hauses nötig und nützlich gewesen: die ersten Szenen des 'Wozzeck' --- warfen den armen Zuschauer zwischen einem eckigen, wortkargen Realismus der Alltäglichkeit und einer ganz und gar nicht weltflüchtigen, vielmehr das Wunderbare vom Leben selber fordernden Romantik hilflos hin und her. Dann aber ergriff dieses Menschenschicksal --- mehr und mehr. Aus den kühl beobachtenden Literarhistorikern wurden heißatmende, mitlebende, mitleidende Beteiligte ---."[345] "Die Zuschauer waren völlig im Bann der ergreifenden Tragödie."[346] "Es war trotz eines sehr literarischen Publikums, als ob an diesem Abend Georg Büchner der Literaturgeschichte aus den Klauen gerissen und lebendig gemacht wurde."[347] Julius Bab wird in seinem Bericht gar feierlich: "Eine bebende, erschütternde Wirkung ging von dieser Aufführung aus, eine (sic) jener ganz seltenen Theatereindrücke, die für den Beifall fast zu groß sind," und dann, als wollte er Hofmannsthals Brief an Großmann zitieren[348]: "--- denn es ist zweifellos eine der größten Äußerungen deutscher Poesie überhaupt, die mit dem Wozzeck gegeben werden (sic)."[349]

In Frankfurt aber stieß der "Wozzeck" anläßlich des Gastspiels der Berliner bei einem Teil des Publikums auf dezidierten Widerstand "bis zum Zischen"[350] und "erzwungenen Lachen."[351] Dies, obwohl die Mitglieder des gastgebenden Vereins Frankfurter Kammerspiele "die Parkett und auch die Ränge des Schauspielhauses dicht

---

345 Friedrich Düsel a.a.O.
346 Karl Strecker a.a.O.
347 P.F. (= Paul Fechter) a.a.O.
348 Vgl. S. 18.
349 Julius Bab in: Hannoverscher Courier a.a.O.
350 H.S. a.a.O.
351 F.R. a.a.O.

füllten,"[352] als ein literarisch interessiertes, versiertes Theaterpublikum betrachtet werden dürfen. Die Protestierenden "hielten es (das Stück) augenscheinlich für etwas Zeitgenössisches, gegen das man seiner originellen Technik und seines 'krassen' Inhalts wegen opponieren müßte,"[353] eine Annahme, die auch bei späteren Inszenierungen, bis tief in die Zwanzigerjahre, immer wieder Zuschauer zu kämpferisch vorgetragenem Einspruch veranlaßte. Auch in Frankfurt aber zeigte sich "das verständigere Publikum im Innersten ergriffen."[354] "Die Mehrheit schien von Dichtung und Darstellung sehr gepackt und feierte die Hauptdarsteller durch lebhaften Beifall."[355]

Der "Wozzeck" hatte es in Berlin offenbar anfangs schwer, beim Publikum anzukommen. Der dem "Wozzeck" als Bühnenstück skeptisch begegnende Emil Faktor meint sogar, daß es "nicht recht mitging."[356] Hingegen bewährte sich die Kombination der lastenden Tragödie mit der von Walser mit "allerliebst originellen Dekorationen"[357] ausgestatteten, von Barnowsky ganz als poetisch-heiteres Spiel ohne bissige Serenissimuskritik inszenierten romantischen Komödie "Leonce und Lena". Sie erweckte Begeisterung und verhalf der Büchner-Doppelpremiere endgültig zum Erfolg beim Publikum, das nun die Strapazen eines, gemessen an der üblichen Dauer einer Aufführung, sehr langen Theaterabends[358] vergessen hatte. Selbst Emil Faktor war nun bereit, "seine Feder in Entzücken zu tauchen."[359] Barnowskys und Walsers "Leonce und Lena"-

---

[352] H.S. a.a.O.

[353] Ebda.

[354] F.R. a.a.O.

[355] H.S. a.a.O.

[356] Emil Faktor a.a.O.

[357] dt. (= Conrad Schmidt) a.a.O.

[358] Vgl. Anon. in einer unidentifizierten Kritik des Frankfurter Gastspiels des Lessing-Theaters in der Theaterwissenschaftlichen Sammlung der Universität zu Köln und F.R. a.a.O.

[359] Emil Faktor a.a.O.

Gestaltung "hielten --- die lustige Stimmung bis zum Schluß aufrecht."[360] "Als nach 'Leonce und Lena' der Vorhang fiel, rief man wohl ein Dutzend Male den Direktor Barnowsky."[361] "Es kann ein Zugstück werden," meinte der Kritiker des "Vorwärts".[362] Die konservative "Neue Preußische Zeitung" (Kreuz-Zeitung) faßt zusammen: "Es war ein Abend voll reicher Anregungen, - besonders genußreich, weil dank der Wahl der Stücke bei dieser hundertsten Geburtstagsfeier der Revolutionär hinter dem Dichter zurückblieb."[363] Der "Wozzeck" wurde also hier von hochkonservativer Seite noch nicht als sozialkritisches oder gar zur Revolution rufendes Stück aufgefaßt, sondern zuvörderst als literarisches Kunstwerk ohne politischen Appell.

II.7. Neue Pläne mit "Wozzeck" bei Barnowsky 1916

Schon vor der Neuinszenierung des "Wozzeck" durch Barnowsky mit Eugen Klöpfer im März 1920 am Lessing-Theater wollten die Barnowskybühnen das Stück wieder in ihren Spielplan nehmen. Am 11.11.1916 bitten sie in einem Schreiben an das "Königliche Polizei-Präsidium, Abteilung VIII" in Berlin unter Beifügung zweier "Pflichtexemplare" um "Freigabe des Stückes zur Aufführung im Lessing-Theater resp. Deutschen Künstler-Theater. Da die Aufführung bereits für die nächste Zeit in Aussicht genommen ist, bitten wir um gefl. baldige Genehmigung. Wir erlauben uns noch zu bemerken, dass das Stück bereits im Jahre 1914 (sic) im Lessing-Theater aufgeführt wurde."[364]

---

[360] dt. (= Conrad Schmidt) a.a.O.
[361] Paul Wiegler a.a.O.
[362] dt. (= Conrad Schmidt) a.a.O.
[363] B.P. (= Beda Prilipp) a.a.O.
[364] Die Akten befinden sich im Brandenburgischen Landeshauptarchiv in Potsdam. Die beiden "Pflichtexemplare" sind in ihnen nicht enthalten.

Unter dem Datum vom 16.11.1916 stellt ein Beamter der Behörde in einer Aktennotiz fest: "Das Stück kann auch für die Kriegszeit freigegeben werden. Voraussetzung ist, daß die früher gestrichenen Stellen auch künftig in Wegfall kommen; außerdem möchte ich auf die folgenden Stellen S. 157, 160, 171, 178, 180, 182, 183, 190 hinweisen, deren Streichung bzw. Milderung zu erwägen sein dürfte." Ein zweiter Beamter schließt sich am gleichen Tage dem Votum seines Kollegen an: "M.E. steht der Freigabe dieses von mir ebenfalls gelesenen Stückes nichts im Wege, wenn außer den früher bereits gestrichenen Stellen noch gestrichen wird: ---." Er bezeichnet nun einige der in der ersten Notiz nur genannten, in den verlorenen Pflichtexemplaren angestrichenen Stellen genauer. Die Seitenangaben beziehen sich dabei auf die am Lessing-Theater verwendete Ausgabe der "Dramatischen Werke" Büchners durch Rudolf Franz. Auf Seite 157 stört ihn in der Rasierszene beim Hauptmann Wozzecks Formulierung "eh' er gemacht wurde". Der Beamte schlägt vor: "Für das Wort 'gemacht' dürfte 'geboren' zu sagen sein." Die Diktion eines Mannes aus dem Volke ist ihm eben anstößig, auch wenn eine Formulierung für die Charakterisierung einer Rollenfigur wichtig ist, Überlegungen, die der Zensurbehörde offenbar gänzlich fremd waren. Auf der Seite 160 stört ihn in der Szene "Das Innere der Bude", der zweiten der beiden Jahrmarktszenen, die man also in die Inszenierung aufnehmen will, die von Franzos stammende Szenenanweisung "Der Esel p-t". Das möchte er auf einer öffentlichen Bühne in des Reiches Hauptstadt nicht sehen. Für die Seite 178 beanstandet er in der Kampfszene zwischen Wozzeck und dem Tambourmajor den vom Tambourmajor erwähnten "Altweiberfurz". Die anderen von den beiden Herren inkriminierten Stellen lassen sich demnach leicht erschließen. Auf Seite 171 dürfte das in der Straßenszene mit der Begegnung zwischen Marie und dem Tambourmajor dessen Satz "Wir wollen eine Zucht von Tambour-Majors anlegen." gewesen sein. Für die Seite 180 mit der zweiten Wirtshausszene bei Franz verweist der Beamte auf "die eingeklammerten Stellen." Gemeint sind damit die

Abschnitte im Text des Wozzeck bei der Beobachtung der Tanzenden von "Alles wälzt sich in Unzucht übereinander!" bis "Weib! Weib!" und von "Wie er an ihr herumgreift!" bis "Verdammt! Ich -". Der für die Seite 182 erwähnte "eingeklammerte Satz" war der des ersten Handwerksburschen: "Zum Schluß, meine geliebten Zuhörer lasset uns noch über's Kreuz p-n, damit ein Jud' stirbt!". Der für die Seite 183 mit einem hinweisenden Pfeil auf das Notat "S. 171" versehene Einwand bezieht sich auf die Prahlereien des Tambourmajors, die der bei Franzos und dem ihm folgenden Franz in der Szene "Kasernenhof" vor Andres und Wozzeck ausbreitet: "Zur Zucht von Tambour-Majors! Ein Busen und Schenkel! Und alles fest!" Mit dem von dem Beamten erwähnten "eingeklammerten Satz" auf Seite 190 war Wozzecks Text in der letzten Wirtshausszene "Käthe, du bist heiß! Wart nur, wirst auch noch kalt werden!" gemeint. Ein dritter Beamter bereichert am 17.11. die Akte mit dem Vermerk: "Einverstanden. Die m.E. nicht zu beanstandenden Stellen habe ich gestrichen." Demnach blieben von den Vorschlägen der ersten beiden nur noch die für die Seiten 178, 180, 182 und 190. Eine Notiz in den Akten vermerkt unter dem Datum des 20.11.1916: "Für das Lessing-Theater und für das Deutsche Künstler-Theater genehmigt das Trauerspiel-Fragment 'Wozzeck' mit Ausnahme des von der Direktion bereits früher Gestrichenen auf S. 168, 169 und 177 und des weiter Gestrichenen auf S. 178, 180, 182 und 190." Alle verlangten Striche galten den von der Theaterkritik der Zeit gern zitierten sogenannten "Derbheiten" bei Büchner, die das liebe sittliche Empfinden beleidigten. Es ist fast rührend zu sehen, von welch sorgenschweren Gedanken eine tumbe Zensurbehörde bei ihrer Beschäftigung mit dem "Wozzeck" im dritten Kriegsjahr befallen wurde. Ein sozialkritisches Stück, einen subversiven Text gar, erkannte man hier amtlicherseits nicht. Ob es sich bei der Planung der Barnowskybühnen um eine durch die Jahrmarktszenen ergänzte Wiederaufnahme der Inszenierung von 1913 oder um eine

Neuinszenierung handelte, ist nicht zu erkennen. Beides gab es in der Spielzeit 1916/17 nicht. Die Planung wurde aufgegeben. Die Gründe dafür sind nicht mehr festzustellen. Vermutlich war das die Folge des Eingreifens anderer, für die Kriegszensur zuständiger Stellen[365], vielleicht schien der Theaterleitung der "Wozzeck" in Kriegszeiten und angesichts der im Publikum vorherrschenden Bedürfnisse nach Erbauung und Unterhaltung dann doch nicht mehr opportun, vielleicht stoppten hausinterne, künstlerische oder organisatorische Schwierigkeiten das mutige Vorhaben.

---

[365] Vgl. S. 210.

III. DIE ÖSTERREICHISCHE ERSTAUFFÜHRUNG AN DER RESIDENZBÜHNE IN WIEN 1914

III.1. Steinrück als Gast der Residenzbühne

Am 5.5.1914 begann Albert Steinrück ein Gastspiel an der Wiener Residenzbühne des Direktors Arthur Rundt, der in Personalunion mit entsprechender Koordination des Ensembles und der Werkstätten auch der Leiter der Wiener Volksbühne war. Es muß offen bleiben, ob Hofmannsthals Brief an Großmann[366], mit dem Rundt an der Freien Volksbühne bis zum März 1913 zusammengearbeitet hatte, zum Interesse Rundts an einem Gastspiel Steinrücks als Wozzeck beigetragen hat und so doch zeitversetzt zur Wirkung gekommen ist.

Steinrücks Gastspiel an der Residenzbühne brachte die Österreichische Erstaufführung des "Wozzeck".

Gleichzeitig mit Steinrück gastierte Alexander Moissi in Wien an der Neuen Wiener Bühne mit einer seiner Paraderollen, dem Hamlet. Im "Neuen Wiener Tagblatt" und im Wiener "Fremden-Blatt" erscheinen am 5.5.1914 Anzeigen für beide Aufführungen. Man befand sich in Konkurrenz. Daß Steinrück sich nun für sein Gastspiel, sogar für dessen Start, ausdrücklich den "Wozzeck" wünschte[367], zeigt, daß er die Wirkmöglichkeiten des Stückes bei einem bestimmten, literarisch interessierten Theaterpublikum erkannt hatte. Er wußte nach den Erfahrungen mit den Inszenierungen in München und Berlin auch um die Chancen, die ihm die Wozzeckrolle als reisendem Starschauspieler persönlich bot. Er setzte bei seinem Wiener Gastspiel auf die Moderne - seine zweite

---

[366] Vgl. S. 18.
[367] Vgl. r. in: Arbeiter-Zeitung, Wien 6.5.1914; m.s. in: Der Morgen, Wien 11.5.1914; h.m. in: Neues Wiener Journal 6.5.1914.

Gastspielrolle war Ibsens "Baumeister Solneß" - und auf ein Stück, das das Publikum als modern empfinden würde und auch empfunden hat[368], auf den "Wozzeck". Ein literarisch effektvolles Programm, das auf ein großstädtisches Elitepublikum und auf ein kleines, entsprechend eingeführtes Theater bei wenigen Gastspielabenden zugeschnitten war. "Die Residenzbühne gehörte zu den Kleinbühnen, die nach der Jahrhundertwende als Sprechtheater mit 'modernem' literarischen Einschlag entstanden."[369] Der Zuschauerraum hatte 506 Plätze.[370] Die Wiener "Arbeiter-Zeitung" vom 6.5.1914 führt einen kritischen Seitenhieb auf die Großen am Orte: "Natürlich findet sich keine große Bühne für dieses interessante Wagnis. Nein, fast das kleinste Wiener Theater muß sich an die Schwierigkeiten des szenenreichen Werkes heranmachen."[371]

III.2.   Die Textfassung

Wie der Direktor Rundt die Textfassung seiner Inszenierung des "Wozzeck" einrichtete, läßt sich nur noch über die Presseberichte in großen Zügen erschließen. Sicherlich verwendete auch er die seinem Protagonisten Steinrück aus München und Berlin bereits vertraute Szenenfolge von Franzos nach der Ausgabe von Franz. Von "achtzehn kurzen Szenen" spricht die Kritik des "Neuen Wiener Tagblatts" und fährt fort: "Das Schlußbild der langen Reihe bringt, nachdem sich Wozzeck in den Teich geworfen, sein verwaistes Kind im ahnungslosen Ringelreihnspiel mit anderen Kindern."[372] Auf die Szene im Seziersaal hat Rundt aber dennoch

---

[368] Vgl. st. in: Fremden-Blatt, Wien 6.5.1914.

[369] Franz Hadamowsky: Wiener Theatergeschichte von den Anfängen bis zum Ende des Ersten Weltkrieges.- Wien 1988, S. 773.

[370] Vgl. Neuer Theater-Almanach. Herausgegeben von der Genossenschaft Deutscher Bühnen-Angehöriger 25 (1914), S. 680.

[371] r. a.a.O.

[372] -ck- in: Neues Wiener Tagblatt 6.5.1914.

nicht verzichtet. Der Programmzettel[373] nennt die Rolle des Richters, er nennt aber kein Personal für die Jahrmarktszenen, die also demnach, wie in München und in Berlin, gestrichen waren. Wie in München erscheint der Jude auch bei Rundt als Hausierer in der Kasern,[374] ein weiterer Hinweis darauf, daß sich die Textfassung der Wiener Inszenierung an das Vorbild der Münchener gehalten hat.

III.3. Regie und Bühnenbild

Die Residenzbühne verfügte bei weitem nicht über die Mittel, die Barnowsky in Berlin zu Gebote standen. Also bediente man sich vereinfachender, neuerer szenographischer Verfahren. "Die Regie hatte es ungemein schwer, mit den vielen, vielen 'Bildern' technisch zurechtzukommen," berichtet das "Fremden-Blatt".[375] "--- Direktor Dr. Rundt fand eine geistreiche Lösung, indem er die Schauplätze bloß andeutete," und der Rezensent muß sich darüber im Jahre 1914 noch wundern: "Stilisierte Dekorationen für ein realistisches Schauspiel, aber es paßt ganz gut zusammen." "Die Residenzbühne hat ihre bescheidenen Möglichkeiten für den 'Wozzeck' brillant ausgenützt," berichtet Alfred Polgar. "Die beste Arbeit lieferte Herr Camerloher, der die markant-einfachen Bühnenbilder ersann."[376] Man verzichtete auf eine Pause und strebte einen zügigen Ablauf der Szenenfolge an.[377] Dennoch gab es "stimmungstörende zahllose Verwandlungspausen,"[378] zu denen jeweils der Vorhang nieder-

---

[373] Der Progammzettel ist abgedruckt bei George Perle: The Operas of Alban Berg.- Berkley, Los Angeles, London 1980.

[374] Vgl. r.w. in: Wiener Abendpost. Beilage zur Wiener Zeitung 6.5.1914.

[375] st. a.a.O.

[376] Alfred Polgar in: Wiener allgemeine Zeitung. Auch in: Die Schaubühne 10 (1914) Nr. 23/24.

[377] Vgl. h.m. in: Neues Wiener Journal 6.5.1914.

[378] r.w. a.a.O.

ging.[379] Dem Münchener Vorbild der offenen Umbauten mochte man noch nicht folgen.

Mit einer eventuellen Regiekonzeption Rundts zur szenischen Deutung des "Wozzeck" beschäftigt sich die Wiener Presse nicht. Er wird als Regisseur kaum mehr getan haben, als den "Wozzeck" nach den Wünschen seines Stargastes, also in Anlehnung an die Münchener Inszenierung, deren Textfassung und deren Interpretation des Stückes, zu arrangieren. Die "Wiener Abendpost" berichtet, daß im Spiel Steinrücks von der ersten Szene an in dem Zuschauer "das dumpfe und beängstigende Gefühl" erweckt wurde, "daß hier ein grausames und unentrinnbares Schicksal sich vollzieht."[380] Demnach gab es in Wien schon durch die Darstellung der Wozzeck-figur deutliche Anklänge an die Interpretation des Stückes in München. Zwei Wiener Kritiken geben Hinweise darauf, daß Rundt, wie Kilian in München[381], die "Zeitschiene" der Handlung des "Wozzeck" in seiner Inszenierung betont hat. Für die "Wiener Abendpost" liegt "der Hauptreiz --- in den nacheinander dargestellten, durch bestimmte Zeiträume voneinander getrennten seelischen Entwicklungsstadien."[382] Das "Fremden-Blatt" schreibt: "Wozzecks Schicksal ergreift uns, packt uns Leute von heute nur, weil wir eben alles mitmachen, was in diesem armen Hirn vorgeht. Auf das genaueste sogar, mit dem Sekundenzeiger der Uhr schreitet diese Tragik vorwärts, unentrinnbar."[383]

Unter dem Eindruck der Aufführung schrieb der Kritiker der "Neuen freien Presse", "gleich einem aufgeregten Traum" sei die Vorstellung vorübergezogen. "Und wer das Gruseln lernen will, dem mag man dieses Drama aufs beste empfehlen. --- Und nur das Grauen umschnürt immerdar die Kehle ---. Jedem lag noch der Alp

---

[379] Vgl. B. in: Reichspost 6.5.1914.
[380] r.w. a.a.O.
[381] Vgl. S. 104ff.
[382] r.w. a.a.O.
[383] st. a.a.O.

auf der Brust, als es endlich wieder Licht wurde im Saal --- wie vor den Kopf geschlagen gehen wir nach Hause."[384] Wie in München wurden starke Gefühle und dustere Stimmungen geweckt. Wahrscheinlich aber hat man sich in Wien um Deutungsfragen weniger bemüht. Büchners 100. Geburtstag war zu feiern, die erste und, wie sich zeigen sollte, einzige Spielzeit der Doppeldirektion Rundts an der Volksbühne und an der Residenzbühne ging zu Ende. Also arrangierte man zuvörderst ein literarisches und theatralisches Ereignis, neudeutsch ein "Event", mit einem Stück, das jüngst in München und gar in Berlin Aufsehen erregt hatte und das ein an diesen Erfolgen entscheidend beteiligter "Gast von künstlerischer Distinktion",[385] den "man in Wien bereits schätzt",[386] sich ausgesucht hatte.

III.4. Die Darsteller

Für Steinrück wird das Wiener Gastspiel in der Rolle des Wozzeck mit "einem Meisterstück naturalistischer Darstellungskunst"[387] "von atembeklemmender Eindringlichkeit"[388] und "einer Kraft, die den Widerwilligsten besiegt"[389] wiederum zu einem persönlichen Triumph. Selbst die Wiener "Reichspost", die den Dichter wie das Stück, überhaupt das ganze Unternehmen dieser Österreichischen Erstaufführung rabiat ablehnt, befindet schließlich: "Und doch: Es ist jammerschade um den heutigen Abend, der einen kläglichen Durchfall brachte. Denn Steinrücks Darstellung des Wozzeck ist ein starkes Erlebnis, eines von den ganz wenigen dieses Theaterjah-

---

[384] Z. in: Neue freie Presse 6.5.1914.
[385] m.s. a.a.O.
[386] Anon. in: Illustrierte Kronenzeitung 6.5.1914.
[387] h.m. a.a.O.
[388] r.w. a.a.O.
[389] st. a.a.O.

res."[390] Einen "Künstler von brutaler Wucht der darstellerischen Mittel" sieht der Kritiker des "Neuen Wiener Journals" am Werke[391] und Alfred Polgar beschreibt, wie Steinrück bei der Gestaltung seines auch im Absturz immer gefährlich bleibenden, kraftvollen Wozzeck virtuos die Mittel der Mimik und des Körperspiels einsetzt: "Sein wie vom Steinmetz gearbeitetes Antlitz kennt vielerlei gemimte Schreie und seine Augen haben eine bewundernswerte Technik des Ächzens. --- Und wahrhaft tragisch wird es, wenn sein Jammer, von Branntwein durchtränkt, ins Singen kommt und seine Vierschrötigkeit im Rhythmus der Verzweiflung lustig zu hüpfen beginnt."[392] Freilich gibt es auch in Wien, wie schon beim Gastspiel des Lessing-Theaters in Frankfurt, Einwände gegen die Darstellung des Wozzeck durch einen schweren Charakterspieler wie Steinrück, der "schon infolge seiner äußeren Erscheinung nicht den Schwächling des Daseins vollkommen ausdrucksvoll zu gestalten vermochte."[393] Der Rezensent der "Arbeiter-Zeitung" wird noch deutlicher: "Der Wozzeck Albert Steinrücks schien uns freilich keine überragende Leistung zu sein. Es ist etwas Schwerfälliges in ihm. Er ist ein fetter, dickleibiger Wozzeck. Aber soll sich doch nur von Erbsen ernähren? Soll ein Gehetzter sein, einer, der 'wie ein Rasiermesser durch die Welt läuft.' "[394] Dem Kritiker eines linken Blattes fehlen an Steinrücks Wozzeck die augenfälligen Spuren der Ausbeutung. Wie für Polgar ist auch für ihn die zweite Szene vor dem Wirtshaus ein Höhepunkt der Darstellung Steinrücks. "Packend gestaltet Steinrück die Szene vor der Schänke. Wie er, verzweifelt und zu Tode gequält, in die gedankenlose Lustigkeit der anderen einstimmt und überlaut und ausgelassen mitsingt,

---

[390] B. a.a.O.
[391] h.m. a.a.O.
[392] Alfred Polgar a.a.O.
[393] m.s. a.a.O.
[394] r. a.a.O.

seinen Schmerz singt (der Gejagte ein Jägerlied!), da wächst sein Spiel ins Große."[395]

Steinrücks Partnerin in der Rolle der Marie, die junge Hanny Speidel, wurde von der Kritik allgemein als "neue Begabung"[396] begrüßt. Sie stufte und schattierte ihre Darstellung, gab auch die Facetten im Charakter ihrer Rolle, nicht allein und einseitig die "sinnliche Kraft"[397] und die "düstere Leidenschaft" eines reinen Triebwesens. Sie "schmiegte sich diesem Stil (Steinrücks), der ohne das geringste Pathos rühren will, verständnisvoll an; in ihrer Liebe zum Kinde, in ihrer Angst vor Wozzeck, in ihrer Wehrlosigkeit gegenüber dem Tambourmajor wirkte sie stark und echt."[398] "Hanny Speidel als Marie war nur Augenblicke lang Theater, aber sonst Leben."[399] Alfred Polgar sah in ihr "ein Talent von entschiedener, kräftiger Farbe," eine "Schauspielerin von leidenschaftlicher Hingabe an den dramatischen Augenblick."[400] Auch in Wien erschienen der Hauptmann und der Doktor noch nicht als die gefährlichen, inhumanen Figuren, die erst spätere Generationen mit ihren historischen Erfahrungen in ihnen erkennen konnten, sondern als heitere Chargen, unterschiedlich mit maßvoll satirischen Zügen gewürzt. Dabei blieb der Hauptmann von Georg Kundert nur "gutmütig-einfältig"[401] und "etwas eitel, aber gutmütig."[402]

Die "Arbeiter-Zeitung" findet die beste Leistung des Abends, ausdrücklich "trotz Steinrück", in Karl Ettlingers Doktor. Deren Kritiker begeistert sich: "Mit welchem Witz, mit welcher launigen Schärfe ist er gezeichnet! Das ist Geist von Büchners Geist!"[403] Die

---

[395] Ebda.
[396] Anon. a.a.O.
[397] h.m. a.a.O.
[398] -ck- a.a.O.
[399] st. a.a.O.
[400] Alfred Polgar a.a.O.
[401] r.w. a.a.O.
[402] -ck- a.a.O.
[403] r. a.a.O.

"Wiener Abendpost", schon sehr viel gelassener, nimmt bei
Ettlinger die "Karikatur eines gelehrten Arztes" mit "wirksamen
Zügen drastischer Satire"[404] wahr. Im "Neuen Wiener Journal" wird
Ettlingers Doktor dann zur "grotesken Charakteristik", "wie eine
Gestalt aus E.T.A. Hoffmann,"[405] und im "Fremden-Blatt" schließ-
lich, wie auch Kunderts Hauptmann, zur "köstlichen Charge."[406]
Bei Alfred Polgar wird deutlich, daß die Rolle des Doktors in dieser
Wiener Aufführung wohl zunächst und vor allem als echtes
Mimenfutter dankbar aufgenommen und entsprechend verwendet
wurde: "Herr Ettlinger war spassig-spukhaft. Seine Komik hat einen
Hang zur Bizarrerie, der die hier gebotene Gelegenheit kräftig beim
Schopf nahm."[407] Die unterschiedlichen Beschreibungen von
Ettlingers Darstellung des Doktors zeigen, wie sehr Voreinstellun-
gen und Erwartungen eines Kritikers dessen Berichte beeinflussen
können, ein immerwährendes Problem für den Theaterhistoriker.
Es gab laut Programmzettel der Premiere zwei illustre Besetzungen
in wichtigen kleineren Rollen mit Schauspielern, die wenig später
zu Ruhm und Ehren gelangten: Den Juden spielte Leo Mittler und
Ernst Deutsch den Irrsinnigen.

III.5. Die Aufnahme Büchners und des "Wozzeck" in der Wiener Theaterkritik. Das Büchnerheft der Zeitschrift der Freien Volksbühne, "Der Strom"

In den meisten Wiener Rezensionen der Inszenierung Rundts wird
Büchner den Lesern als ein dem breiten Publikum immer noch
unbekannter, literarisch bedeutender Vorläufer der Naturalisten
vorgestellt, als "ein Strindberg im tiefsten Vormärz, ein Mann, der
es zustandebringt, seinen künstlerischen Zeitgenossen in den kurzen

---

[404] r.w. a.a.O.
[405] h.m. a.a.O.
[406] st. a.a.O.
[407] Alfred Polgar a.a.O.

siebenundzwanzig (sic) Jahren seines Lebens um fünfzig, sechzig Jahre vorauszulaufen. Das vermag nur ein Genie; und Büchner war zweifellos eines, freilich ein unausgereiftes."[408] Dabei weist allein die Besprechung im "Morgen" auf die "sociale Bedeutung der gebotenen literarischen Arbeit" hin, die sie vom Publikum nicht verstanden glaubt.[409] Für Alfred Polgar ist der "Wozzeck" eine "Frühgeburt der literarischen Entwicklung"; hier "wird schon ein Schicksal aus dem Blut des dramatischen Helden, darin es von allem Anbeginn steckte, folgerichtig gleichsam: befreit."[410] Aber er sieht im "Wozzeck" auch ein Symboldrama für die Existenz der Menschheit in einer gottverlassenen Welt mit einem "stark antichristlichen Zug": "--- und in des Schicksals Hand ruhst du, Mensch, so sicher wie in einem offenen Raubtierrachen."[411] Was Berliner Kritiker so sehr entzückte, entdeckt auch Polgar: "Der Stil des 'Wozzeck' gibt eine Art Kreuzung zwischen Romantik und Naturalismus: Aus den Fugen des Dramas wollen Lieder blühen, die Sümpfe der Tatsächlichkeit opalisieren geisterhaft, pünktlich in der Stunde des Mordes ist der Mond blutrot, und wie burleske Blitze, weiß und kalt, schneiden Grimassen durch die Finsternis des Spiels."[412]

Auch in Wien erscheint der "Wozzeck" noch im Mai 1914 als etwas verspätete, besondere Veranstaltung zum 100. Geburtstag Büchners. In der "Arbeiter-Zeitung" mokiert man sich: "Vor vier Jahren 'Wozzeck' aufzuführen - wer dachte daran? Aber nun sind gerade 100 Jahre seit Georg Büchners Geburtstag verstrichen. Hundert Jahre? Das geht."[413] Man sieht im "Wozzeck" eine "sonderbare Dichtung",[414] "eine literarische Kuriosität" und "psychopathische

---

[408] st. a.a.O.
[409] m.s. a.a.O.
[410] Alfred Polgar a.a.O.
[411] Ebda.
[412] Ebda.
[413] r. a.a.O.
[414] Ebda.

Milieustudie",[415] einen "dramatischen Versuch",[416] und einen "interessanten Fund",[417] in seiner Aufführung auch noch nach den Erfolgen in München und in Berlin ein "interessantes Experiment"[418] und ein "interessantes Wagnis."[419] Man glaubt, den unbekannten Autor den Lesern vorstellen zu müssen als "den älteren Bruder des 'Kraft und Stoff'-Büchner,"[420] als "in jungen Jahren verstorbenen Naturwissenschaftler."[421]

Immer wieder wird der Charakter der Aufführung als literarhistorische Gedenkfeier hervorgehoben. "Es bedurfte der Schulung des Theaterpublikums durch den Naturalismus Zolas, der Skandinavier und vor allem jener stürmischen deutschen Bewegung, die sich den 'konsequenten Realismus' zum Ziele gesetzt hatte, um ein gewisses literarhistorisches Interesse für Büchner zu erwecken,"[422] "der nun in der neuesten Literaturgeschichte als Vorläufer des modern-realistischen Dramas einen guten Namen genießt."[423]

Auf die begeisterten Lobpreisungen, die Büchner bei seinem 100. Geburtstag in so vielen Feuilletons, besonders der sozialdemokratischen Zeitungen, dargebracht wurden, reagiert die konservative Presse in Wien nun anläßlich der Österreichischen Erstaufführung des "Wozzeck" geradezu allergisch.

Man habe, schreibt die "Illustrierte Kronenzeitung" wegen des Steinrück-Gastspiels den "Wozzeck" "hervorgesucht, eine endlose, quälende bis zum Exzess naturalistische Szenenreihe, welche die Tragödie eines armen Teufels darstellt."[424] "Georg Büchner, ein

---

[415] r.w. a.a.O.
[416] Anon. a.a.O.
[417] st. a.a.O.
[418] h.m. a.a.O.
[419] r. a.a.O.
[420] st. a.a.O.
[421] Anon. a.a.O.
[422] r.w. a.a.O.
[423] -ck- a.a.O.
[424] Anon. a.a.O.

längst sanft in Vergessenheit entschlafener Dichter aus den ersten Jahrzehnten des vergangenen Jahrhunderts. Im vergangenen Oktober geschah ihm das Malheur, daß sich irgendein literarischer Maulwurf seines 100. Geburtstags erinnerte und seine Grabesruhe störte. Jetzt schmieren sie sich die Finger wund, wollen nach hundert Jahren mit Gewalt aus ihm einen großen Dichter machen. Insbesondere die sozialdemokratische Parteiliteratur erhebt ein großes Geschrei und reklamiert ihn stürmisch für sich," schreibt die "Reichspost",[425] und ihr Kritiker empfiehlt dem Direktor Rundt nach der sehr geteilten Aufnahme der Premiere,[426] mit seiner Inszenierung in die Volksbühne umzuziehen. "Direktor Rundt muß erkennen, daß er das Publikum seiner beiden Theater streng auseinanderzuhalten hat. In der Residenzbühne geht 'Wozzeck' nicht. In der Volksbühne w i r d e r g e h e n.[427] Die organisierten Theaterleute werden dieses Opfer des Moloch Militarismus ohne Zweifel bejubeln." Hier wird der "Wozzeck" als eine Art Propagandaschinken zur Selbstbestätigung und Selbstverständigung von Sozialdemokraten betrachtet.

Dazu konnte sich der Rezensent veranlaßt sehen, weil es der Direktor der Volksbühne, des Theaters der sozialdemokratisch bestimmten Besucherorganisation Freie Volksbühne in Wien, war, der den "Wozzeck" an seinem zweiten Theater, der Residenzbühne, herausbrachte. Im Oktober 1913, pünktlich zum 100. Geburtstag Büchners, war ein Heft der Zeitschrift der Freien Volksbühne, "Der Strom", erschienen, das sich ausschließlich mit Büchner beschäftigte.[428] Abgedruckt wurden unter anderem Szenen aus dem "Danton", so die aus dem Nationalkonvent mit den Reden Robespierres und St. Justs, Szenen aus dem "Wozzeck" und ein expressionistisch bewegtes Gedicht Franz Theodor Csokors:

---

[425] B. a.a.O.
[426] Vgl. S. 184ff.
[427] Sperrung im Original.
[428] Der Strom 3 (1913) Nr. 7.

In memoriam Georg Büchner.

Brannte dir nicht unter deinen Händen
Das Papier? - Floß deine Feder nicht
Schwarzes Blut? - War nicht im Tageswenden
Stets ein neuer Teil von dir zunicht?

Du, das Herz von unser aller Leiden,
Du, der Zorn von unser aller Grimm,
Gingst du nicht zu jedem, sprachest: Nimm!
Was ich immer habe, sei uns beiden!

In die Armut zogst du Helden weihen,
Dem Gemarterten leihst du den Kranz. -
Deiner Kinder grauser Totentanz
Riß dich hin in ihre Riesenreihen.

Und die Schatten, die du schufest, sogen
Dir das Blut aus deiner nackten Brust.
Um sein Höchstes ward in dir betrogen
Dein Jahrhundert - und hat's nicht gewußt.[429]

Insgesamt ist das Heft darauf angelegt, Büchner dem Leser als einen
hellsichtigen Vorläufer der sozialdemokratischen Bewegung
darzustellen. Dem dienen ausführliche Auszüge aus Büchners
Briefen und aus dem "Hessischen Landboten", gereinigt von
Stellen, die man Weidig zuschrieb. Auch ein Aufsatz von Wilhelm
Hausenstein, der das Heft einleitet, kann zunächst diesen Eindruck
vermitteln.[430] Hausenstein sieht Büchner, der "leider (und besonders
auch den Arbeitern) viel zu wenig bekannt" sei, als einen unter

---

[429] Vgl. Dietmar Goltschnigg 1975, S. 101.
[430] Wilhelm Hausenstein: Georg Büchner.- In: Der Strom 3 (1913) Nr. 7, S. 193ff.

Zwang Schreibenden. "Er mußte schreiben, weil er an der Überfülle und an der Gewalt seiner Empfindungen zu ersticken drohte." Er nennt ihn einen "mächtig redenden Dichter" und gleich in der folgenden Zeile einen "revolutionären Politiker." Den "Hessischen Landboten" beschreibt er als "eine Schrift der revolutionären Propaganda, die sich mit einer tollen Gewalt des Ausdrucks --- gegen die Throne und gegen die Reichen wendet." Für Hausenstein ist es "unmöglich" das "unerhört gewaltige Revolutionsdrama 'Dantons Tod' --- ganz abstrakt auf die Kunstform hin zu lesen. Dieses Drama ist das Zeugnis eines menschlich-politischen Geistes. Und dieses Zeugnisses wird sich keiner freuen, dieses Zeugnis wird keiner begreifen, der in diesem Geist nicht etwas Aktuelles, noch heute unmittelbar Wertvolles sieht." Da, meint Hausenstein, sei es "kaum zu erwarten, daß sich die bürgerliche Aesthetik auf dies ganz Lebendige des Büchnerschen Geistes einlassen wird." Und: "Ganz von selbst fallen Werke wie die Büchners dem Sozialismus als Erbe zu. Aber nicht nur als Gesinnungsdokument wird der 'Danton' von uns gelesen, wir lesen den 'Danton' - wir können es allem 'uninteressierten Wohlgefallen' zum Trotz nicht anders - auch als historisch-politisches Ereignis; es ist uns lebendige Geschichte in dichterisch potenzierter Anschaulichkeit."

"Leonce und Lena" nennt Hausenstein eine "Serenissimuskomödie von der dichterisch feinsten Art." Und hier, nach soviel Politik, schwenkt er sanft hinüber ins Literarästhetische. Leonce trägt nach Hausenstein Züge Büchners. "Er ist von der Banalität des Lebens, von der Enge der Existenz erdrückt. Das Leben wird ihm zu einer klappernden Mechanik. Es ist das Lebensthema Büchners: Das Dasein gibt dem tief eingeborenen Verlangen nach dem Exzeß, nach dem ganz Ungewöhnlichen keine Nahrung."

Der "Wozzeck" ist für Hausenstein "nur Entwurf. Aber es ist vielleicht das Kolossalste, was Büchner gedacht hat." Im "Wozzeck", so Hausenstein, werde "das Lebensthema Büchners ins Proletarische übersetzt." Indem er dies "Lebensthema" Büchners nochmals umreißt, interpretiert er auch den "Wozzeck" und hebt ihn dabei nun doch wieder ästhetisierend über die Proletariertragödie hinaus ins Symboldrama: "--- ein Gedicht von dem Leben, das von allen Seiten her so sonderbar eng umschlossen ist; ein Gedicht von dem Leben, von dem man sich nur durch einen Exzess befreien, das man nur durch einen Exzess erweitern kann." Mit dem Exzess ist der Mord an Marie gemeint. Wozzecks Tod im Teich ist für Hausenstein ein Selbstmord. Mord und Selbstmord als befreiendes Handeln also. Spätere Generationen, die als Zeitgenossen unvorstellbare Mordexzesse zu erleben hatten, müssen vor solchen Formulierungen erschrecken. Aber hier interpretiert ein Vertreter des noch unschuldigen literarischen Frühexpressionismus den "Wozzeck". Er tat das in der Zeitschrift einer Theaterbesucherorganisation, bevor der Expressionismus als szenischer Stil auf dem Theater etabliert war.

Hausenstein sieht für Büchner "schlechterdings nur eine Vergleichung: die mit Shakespeare. So prachtvoll Schillers 'Räuber' sind, sie wirken neben Büchner, neben dem 'Danton' ein klein wenig unausgewachsen - fast ist man versucht zu sagen: etwas pennälerhaft."[431]

Schließlich läßt ein Hermann Koch in einer erbärmlich hölzernen Erzählung Georg Büchner seinem Bruder Wilhelm in einem Stil, der teils den Büchnerschen Briefen, teils den Reden der Revolutionäre im "Danton" nachempfunden ist, sein politisches Credo, seine Vision von der Zukunft mitteilen.[432] Da spricht er von der "Indolenz und gefährliche(n) Dummheit des Volkes, das nicht begreifen will, daß es bloß ganz wenig den Körper schütteln braucht, damit die

---

[431] Vgl. Hausensteins Aufsatz: Georg Büchner. Zum Säkulartag seiner Geburt.- In: Die weißen Blätter 1 (1913/14), S. 134ff. und Hausensteins Einleitung zu seiner Büchnerausgabe: Georg Büchners gesammelte Werke nebst einer Auswahl seiner Briefe, Leipzig 1916.- Siehe dazu Burghard Dedner (Hg.): Der widerständige Klassiker. Einleitungen zu Büchner vom Nachmärz bis zur Weimarer Republik.- Frankfurt am Main 1990, S. 78 - 85. Sh. auch Burghard Dedner: Büchner-Bilder im Jahrzehnt zwischen Wagner-Gedenkjahr und Inflation.- In: GBJb 3 (1983) S. 275ff. Hier: S. 277.
[432] Hermann Koch: Vor der Flucht.- In: Der Strom 3 (1913) Nr. 7, S. 218ff.

grausamen Reiter auf seinem Rücken das Genick brechen. Und daß ich dieses ewig blöde Volk dennoch liebe! Daß ich sein Martyrium mit wundestem Herzen bemitleide, daß ich es nicht glauben will, nicht glauben kann, daß es sich ungestraft mit Füßen treten lassen wird." Büchner will bei Koch "die zur Revolution anstacheln, die vor dem Pflug trotten, schimpfen und sich wohl fühlen. --- Ich werde den Kampf nicht aufgeben, den Kampf gegen alles, was Elend und Hunger bringt. Und es bricht eine praktischere Zeit an, da ich diesen Kampf an der Seite von Menschen werde führen können, die nicht in müßiger Schwärmerei abstrakte Ideale umtanzen, sondern so gut wie ich wissen, daß alles Bewegen und Schreien e i n z e l n e r[433] vergebliches Torenwerk ist. Menschen also, die mit Liebe und klarem Verstand die Masse als Ganzes um sich zu scharen verstehen werden. Ich habe durch das Fiasko des 'Landboten' viel gelernt, ich bin Einundzwanzig, kann meinen Weg Schritt für Schritt und auf festem Boden zurücklegen ---." Hier erscheint Büchner als ein edler, junger Täufer Johannes, als ein Prophet der sozialdemokratischen Bewegung, deren Anhänger sich ihm in Ehrfurcht zu nähern haben.

Im Gegensatz zu München und Berlin glaubt in der Wiener Theaterkritik niemand, daß mit der Österreichischen Erstaufführung des "Wozzeck" den Bühnen des Landes und dem deutschsprachigen Theater überhaupt ein Repertoirestück gewonnen sei. Verzeichnet wird nur einer der vielen Gedenktage im Kalender der Literaturhistoriker. Der Kritiker des "Morgen" sieht im "Wozzeck" einen fragmentarischen Text, bei dessen Lektüre selbst "der aufmerksame Leser die Tiefe der Gedanken nur erraten kann, die aber vom Theaterbesucher, selbst bei glänzender Verkörperung der tragischen Person, nicht sofort und genügend eindrucksvoll erfasst werden kann."[434] Ein gewichtiges Lesedrama also, dessen Aufführung an

---

[433] Sperrung im Original.
[434] m.s. a.a.O.

der Residenzbühne vom Kritiker des "Neuen Wiener Tagblatts" respektvoll und skeptisch als "interessante Arbeit" bezeichnet wird, "die allerdings auch mehr historischen Sinn und Pietät stillschweigend voraussetzt, als man gemeiniglich beim Publikum voraussetzen kann," als ein "Werk edler literarischer Pietät."[435] Bündig formuliert Alfred Polgar die Position der Wiener Kritik mit Ausnahme der entschieden konservativen Presse. Für ihn "ist 'Wozzeck' ein Stück merkwürdigster, genialer Literatur. Als absolutes Kunstwerk kommt er - zu spröde, eng und kurz von Atem - für die heutige Bühne nicht in Betracht."[436]

III.6.   Das Publikum. Alban Berg im "Wozzeck" der Residenzbühne

Eine merkwürdige Stimmung muß am Abend der Premiere im Publikum geherrscht haben. Ein Teil, vermutlich vor allem Mitglieder der Volksbühne, die Rundt in die Residenzbühne gebeten hatte[437] und die durch das Büchnerheft des "Strom"

---

[435] -ck- a.a.O.

[436] Alfred Polgar a.a.O.

[437] Die Volksbühne und die Residenzbühne waren in beiderseitigem Interesse zur Spielzeit 1913/14 eine - kurzlebige - Teilfusion eingegangen. Die Residenzbühne war in finanzielle Bedrängnis geraten. Franz Hadamowky a.a.O. berichtet auf S. 774: "Da ergab sich ein günstiger Ausweg: eine Symbiose mit der Wiener Freien Volksbühne. --- der Fassungsraum der Volksbühne in der Neubaugasse (800) war zu klein, um die Kartenwünsche der ständig steigenden Zahl der Mitlgieder zu befriedigen; ein Theater, die Residenzbühne, wurde dazugemietet. --- hohe Aufführungszahlen wie die 50 Wiederholungen von Bahrs "Prinzip" wären ohne das Publikumsreservoir der Freien Volksbühne nicht möglich gewesen." Es war also üblich, daß Mitglieder der Freien Volksbühne die Vorstellungen der Residenzbühne in größerer Zahl besuchten. Berthold Viertel, in der Spielzeit 1913/14 Dramturg und Spielleiter an der Volksbühne, beschreibt in einem bissigen Rückblick den Verein Freie Volksbühne und dessen Mitglieder so: "Volksbildung, wie man sie damals verstand, war doch nur Übernahme der so genannten 'allgemeinen Bildung' ---. Dieser Verein zum Beispiel bestand nicht einmal nur aus organisierter Arbeiterschaft ---: Da gab es auch allerlei bildungsbeflis-

entsprechend eingestimmt waren, "verfolgte anscheinend andächtig die Vorkommnisse auf der Bühne."[438] Diese Stille interpretiert die "Reichspost" als "eisiges Schweigen". "Wenn sich hin und wieder ein vorwitziger Beifallslustiger rührte, wurde er sogleich durch energisches Zischen zur Ruhe verwiesen. Kein Beifall, nicht der geringste Beifall!!"[439] Da zischten die Andächtigen, die durch Beifall nicht gestört sein wollten. Hier zeigt sich nach den Erinnerungen Stefan Großmanns das typische Verhalten eines Teils des Volksbühnenpublikums jener Zeit. "Jedes Volksbühnenpublikum, das immer wieder, wenn es richtig zusammengesetzt ist, Zuschauer enthält, die zum erstenmal in einem Theaterraum sitzen, hat eine Neigung zu kindlichen und zuweilen etwas fatalen Heiterkeiten. Aber dieser Kompositionsfehler wird wettgemacht durch den religiösen Ernst der anderen."[440] An diesem Abend herrschte offenbar der "religiöse Ernst". Am Schluß der Vorstellung löste sich die Spannung. Es gab einen vehementen "Wettstreit zwischen den Hörern."[441] "Das Publikum hielt sich anfangs reserviert; dann gab es wahre Applausstürme und dann Zischen. Aber es wurde besiegt, wenn die Unzufriedenen auch nicht ganz still wurden."[442] Die Formulierung im "Morgen" von "jenem Teil des Publikums, der Begeisterung posierte,"[443] legt den Lesern die Vermutung nahe, Rundt habe sich eine Art Claque ins Haus geholt, ein Publikum jedenfalls, von dem man in Teilen, ähnlich wie in Berlin, Zustimmung für den Dichter und das Stück erhoffen durfte. Für das Verhalten jenes Teils des Publikums, der das Stück empört ablehnte, gibt das "Neue Wiener Journal" eine nach den Erfahrun-

---

senes Kleinbürgertum, darunter freilich viel jungendliche Intellektuelle." (Berthold Viertel "Schriften zum Theater.- München 1970, S. 230.).
[438] m.s. a.a.O.
[439] B. a.a.O.
[440] Stefan Großmann a.a.O., S 175.
[441] R. a.a.O.
[442] st. a.a.O.
[443] ms.s a.a.O.

gen beim Gastspiel des Lessing-Theaters fünf Wochen zuvor in Frankfurt am Main einleuchtende Erklärung. Man vermutet in Georg Büchner "einen in Berlin lebenden impressionistischen Dichter in der Art Wedekinds" und glaubte, "ihn deshalb auszischen zu dürfen".[444] Da waren die Leser des "Strom" freilich besser informiert.

In hellem Zorn drischt Alfred Polgar auf den Teil des Publikums ein, der das Stück, das nach Polgar doch "für die heutige Bühne nicht in Betracht kommt", dennoch feiern wollte und keilt dabei auch in Richtung der frühexpressionistisch erregten Hausenstein und Csokor aus: "Deshalb ist auch die Wozzeck-Ekstase der jungen und alten Knaben, die meinen, man glaube ihnen ihren inneren Zündstoff, wenn man sie brennen sähe, weitaus peinlicher als das Kopfschütteln der Bürger. Wenn man die Nullen und Commis und Bettler im Geiste, die das Wiener Theaterleben 'machen', an Georg Büchner sich reiben und glühen sieht, wird der Wunsch nach einer mehrhundertjährigen Schutzfrist des garantierten Verkannt-Seins für Genies lebhaft rege."[445]

Der Abend wurde schließlich zu einem eindeutigen Erfolg nicht der Dichtung - der stellte sich in Wien erst mit der Inszenierung Eugen Klöpfers 1921 am Raimund-Theater ein - aber der Schauspieler, vor allem Steinrücks. Hier waren sich die beiden Parteien der Wiener Theaterfehde um "Wozzeck" einig. "Es gab viel Beifall und viel Widerspruch; erst als Steinrück erschien, einigten sich beide Parteien und grüßten nun in herzlicher Gemeinschaft den Gast."[446] Steinrück spielte den Wozzeck am 5.5. und am 6.5.1914. Am 7.5. und am 8.5. gab er den "Baumeister Solneß". Am 8.5.1914 brachte die "Wiener Zeitung" eine Notiz: "Infolge des außerordentlichen Erfolges der 'Wozzeck'-Aufführung in der 'Residenzbühne' hat Direktor Rundt das Gastspiel des Münchener Hofschauspielers

---

[444] h.m. a.a.O.
[445] Alfred Polgar a.a.O.
[446] Z. a.a.O.

Albert Steinrück verlängert, sodaß am Sonntag, den 10. d.M., Herr Steinrück zum letzten Male die Titelrolle in Georg Büchners 'Wozzeck' spielt." Mit dieser Aufführung endete auch die einzige gemeinsame Spielzeit der Residenzbühne und der Volksbühne unter Rundt.[447]

"Wozzeck" war anläßlich seiner Österreichischen Erstaufführung nur auf Stippvisite in Wien, aber im Publikum einer der Vorstellungen saß der junge Alban Berg, und er erwies sich glücklicherweise als einer der von Polgar so wütend gebeutelten "Nullen und Commis und Bettler im Geiste". Paul Elbogen berichtet, welche Wirkung die Inszenierung auf den jungen Komponisten hatte: "We young people knew the play very well from Franzos's publications. A German actor, Albert Steinrück, rude and rather brutal, played Wozzeck. I sat in the gallery of the little Kammerspiele. Four rows behind me sat Alban Berg, whom I greated as I came because I had known him very well for years. They played the drama for three hours without the smallest interruption in complete darkness. Indescribeable exited and enthusiastic I stood up admidst wild applause, met Alban Berg a few steps behind me. He was deathly pale and perspiring profusely. 'What do you say?' he gasped, beside himself. 'Isn't it fantastic, incredible?' Then already taking his leave, 'Someone must set it to music.' "[448] Das also war demnach der Moment, in dem Berg den ersten Gedanken an seine "Wozzeck"-Oper faßte. Paul Elbogen sind in seinen Erinnerungen aus großem zeitlichen Abstand zwei Ungenauigkeiten unterlaufen. Das Theater in der Rotenturmstraße 20 hieß im Mai 1914 noch Residenzbühne. Es führte erst ab September 1916 die Bezeichnung Wiener Kammerspiele. Auch dauerte die Aufführung natürlich nicht drei Stunden, sondern begann, ausweislich des Programmzettels, um "8

---

[447] Vgl. Franz Hadamowsky a.a.O., S. 774.
[448] Paul Elbogen: Firsthand Reminiscense of a Historic Night.- In: San Francisco Chronicle 27.10.1981, zitiert nach Douglas Jarman: Alban Berg "Wozzeck". Cambridge 1989.

Uhr" und endete "gegen ½ 10 Uhr". Elbogens Hinweis auf die "complete darkness" bestätigt den von den Kritikern der "Wiener Abendpost"[449] und der "Neuen freien Presse"[450] geschilderten Eindruck einer Inszenierung voll düsterer Stimmung und auch die Annahme, daß man in Wien die Müchener Konzeption des "Wozzeck" als Abend- und Nachtstück übernommen hat.

Betrachtet man Bergs Textfassung zu seiner "Wozzeck"-Oper, der die Szenenfolge Landaus zugrunde liegt,[451] so fällt auf, daß auch bei ihm der Tambourmajor und Marie am Ende seiner Szene I,5, "Straße vor Mariens Haus", "in der offenen Haustür" "verschwinden", ein bedeutendes Inszenierungsdetail, das Kilian in der Müchener Uraufführung verwendet hat.[452] Man kann annehmen, daß dieses prägnante Arrangement von Steinrück nach Wien gebracht wurde, der es so an Berg weiterreichte.

Ein anderes signifikantes Detail der Münchener und damit aller Wahrscheinlichkeit nach auch der Wiener Textfassung ist die Zusammenfassung der Szenen "Kaserne" und "Kasernenhof", der fünfzehnten und der sechzehnten bei Landau, in einem Bild.[453] Genauso verfährt, unter Einbeziehung des Chors der Soldaten, auch Alban Berg in seiner Szene "Wachstube in der Kaserne" (II,5). Er schließt sie mit dem Kampf zwischen Wozzeck und dem Tambourmajor aus der Szene "Wirtshaus" (H4,14), die Landau nur als Anmerkung in seine Ausgabe aufgenommen hat, ab.[454]

---

[449] r.w. a.a.O.

[450] Z. a.a.O.

[451] Vgl. Ernst Hilmar: Von der Texteinrichtung bis zur Uraufführung der Oper "Wozzeck".- In: Attila Csampai und Dietmar Holland (Hgg.): Alban Berg, Wozzeck. Texte, Materialien, Kommentare.- Reinbek bei Hamburg 1985, S. 105ff.- Berg benutzte die Ausgabe Georg Büchner: Wozzek - Lenz. Zwei Fragmente. (= Insel-Bücherei Nr. 92).- Leipzig 1913.

[452] Vgl. S. 57, 81.- Die Textfassung der Oper ist abgedruckt bei Attila Csampai und Dietmar Holland (Hgg.) a.a.O., S. 39 ff. Hier vgl. S. 54.

[453] Vgl. S. 59f., S. 86f.

[454] Vgl. Attila Csampai und Dietmar Holland (Hgg.) a.a.O., S. 67ff.

Wie bei Franzos, Franz und auch Landau vorgesehen, werden in der Münchener Uraufführung Büchners Szenen H1,19 und H1,20 unter der Ortsbezeichnung "Waldweg am Teich" zusammengefaßt. Wozzecks Ausruf "Leute! -- fort!" wird in München gestrichen. Wozzeck läuft an dieser Stelle nicht weg, er bleibt auf der Bühne.[455] So verfährt auch Berg.[456]

Wie die Wiener Inszenierung verzichtet auch Berg auf die Jahrmarktszenen und, wie es wohl auch in Wien geschehen ist, auf die Szene "Der Hof des Doktors".

Wie Kilian in der Münchener Uraufführung beginnt auch er seine Schlußszene "Vor Mariens Haustür" (III,5) mit dem Reigen der Kinder. Wie Kilian in seiner Inszenierung zeigt auch Berg "Mariens Knabe(n) auf einem Steckenpferd reitend."[457] Diese Inszenierungsdetails finden sich bei Franzos und in der von Berg als Textgrundlage verwendeten Ausgabe der Szenenfolge von Landau nicht. Dort reitet Maries Knabe "auf der Schwelle". Auch sie werden in Wien übernommen und so auch Berg bekannt geworden sein.

Überlegungen, ob und inwieweit darüber hinaus auch Bergs musikalische Interpretation des "Wozzeck" von dem aufwühlenden Erlebnis des Komponisten in der konzeptionell auf der Münchener fußenden Wiener Aufführung beeinflußt sein könnte, überschreiten die Thematik dieser Arbeit und müssen zudem in der Musik Kundigeren überlassen bleiben.

---

[455] Vgl. S. 61.

[456] Vgl. dazu Bo Ullman: Produktive Rezeption ohne Mißverständnis. Zur Büchner-Deutung Alban Bergs im "Wozzeck".- In: Attila Csampai und Dietmar Holland (Hgg.) a.a.O., S. 221ff. Ullman sieht in der Zusammenfassung der Szenen "Kaserne" und "Kasernenhof" eine "von Berg neu erschaffene Szene, wo nach dem nächtlichen Gespräch Wozzeck - Andres der Tambourmajor besoffen hereinpoltert." Auch in der Verbindung der Szenen H1,19 und H1,20 sieht er eine "von Berg neu zusammengestellte Szene." (S. 231)

[457] Vgl. S. 91 und Attila Csampai und Dietmar Holland (Hgg.) a.a.O., S. 76.

IV. DIE INSZENIERUNG IM VEREIN FÜR LITERATUR UND GEISTESPOLITIK IN LEIPZIG 1915

Bis zum November 1918 gab es keine weitere Neuinszenierung des "Wozzeck" an einem deutschsprachigen, öffentlichen Theater. Wohl aber brachte am 18.6.1915, eine Woche vor der Wiederaufnahme der Inszenierung Kilians in München, der Verein für Literatur und Geistespolitik, der seit dem Ausbruch des Ersten Weltkrieges in Leipzig tätig geworden war und in dessen Veranstaltungen zuvor bereits Julius Bab, Franz Werfel, Theodor Däubler und die Fürstin Mechtild Lichnowsky mit Vorträgen zu Gast waren, für den geschlossenen Kreis seiner Mitglieder eine Privataufführung des "Wozzeck", die noch einmal als Wohltätigkeitsveranstaltung "zum Besten der Kriegsfürsorge"[458] wiederholt wurde.

Als "künstlerische, reinstem Idealismus entsprungene Tat" des Veranstalters bezeichnet der Kritiker des "Leipzig"[459] die Aufführung. Ein anderer fand sie "bezeichnend für Deutschlands geistige Stimmung und Kulturstreben in mitten des Krieges."[460] Sie fand statt im großen Saal der Wohnung des Feldoberpostmeisters des Heeres und Oberpostdirektors Domizlaff. Dem Anliegen eines "literarischen Kreises"[461] entsprechend, hatte ein Vortrag des Leipziger Literaturhistorikers Dr. Herrmann Michel in einer "gehaltvollen literarhistorischen Skizze von Büchners Leben dem Verständnis vorgearbeitet,"[462] ein Verfahren, das auch später bei

---

[458] Anon. in: Dresdner Nachrichten 22.6.1915.
[459] Dr. Friedrich Seebrecht in: Leipzig, ein Tageblatt für Einheimische und Auswärtige 20.6.1915. Seebrecht schrieb auch die im Hamburger Fremdenblatt und im Berliner Börsen-Courier unter dem Kürzel Dr. F.S. am 22.6.1915 erschienenen Kritiken.
[460] Anon. a.a.O.
[461] Dr. Friedrich Seebrecht a.a.O.
[462] Ebda.

öffentlichen Vorstellungen bis tief in die Zwanzigerjahre hinein, solange eine Inszenierung des "Woyzeck" für die Theater als ein Risiko oder als volkspädagogische Mission zu gelten hatte, zur Absicherung eines solchen Unternehmens eingesetzt wurde.

Der Verein für Literatur und Geistespolitik hatte sich für seine Aufführung des "Wozzeck" mit Schauspielern der beiden großen Leipziger Theater, vornehmlich des Stadttheaters, aber auch des Schauspielhauses, zusammengetan. Regisseur war ein Schauspieler des Stadttheaters, Lothar Körner. Auch er nutzte die damals einzig vorhandene Textfassung von Franzos, ob in der Szenenfolge von Landau, ist nicht mehr zu ermitteln. Erstmals aber ist zu belegen, daß die Jahrmarktszene, die in München, Berlin und Wien gestrichen war, mit der Anrede des Ausrufers gespielt wurde.[463]

Körners Inszenierung brachte den "Wozzeck" wiederum als eine stimmungsstarke Symboldichtung für ein allgemeines, schicksalhaft bestimmtes Leiden der Menschen in der Welt auf die Bühne, "den menschlichen Inhalt des Fragments ebenso wie seine groteske Phantastik und seine bittere Satire."[464] "Oft aber fühlen wir etwas vom roten Feuerschauer in schwarzer Nacht, und es ist, als ob ein stöhnendes Wehen durch schwer atmende Wälder ginge."[465] Szenographisch hatte sich Körner wegen der räumlichen Gegebenheiten in einem Privathaus auf eine denkbar schlichte Lösung zu beschränken. Er errichtete eine für alle Bilder einheitliche "kleine Neutralbühne",[466] indem er die Spielfläche seitlich kulissenartig mit dunkelgrünen Vorhängen abdeckte und nach hinten durch einen Waldprospekt schloß.[467] "Die Aufführung bewies, wie Illusion ohne dekorative Individualisierung geschaffen werden kann, wenn nur das Spiel innerlich stark ist. Vorhänge rahmten die Szene mit jener

---

[463] Ebda.
[464] Anon. a.a.O.
[465] Dr. Friedrich Seebrecht a.a.O.
[466] Dr. F.S. in: Berliner Börsen-Courier 22.6.1915.
[467] Vgl. Anon. a.a.O.

Zurückhaltung, die nichts will, als das Bild schließen."[468] Im übrigen aber wurden "allein durch mannigfach abgewandelte Abstimmung des Lichtes Illusionswerte geschaffen."[469] Die Lichtwirkungen wurden "stimmungsvoll abgetönt"[470] und "--- wir erlebten wieder, wie viel Suggestivkraft die Abtönung des Lichtes in sich trägt. Und so gingen die Bilder rasch hintereinander, fast so, wie sie beim Lesen durchlebt werden."[471] Die Aufführung ist das früheste Beispiel für die erst viel später, nach dem Zweiten Weltkrieg, einsetzende Reihe von "Wozzeck"- Inszenierungen in kleinen, provisorisch hergerichteten, kammerspielartigen Räumen und Zimmertheatern. Sie hatte auch deren Tugenden: Die Räumlichkeit ermöglichte "das Ausklingen verhaltener Tonwirkungen", sie "rückte die bildmäßige Wirkung in --- unmittelbare Nähe zum Zuschauer."[472] Nach der Aufführung, für ihn ein "künstlerisches Erlebnis seltener Art," stellt Dr. Friedrich Seebrecht Georg Büchner seinen Lesern so vor: "Er war einer derer, die gekommen sind, Dissonanzen zu leben und zu formen. Von Natur mit jener Liebe begabt, die jedes, auch das Kleine, Nichtige, scheinbar Belanglose ergreift und begreifen möchte, die alles Erdhafte samt seinen Schlacken miteinfassen möchte in die Gotteswelt, hatte er zugleich jenes harte Denken im Sinne Strindbergs, das Zweifel nicht durch Gläubigkeit zu stillen vermag, sondern schonungslos bis zum Ende im Abgrund denkt. Und traf seine Liebe oder sein Mitleid auf die Schärfen und Ecken des Lebens, griff sein Intellekt, der die Zersetzung nicht fürchtete, mit elementarer Lust am Verneinen ein und zerstörte." Hinter Büchners Gestalten, so Seebrecht, hinter einer "humorhaft gefaßten Alltäglichkeit", "--- tut sich der Blick auf in geheimnisschwere Tiefen und Abgründe des Daseins. --- In der

---

[468] Dr. Friedrich Seebrecht a.a.O.
[469] Dr. F.S. in: Berliner Börsen-Courier 22.6.1915.
[470] Dr. F.S. in: Hamburger Fremdenblatt 22.6.1915.
[471] Dr. Friedrich Seebrecht a.a.O.
[472] Ebda.

schleierlosen Darstellung des Trieblebens, wie in dem grotesken Aufstrich einzelner Gestalten und Szenen, in der Dissonanzen austönenden Philosophie, die Wahrheit will um jeden Preis und alle Idealisierung brünstig haßt, in all dem ---" sieht der Kritiker "eine Linie von Büchner zu Wedekind, nur daß Büchner der stärkere Gestalter bleibt. Wir aber sehen, daß Büchner außerhalb seiner Zeit stand, daß er Zukunft vorausgelebt hat. --- Die Tatsache gewisser rücksichtsloser Naturalismen dürfte nur für empfindliche Gemüter Schwierigkeiten bedeuten."[473] Kein Wort also vom Revolutionär, keines vom sozialkritischen Dichter Büchner, vielmehr Büchner als literarisches Faszinosum, als der, der Romantik, tiefe Skepsis und Liebe zu allem, was lebt, zusammenbringt, mit scharfem Blick das unabänderliche Elend der Welt, dessen Symbolfigur der Wozzeck ist, sieht und in quälendem Mitleid durchlebt, ein "Zerrissener", ein Dichter, der formal und in seiner Weltsicht die zeitgenössische Literatur vorweggenommen hat. So dürften auch die Veranstalter Büchner und den "Wozzeck" verstanden haben.

Kurt Stieler hielt als Wozzeck "eine schlichte Linie"[474] und gab den "primitiven Philosophen",[475] das "primitiv Hamletische"[476] "achtungswert bei aller Beschränktheit, rührend im Leid und ergreifend in der Verzweiflung ."[477] Stieler war wesentlich der leidende Wozzeck, ohne das gefährliche Brodeln, das den Wozzeck Steinrücks kennzeichnete.

Schauspielerisch stärker wirkte Marta Arens auf die Kritik. Sie war als Marie "überquellend von Lebenskraft und Leidenschaft."[478] "Sie, die wir bisher mehr als Darstellerin anmutiger Innigkeit kannten, überraschte durch eine ungemein herbe, kräftige Gestaltung des

---

[473] Ebda.
[474] Ebda.
[475] Dr. F.S. in: Berliner Börsen-Courier 22.6.1915.
[476] Dr. F.S. in: Hamburger Fremdenblatt 22.6.1915.
[477] Anon. a.a.O.
[478] Ebda.

Büchnerschen Mädchens. Die Instinktnatur lebte sich mit Heftigkeit aus; Härten und Grausamkeiten, Verzweiflungen, dunkle Fragen an das Leben und Regungen menschlichster Güte irrlichtelierten wirr gegeneinander. Schauspielerisch bei weitem die stärkste Probe, die wir von ihr sahen."[479] Als eher komische Figuren und als ausgleichend beschwichtigender Gegensatz zu den tragischen Gestalten der Marie und des Wozzeck traten der Hauptmann und der Doktor in dieser Inszenierung auf. "Willi Engst war ein Hauptmann, der mit des Basses Grundgewalt sehr lustig von Tugend bramarbasierte."[480] Der einzige Nichtschauspieler im Ensemble war der Dichter Franz Blei. Er "bot in dem quecksilbrigen Doktor eine außerordentlich ergötzliche Studie eines charakteristisch-komischen Talents. Es war erfreulich, ihn auch einmal von dieser Seite kennenzulernen."[481] Beteiligt an der Aufführung waren auch Familienmitglieder des Gewandhausdirigenten Arthur Nikisch. Die Wortwahl der Kritik - als gelte es, von einem gesellschaftlichen, nicht von einem künstlerischen Ereignis zu berichten - verweist auf das bürgerliche Ambiente des Unternehmens. "Die Musik, der in dem Stück auf und hinter der Bühne eine wesentliche Rolle zugewiesen ist, hatte Frau Amélie Nikisch, die Gattin unseres berühmten Kapellmeisters, mit anmutiger Melodik komponiert. Ihre Tochter führte zierlich den Reigen der Kinder."[482]

Diese Leipziger Inszenierung war von einer bürgerlichen literarischen Vereinigung für ihre Mitglieder veranstaltet worden. Man hielt den "Wozzeck" für geeignet, in einer der während des Ersten Weltkrieges vielfach gepflegten Wohltätigkeitsveranstaltungen sozial gehobener, bürgerlicher Schichten in einer Wiederholungsvorstellung dargeboten zu werden. Man wandte sich an ein

---

[479] Dr. Friedrich Seebrecht a.a.O.
[480] Ebda.
[481] Ebda.
[482] Anon. a.a.O.

literarisch beschlagenes Elitepublikum wie in München, Berlin und Wien.

Für dieses Publikum hinterließ "Büchners Drama in seiner leidenschaftlichen Zerrissenheit, in seinem wirren Wechsel von Glut und Kälte, Groteske und Tragik den Eindruck eines gewaltigen seelischen Erlebnisses."[483] Für das Ensemble ergab sich "ein wundervolles Aufeinanderspielen vor einer Zuschauerschaft, mit der bald genug die Darsteller das Gefühl einer Wechselwirkung binden mußte."[484]

---

[483] Dr. F.S. in: Hamburger Fremdenblatt 22.6.1915.
[484] Dr. Friedrich Seebrecht a.a.O..

V. ZUSAMMENFASSUNG

V.1. Das Bildungsbürgertum als Anreger und tragende Publikumsschicht in der Frühphase der Bühnenrezeption des "Wozzeck"

Der 100. Geburtstag Büchners war das auslösende Moment für den Beginn der Bühnenlaufbahn des "Woyzeck". Nicht die Literaten des Naturalismus, nicht dessen Vertreter in den Theatern, nicht junge Expressionisten, nicht die der Sozialdemokratie zuneigenden Leute unter den Schriftstellern und in der Volksbühnenbewegung - die traten erst in Wien beim Gastspiel Steinrücks in Erscheinung - waren es, die sich zuerst mit Erfolg um einen "Wozzeck" auf der Bühne bemühten. Das taten sie wohl für den "Danton", den sie als Revolutionsstück verstanden. Im Falle "Wozzeck",des ersten Werkes der deutschen dramatischen Literatur mit einem Proletarier als "Helden", waren es vornehmlich die später oft und gern gescholtenen Bildungsbürger, die sich erfolgreich für den Beginn seiner Bühnenlaufbahn einsetzten und seine Uraufführung erarbeiteten. Hofmannsthal, der ästhetisierende Großbürger, der Wahrer der Tradition, gab den Anstoß. Alfred Roller, bürgerlicher Herkunft, auch später bei allem Künstlertum dem bürgerlichen Milieu zugehörig, arbeitete mit Begeisterung am "Wozzeck". Franckenstein, der letzte königlich-bayerische Kavaliersintendant, hatte den Mut und brachte die Uraufführung des "Wozzeck" an einem - zudem finanziell klammen - Hoftheater heraus. Kilian, der erste "Wozzeck"-Regisseur war ein Bürgerlich-Konservativer, Reserveoffizier und Kriegsfreiwilliger des Jahres 1914.
Schon Hofmannsthal sah im "Wozzeck" ein Werk, das man vor allem einem gebildeten, an moderner Literatur interessierten Publikum anzubieten hatte. Ganz so sah man es in Berlin, wo man die jungen Literaturwissenschaftler und deren Lehrer zur Premiere bat, und so sah man es auch in Wien. Steinrück gastierte dort an

einem Theater, das wesentlich ein literarisch interessiertes Publikum als Zielgruppe und einen entsprechenden Spielplan - gut unterfüttert mit gehobener Unterhaltung - hatte. Dazu holte Direktor Rundt literatur- und theaterinteressierte Mitglieder seiner Volksbühne ins Haus. In Leipzig war es eine patriotische literarische Vereinigung, die den "Wozzeck" für ihre Mitglieder und ein bildungsbürgerliches Publikum spielen ließ. Eine bildungsbürgerliche Vereinigung wollte den "Wozzeck" in Dresden sehen, eine bildungsbürgerliche Vereinigung holte ihn aus Berlin nach Frankfurt. Der "Wozzeck", so sah ihn auch Rilke, galt als ein Stück für ein literarisches Elitepublikum. Es wurde zur Zielgruppe der frühen "Wozzeck"- Inszenierungen. Ihm war es angesichts des Kunstwerkes "Wozzeck" gleichgültig, ob sein Dichter auch ein Revolutionsdrama und eine aufrührerische politische Flugschrift verfaßt hatte, zumal er ja, wie das die literaturwissenschaftliche Publizistik einem interessierten Publikum wiederholt[485], die Theaterkritik immer wieder vortrugen, sein Revoluzzertum resigniert aufgegeben, zum Dichter geworden war und obendrein eine reputierliche Berufslaufbahn eingeschlagen hatte. Der "Wozzeck" dieses Publikums war ein allumfassendes Symbolstück und dann erst die Tragödie eines Pauper.

Dieses Publikumssegment war auch in den Großstädten schmal, aber in ihm wurde man vom "Wozzeck" gepackt und tief erschüttert. Man feierte das Werk und die Aufführungen. Es gab bei dem Berliner Gastspiel in Frankfurt und bei der Wiener Premiere auch weniger sensible und kenntnisreiche Leute im Publikum, die das Stück falsch einordneten und in ihm nach Form und Inhalt einen modernen, zeitgenössischen Text vermuteten, dem man mit entsprechend lautem Protest zu begegnen habe. Sie waren eine Minderheit. Den anderen, größeren Teil des Publikums - und so

---

[485] Vgl. dazu Burghard Dedner: Büchner-Bilder im Jahrzehnt zwischen Wagner-Gedenkjahr und Inflation.- a.a.O., S. 279ff.

manchen Kritiker - beglückte die Verschmelzung von Naturalismus und Romantik, die man in Büchners "Wozzeck" zu finden glaubte. Es waren nicht nur die Dichter des Naturalismus - oder später die Expressionisten - und deren Publikum, die Büchner und den "Wozzeck" begeistert empfingen, sondern gerade auch die Neuromantiker und deren Anhänger entdeckten im Dichter des "Wozzeck" einen Bruder im Geiste.[486]

V.2. Die Spielfassungen

Überblickt man die kurze Phase der frühen Bühnenrezeption des "Wozzeck" bis zum Ende des Ersten Weltkrieges, so ergibt sich in Sachen Dramaturgie, daß drei der vier Inszenierungen mit Sicherheit die Ausgabe von Rudolf Franz, "Dramatische Werke", die sich in der Szenenfolge und in der Textgestaltung an Franzos hält, zur Grundlage ihrer Spielfassung machten: Die in München, in Berlin und in Wien. Ob man in Leipzig ebenfalls diese Ausgabe oder die von Landau nutzte, ist offen.

In München, in Berlin und in Wien wurden die Jahrmarktszenen und die Szene im Hof des Doktors gestrichen. Ebenso strich man in München die Bibelszene der Marie. Die Verwendung der Jahrmarktszenen ist zum ersten Male für die Leipziger Aufführung nachweisbar. Die Jahrmarktszenen und die Szene im Hof des Doktors gehörten wohl zu denen, denen Karl Wollf einen "allzu grotesken Charakter"[487] zuschreibt. Zudem waren sie auch für einen deutlichen Handlungsablauf entbehrlich und schließlich wollte man die große Zahl der Bilder möglichst einschränken. Im Falle der

---

[486] Auch Ernst Hardts an den Theatern gerne genutzte Bearbeitung des "Woyzeck" (Georg Büchner: Woyzeck. Nach den neu entzifferten Handschriften für Leser und Bühne hergestellt von Ernst Hardt (= Insel-Bücherei Nr. 88).- Leipzig o.J.) und seine Inszenierung des Werkes 1923 in Weimar sind spätere Beispiele dafür.

[487] Karl Wollf: Zur Büchnerfeier des Residenztheaters.- In: Münchner Neueste Nachrichten. Morgenblatt 8.11.1913.

Szene im Hof des Doktors war der Mißbrauch des Wozzeck als Versuchsperson für pseudowissenschaftliche Experimente dem Publikum auch in der Szene "Studierstube des Doktors" darzustellen. Probleme hatte man bei den ersten beiden Inszenierungen in München und in Berlin mit der Schlußszene im Seziersaal. Wollf rechnete sie zu den Szenen mit "völlig fragmentarischem Charakter"[488] und wollte auf sie verzichten. Hofmannsthal hielt sie für unzureichend und schrieb sie neu. In Berlin wurde sie gestrichen. Einfluß auf die Spielfassung in Berlin und in Wien hatte sicher auch, daß man dem Stargast Steinrück nicht zumuten wollte, Szenen mit Auftritten Wozzecks, die in München gestrichen worden waren, neu einzustudieren. Zudem sparte man so einigen szenischen Aufwand und Probenzeiten.

Die für München genau, für Berlin nur noch in einigen Beispielen nachweisbaren Textstriche innerhalb der einzelnen Szenen galten der Schonung des Publikums. Man wollte ihm sprachliche Derbheiten, die als verletzende Geschmacklosigkeiten empfunden werden konnten, ersparen. In München war man da vorsichtiger als in Berlin.

Es ist anzunehmen, daß man Zusammenfassungen von Szenen, die man für München vorgenommen hat - in allen tritt Wozzeck auf - wiederum mit Rücksicht auf Steinrück auch in Berlin und in Wien übernommen hat. Für Wien ist das im Falle der Zusammenfassung der Szene im Kramladen mit dem Kauf des Messers durch Wozzeck und der Kasernenszene, in der Wozzeck dem Andres seine Habe übergibt, belegt.

Demnach war die Münchener Spielfassung und damit das Ergebnis der parallel laufenden Bearbeitungstätigkeit Wollfs und Hofmannsthals auf der Grundlage der Franzos folgenden Ausgabe von Franz mit den abschließenden Änderungen Kilians maßgebend für drei der vier Inszenierungen in der Frühphase der Bühnenrezeption

---

[488] Ebda.

des "Wozzeck". Für Karl Wollf war die Textfassung von Karl Emil Franzos als dessen "Versuch, --- das wirre Durcheinander zu sichten und eine künstlerisch-logische Folge der Szenen herzustellen", trotz der Eingriffe, die Hofmannsthal und er selbst für die Münchener Spielfassung vornahmen, "--- im ganzen vortrefflich gelungen, ein schönes Zeugnis feinsten Verständnisses und liebevoller Einfühlungskraft."[489] Und der zielsicher angestrebten Theaterwirksamkeit, so darf man, etwa im Hinblick auf die Gestaltung der Kinderszene mit dem einsam zurückbleibenden Söhnchen der Marie am Schluß des Stückes, ergänzen. Dieser Meinung waren die Theaterleute nicht nur in der Zeit vor der Ausgabe Witkowskis[490], als sie ja auch, außer bei Landau, keine andere Wahl hatten. Viele blieben Franzos treu bis tief in die Zwanzigerjahre hinein. Man hat Franzos vom Standpunkt korrekter Philologen und sauberer Editoren rechtens arg gescholten. Er war auf beiden Gebieten ein Dilettant. Aber er war ein tüchtiger Literat mit Theaterinstinkt und ein Büchnerbegeisterter. Seine Verdienste um die frühe Bühnenrezeption des "Wozzeck" sind kaum zu überschätzen.[491]

V.3.   Regiekonzeption und Regiestil

In dieser frühen Phase brachte man den "Wozzeck" als ein stimmungstarkes Symboldrama für ein unerklärliches, schicksalhaft bestimmtes Leiden der Menschheit in der Welt auf die Szene. Wozzeck war hier zuvörderst deren Repräsentant, eine Gleichnisfigur, und erst danach der Angehörige einer sozialen Schicht. Dietmar Goltschnigg schreibt in seiner "Rezeptions- und Wirkungsgeschichte Georg Büchners" in dem Kapitel "Der Durchbruch auf dem

---

[489]   Ebda.
[490]   Georg Büchner: Woyzeck. Nach den Handschriften des Dichters herausgegeben von Georg Witkowski.- Leipzig 1920.
[491]   Vgl. dazu Henri Poschmann: Georg Büchner. Dichtung der Revolution und Revolution der Dichtung.- Berlin, Weimar 1985², S. 242.

Theater": "Die expressionistischen Büchner-Inszenierungen sind untrennbar mit drei Namen verbunden: Eugen Kilian, Victor Barnowsky und Max Reinhardt."[492] Das ist so sicherlich nicht richtig. Eugen Kilian gehörte nicht zu den expressionistischen Regisseuren; die Münchener Uraufführung des "Wozzeck" war keineswegs expressionistisch. Kilians zweite Inszenierung des "Wozzeck" 1925 in Kiel - es war die letzte Regiearbeit vor seinem Tode - verwendete zwar mehrfach Stilmittel des szenischen Expressionismus, um den Stimmungsgehalt des Stückes noch stärker als in München ins Bild zu bringen, hielt sich aber trotz einer ganz anderen Textgrundlage in ihrer Regiekonzeption wie in ihrer szenographischen Lösung eng an die in München erarbeitete Gestaltung. Victor Barnowskys zweite "Wozzeck"-Inszenierung 1920 in Berlin wies in den Bühnenbildern César Kleins expressionistische Gestaltungsmittel auf. Für die erste aus dem Jahre 1913, von der Goltschnigg spricht, gilt das nicht, weder im Bühnenbild, noch in der Spielweise der Darsteller. Goltschnigg hingegen meint, es habe in dieser Inszenierung "einen expressionistisch gespielten 'Wozzeck' " gegeben und fährt fort: "Statt biologisch, soziologisch und psychologisch determinierter Situation gab es Audruck, Schrei und Symbol."[493] Er beruft sich dabei auf Ingeborg Strudthoff. Strudthoff aber wollte an der von Dietmar Goltschnigg herangezogenen Stelle[494] nicht die Aufführung von 1913 im Lessing-Theater beschreiben, sondern, aus ihrer persönlichen Sicht, "ein Problem der Woyzeck-Darstellung überhaupt: Büchner darf trotz der Milieu-

---

[492] Dietmar Goltschnigg 1975, S. 55.
[493] Ebda., S. 56. Guido Hiß: Korrespondenzen - Zeichenzusammenhänge im Sprech- und Musiktheater. Mit einer Analyse des "Wozzeck" von Alban Berg.- Tübingen 1988, S. 92 beruft sich auf Dietmar Goltschnigg und sieht zudem in der Wiener "Wozzeck"-Inszenierung "eine hochexpressionistische Aufführung unter der Regie von Ernst (!) Kilian, in der Ausdruck, Schrei und Symbol (Goltschnigg, Dietmar "Rezeptions- und Wirkungsgeschichte Georg Büchners, Kronberg 1975, S. 56) dominierten."
[494] Ingeborg Strudthoff a.a.O., S. 46f.

dichte und trotz seiner passiven Helden, die den Charakteren des Naturalismus so ähnlich sehen, nicht naturalistisch gespielt werden, viel näher steht er dem Expressionismus. Nichts ist Situation, alles ist Ausdruck, Schrei und Symbol." Gleich anschließend schreibt Goltschnigg zur Charakterisierung der Inszenierung Barnowskys als einer expressionistischen Regiearbeit: "Die Realität - so Ihering - entblößte sich in solcher Absolutheit und Totalität, daß sie im Zerrspiegel spukhafter und romantischer Irrealität erschien." In der von Goltschnigg herangezogenen Kritik in der "Schaubühne" schreibt Ihering: "Büchners Romantik und Büchners Realismus bedingen sich gegenseitig. Er braucht nicht die Augen zu schließen, um Romantiker zu werden. Die Wirklichkeit selber tritt an ihn heran und sieht in ihn hinein. Sie ist aktiv geworden, und je brutaler sie sich ihm aufdrängt, je schamloser sie sich entblößt, desto unwirklicher, desto spukhafter, desto romantischer wird sie."[495] Hier spricht Ihering - inmitten der vielfach geäußerten Freude über die Verschwisterung von Naturalismus und Romantik, die man bei Büchner entdeckt hatte - von Büchners Werk allgemein, nicht speziell vom "Wozzeck" und nicht von dessen Aufführung bei Barnowsky. Was Max Reinhardts spätere "Woyzeck"-Inszenierung aus dem Jahre 1921 betrifft, so verwendet er auch kennzeichnende expressionistische Gestaltungsmittel, so in der Beleuchtung oder im plötzlichen Erstarren der Darsteller auf der Szene, die aber in der Aufführung nicht dominierten.

Der szenische Expressionismus hat in der Frühphase der Bühnenrezeption des "Wozzeck" bis zum Jahre 1918 keine Rolle gespielt.

Es ist auffallend, daß drei der vier Inszenierungen dieser Frühphase in kleinen, intimen Spielstätten in Szene gingen, im Münchener Residenztheater, an der Wiener Residenzbühne und in Leipzig in einem Privathaus. Das Residenztheater in München war ein intimes Rokokotheater, ein Rangtheater mit knapp 700 Plätzen. Die

---

[495] Herbert Ihering in: Die Schaubühne 9 (1913) Nr. 52, S. 1279.

Residenzbühne in Wien, die man wenige Jahre nach dem "Wozzeck"-Gastspiel Steinrücks in "Kammerspiele" umbenannte, beschreibt Franz Hadamowsky so: "Der Zuschauerraum der 'Residenzbühne' bot 506 Personen Platz; es gab nur wenige Logen, im Parterre sieben Reihen Cerclesitze und acht Reihen Parkettsitze und vier Reihen Sitze im ersten Rang."[496] In allen diesen Theatern vollzog sich die Handlung nahe am Zuschauer. Das gilt insbesondere für München als Folge der von Roller gewählten Reliefbühne mit weit vorne verhängten Prospekten. Die Stimmung auf der Szene griff unmittelbar ins Publikum hinein, die Wirkmöglichkeiten der Nuancierung des Tones, des Mimischen konnten sich entfalten. Die Berichte über die Erschütterung des Publikums werden auch von daher verständlich. In der Frühphase seiner Bühnenlaufbahn erschien der "Wozzeck" als Kammerspiel. Für den Leipziger Kritiker Friedrich Seebrecht war das dem Stück durchaus angemessen. Bei der Aufführung auf der kleinen Bühne im Saal eines Privathauses habe dessen Räumlichkeit "das Ausklingen verhaltener Tonwirkungen ermöglicht und die bildmäßigen Vorgänge in jene unmittelbare Nähe des Zuschauers (gerückt), in der sie gedacht sind."[497]

V.4.   Die szenographischen Lösungen

Bei den szenographischen Lösungen für einen dramatischen Text mit vielen Bildern und kurzen Szenen konnten sich die Inszenierungen neuerer bühnentechnischer Mittel, wie in Berlin der Drehbühne, oder der Ergebnisse neuerer Reformbühnen, wie in München der strengen Reliefbühne im Rahmen der "Neuen Münchener Shakespearebühne" und der einfachen Vorhangbühne in ·Leipzig,

---

[496] Franz Hadamowsky a.a.O., S. 173.
[497] Dr. Friedrich Seebrecht in: Leipzig, ein Tageblatt für Einheimische und Auswärtige 20.6.1915.

bedienen. Die Frühphase der Bühnenlaufbahn des "Wozzeck" stellte
späteren Regisseuren bereits unterschiedliche Möglichkeiten als
erprobt zur Verfügung. Die vielbildrige Szenenfolge des "Wozzeck"
war kein Hindernis mehr für seine Aufführung. Von hoher Bedeutung waren dabei die Einsatzmöglichkeiten einer in zügiger
Entwicklung fortschreitenden Beleuchtungstechnik.

V.5. Die schauspielerische Gestaltung

Prägend für die frühe Rezeption des "Wozzeck" durch das Theater
war die Schauspielerpersönlichkeit Albert Steinrücks. Seine
Darstellung, seine Erscheinung setzten für lange Zeit das Maß für
die Gestaltung der Rolle. Durch ihn wurde, trotz manchen Wider-
spruchs, deren häufige Zuordnung zum Fach der schweren Charakterspieler bestimmt. Durch ihn kam es zur Weiterverwendung
wesentlicher dramaturgischer Verfahren der Münchener Spielfassung in Berlin und Wien. Auf ihn sind auch die offenkundigen
Parallelen in der szenischen Interpretation in München und in Wien
zurückzuführen. Er entdeckte den Wozzeck als effektvolle Virtuosenrolle für gastierende Starschauspieler. Binnen eines halben
Jahres, vom 8.11.1913 bis zum 10.5.1914, spielt er sie in drei
Inszenierungen. 1919 spielte er sie nochmals bei Arthur Hellmer im
Neuen Theater in Frankfurt am Main mit der furiosen, jungen
Helene Weigel als Marie, die Steinrücks Partnerschaft sehr zu
schätzen wußte. In Frankfurt hatte die "Wozzeck"-Inszenierung
Hellmers am 16.9.1919 Premiere, also etwa drei Wochen nach der
letzten Vorstellung der Uraufführungsinszenierung in München am
21.8.1919. Steinrück hatte die Rolle frisch und griffbereit in seinem
Gastspielrepertoire. Es gibt eine Fülle von Einwänden gegen diese
Erscheinungsform des Schauspielerberufes. Im Fall Steinrück und
"Wozzeck" aber hatte sie für den gloriosen Beginn der Bühnenlaufbahn einer großen Dichtung entscheidende Bedeutung. Vier
wichtige Theaterstädte - neben München, Berlin und Wien auch

Frankfurt - sahen Steinrück als ersten Woyzeck und man vergaß seine Gestaltung der Rolle dort jahre- und jahrzehntelang nicht. Die Marie wurde in dieser Zeit zuvörderst als lebenshungrige und triebhafte junge Frau gesehen, als ein Instinktmensch, der, wenn die Bibelszene gespielt wurde, sich seiner Gewissensangst so unmittelbar hingab, wie der Leidenschaft für den Tambourmajor. Schauspielerinnen, die das naturhaft Derbe nicht genug zur Erscheinung brachten, wurden distanziert und mit entsprechenden Einwänden aufgenommen, wie Emma Berndl, oder barsch abgelehnt, wie die zensurgeschädigte Ilse Wehrmann in Berlin.

Die Gefährlichkeit des Hauptmanns und vor allem des Doktors wurde noch nicht so erkannt, wie von späteren Generationen mit ihren verstörenden historischen Erfahrungen. Man spielte sie als Charakterchargen. Milde gewürzt durch groteske Satire siedelte man sie im komischen Fach zwischen Spitzweg und E.T.A. Hoffmann an. Selbst Erich Mühsam lobte Fritz Basil für solche Darstellung des Hauptmanns.[498] Nur Julius Bab sprach schon - freilich nicht im Zusammenhang mit einer Theateraufführung - von "diabolischen Karikaturen".[499] Er sah den ganzen "Wozzeck" anders als die Theaterleute in der Frühphase der Bühnenlaufbahn des Werkes und auch anders als die große Mehrzahl seiner Kritikerkollegen: "Dies ist ein Revolutionsdrama vor dessen aktiver Gewalt nicht nur der Danton verblaßt. Hiergegen ist 'Kabale und Liebe' ein Leitartikel und 'Maria Magdalena' eine Doktordissertation. Hier gehts nicht um äußere Klassengegensätze oder innere Klassenschranken; hier geht es ums Menschenrecht in seiner äußersten, letzten, blutigsten Gestalt."[500] Julius Bab war unter der Intendanz Leopold Jessners Dramaturg am Neuen Schauspielhaus in Königsberg, das als erstes deutschsprachiges Theater nach der November-

---

[498] Vgl. S. 122.
[499] Julius Bab: Georg Büchner.- In: Die Rheinlande. Monatsschrift für deutsche Kunst und Dichtung. 13 (1913) Heft 11, S. 436.
[500] Ebda.

revolution von 1918, noch im gleichen Monat, den "Wozzeck" auf den Spielplan setzte.

V.6.   Der Durchbruch auf der Bühne. Die Unterbrechung der Bühnenlaufbahn des "Wozzeck" durch den Ersten Weltkrieg

Bei dem kurzen Gastspiel Steinrücks in Wien konnte sich der "Wozzeck" als bühnenfähiges dramatisches Kunstwerk nicht durchsetzen. Die Feuilletons sahen für das Stück auf dem Theater keine Zukunft.

Ganz anders war das im Falle der Uraufführung in München, in Berlin und bei dem Berliner Gastspiel in Frankfurt am Main. Überrascht und überwältigt sah die Mehrheit der Kritiker in den Aufführungen die strahlende Auferstehung eines im breiten Publikum lange Vergessenen als eines dramatischen Dichters von höchster Aktualität, der die Moderne, Naturalismus und Neuromantik, um Generationen vorweggenommen hatte und den nun eine große Zukunft auf dem Theater erwartete. Dabei war es nebensächlich, ob man im "Wozzeck" nur das allumfassende Symboldrama, oder auch schon das soziale Drama sah, Interpretationspole, die sich auch in der Theaterkritik schon abzeichneten. Nur wenige Kritiker - meist konservativer Blätter - erhoben noch formale dramaturgische Einwände, ohne Büchners dichterische Kraft zu leugnen. Sehr selten begegnete man dem Stück mit politisch motivierten Vorbehalten gegen den Revolutionär Büchner. Der "Wozzeck" wurde als Entdeckung und Eroberung für das Theater begeistert aufgenommen.

Das galt insbesondere für die Berliner Kritik. Berlin aber galt als Hauptstadt des deutschen Theaters. Ein Stück, das in Berlin gewonnen hatte, war auf dem Wege zu allen deutschen Bühnen, die etwas auf sich hielten. Der "Wozzeck" hatte in Berlin schon 1913 mit Barnowskys Inszenierung gewonnen, nicht erst 1921 mit der

Inszenierung durch Max Reinhardt. Das Stück war schon durch seine erste Inszenierungen in München, vor allem aber durch die in Berlin auf der deutschen Bühne durchgesetzt. Aber: Noch in der gleichen Spielzeit 1913/14 brach der Erste Weltkrieg aus. Die zweifelsfrei vorgezeichnete zügige Bühnenlaufbahn des "Wozzeck" wurde damit in einem frühen Stadium abrupt unterbrochen. Allein in Leipzig behaupteten sich in einer Privataufführung die Präferenzen des Bildungsbürgertums. Es gab während der Kriegsjahre keine Neuinszenierung des "Wozzeck" an einem öffentlichen Theater. Insgesamt gab es an deutschsprachigen öffentlichen Bühnen in den Jahren des Ersten Weltkrieges nur vier neue Büchnerinszenierungen. Max Reinhardt brachte 1916 im Rahmen seines "Deutschen Zyklus" "Dantons Tod", mit dem er 1917 in Bern, Basel und Zürich gastierte. "Leonce und Lena" erschien dreimal, aber auch erst spät in der letzten Kriegsspielzeit 1917/18, und zwar im Juni 1918 am Hof- und Nationaltheater in Mannheim, wo die Aufführung in der Inszenierung Richard Weicherts mit Bühnenbildern von Ludwig Sievert und mit Fritz Odemar als Leonce einen weithin hallenden Skandal auslöste,[501] im August 1918 am Viktoriatheater in Magdeburg und am Königsberger Neuen Schauspielhaus.[502]

In der Fachpublizistik des deutschen Bühnenwesens erschien in den Jahren des Ersten Weltkrieges zum Thema "Wozzeck"-Inszenierungen immerhin noch ein Beitrag von Karl Brand in der "Scene", dem Organ der Vereinigung der künstlerischen Bühnenvorstände, unter dem Titel "Ist es möglich, Georg Büchner zu inszenieren? Ein Versuch."[503] Seine überholte, von der Praxis bereits zwingend beantwortete Fragestellung - Brand glaubte

---

[501] Vgl. Axel Bornkessel: Georg Büchners "Leonce und Lena" auf der deutschsprachigen Bühne. Studien zur Rezeption des Lustspiels.- Diss. Köln 1970, S. 81ff.

[502] Diese Aufführung fehlt leider in der Aufstellung der "Leonce und Lena"-Inszenierungen bei Wolfram Viehweg a.a.O., S. 388.

[503] Karl Brand: Ist es möglich, Georg Büchner zu inszenieren? Ein Versuch.- In: Die Scene 6 (1916) Heft 10, S. 175f.

allerdings noch: "Mancher alte Theaterfachmann wird den Kopf schütteln"[504] - bejaht auch er und legt zum Beweis den flüchtigen Entwurf einer Spielfassung des "Wozzeck", vor allem aber die Planung des technischen Ablaufs einer "Wozzeck"-Inszenierung vor. Er geht von der Szenenfolge bei Landau aus, will für dessen 25 Szenen 14 Dekorationen verwenden, meint aber wohl auch: "Ein geschickter Regisseur ist imstande, den 'Wozzeck' auf zehn bis zwölf Verwandlungen zu beschränken."[505] Die Jahrmarktszenen, die fünfte und sechste bei Landau, will er zusammenfassen, ebenso die vierzehnte und die fünfzehnte, "Freies Feld" und "Kaserne", sowie rätselhafterweise die achtzehnte und die neunzehnte Szene, "Kramladen" und "Straße". Auch Brand denkt sich eine "Wozzeck"-Inszenierung offensichtlich als Kammerspiel. Er schreibt: "Das Poszenium ist dem Charakter des Stückes entsprechend möglichst klein zu gestalten."[506] Sein Plan verwendet zwei hintereinanderliegende Bühnenfelder, die er durch einen Prospekt trennt. Wird auf dem vorderen gespielt, kann auf dem hinteren im Schutze des Prospektes umgebaut werden. So ist die Dekoration für das erste Bild, das Zimmer des Hauptmanns, "mehr in den Hintergrund eingebaut."[507]Es wird also auf dem hinteren Bühnenfeld gespielt. Die beiden folgenden Szenen, "Freies Feld" und "Die Stadt", von Brand mit der Ortsangabe "Straße" versehen, spielen auf dem vorderen Feld vor Prospekten, die nun das Zimmer verdecken. Während der zweiten und der dritten Szene wird auf dem hinteren Feld das Zimmer des Hauptmanns ab- und die Studierstube des Doktors aufgebaut. Für die Jahrmarktszenen wird ein Bogen eingesetzt und dabei die Bühne erstmalig verdunkelt. Sie spielen auf beiden Bühnenfeldern. Die Szene zwischen Marie und dem Tambourmajor, die siebente bei Landau, spielt nach Brands Plan auf

---

[504] Ebda., S. 175.
[505] Ebda., S. 176.
[506] Ebda.
[507] Ebda.

dem vorderen Feld, vor dem gleichen Prospekt wie das dritte Bild. Während dieser sehr kurzen siebenten Szene will Brand hinter dem Prospekt die achte Szene bei Landau, den Hof des Doktors, herrichten lassen.

Das Mobiliar für die Szenen in Maries Stube will er auf einen Wagen bauen und von der Seitenbühne auf die Spielfläche schieben lassen.

Nach der achten Szene bei Landau im Hof des Doktors und nach der siebzehnten, der Bibelszene, will Brand den Spielverlauf recht unmotiviert "durch den Hauptvorhang unterbrechen und zwar für kurze 5 - 8 Minuten."[508]

Im Vergleich zu Rollers Lösung für die Uraufführung des "Wozzeck" gelangt Brand mit seinem Vorschlag bei dem zweifachen Einsatz des Hauptvorhangs und mit den Wagen nur zu einem recht unflexiblen Bühnensystem. Sein Versuch, von der technischen Seite her "theoretisch die Scenierung zusammenzustellen", kam zudem zur Unzeit.

In Deutschland überboten sich in den ersten Kriegsmonaten, etwa bis März 1915, die Theater mit Uraufführungen und Premieren schnell hergestellter Gelegenheitsstücke, vielfach Possen und Schwänke, die dem in der Bevölkerung herrschenden Hurrapatriotismus nach Form und Inhalt antworteten und ihm zusätzliche Nahrung gaben. Mit solchen Militärklamotten führten sie eine bereits eingewurzelte, unheilige Tradition in verstärktem Maße fort.[509] Als sich mit dem Verlauf des Krieges und angesichts der blutigen Verluste an den Fronten die Stimmung im Lande wandelte, gab das Theater den Kriegsschund auf. Man trachtete nun, die Bedürfnisse der Bevölkerung im Kriege auf höherem Niveau, wesentlich auch durch Klassikeraufführungen, zu befriedigen. In dieser Phase nahm man am Residenztheater in München auch den

---

[508] Ebda.
[509] Vgl. Roswitha Flatz: Krieg im Frieden. Das aktuelle Militärstück auf dem Theater des Kaiserreiches.- Frankfurt a.M. 1976.

"Wozzeck", zunächst verbunden mit Wassermanns "Turm von Frommetsfelden", für vier Vorstellungen wieder auf. Vor allem aber boten die Theater dieser Zeit ein Unterhaltungsprogramm, das aktuelle Kriegsstoffe mied, vielfach auch Stücke des 19. Jahrhunderts, die sich bereits als publikumsfreundlich bewährt hatten, von Raimund, Nestroy, L'Arronge, Bendix und Kotzebue. Man sah sich in nationaler Mission und wollte als ein Kulturinstitut wirken, das "erhebend und anfeuernd, tröstend und ablenkend auf die Stimmung der Menge zu wirken vermochte."[510] Man machte auch nach dem Abklingen der lärmend-patriotischen Phase von 1914/15 willentlich, bewußt und zudem unter der Aufsicht einer den Militärbehörden unterstehenden Kriegszensur politisches Theater in nationalem Sinne. Das Publikum sollte in schweren Zeiten bei Laune, opferbereit und einsatzwillig gehalten werden.

Für die Ziele eines solchen politischen Theaters eignete sich der "Wozzeck" nicht, zumal sich nun außerhalb der Theater auch Interpretationen des Stückes deutlicher als bisher artikulierten, auf die die biederen preußischen Zensoren des Jahres 1913 und nicht einmal die des Jahres 1916 im entferntesten verfallen sind.

In einem Aufsatz aus Anlaß der Büchnerausgabe Wilhelm Hausensteins sah Otto Flake die Gestalt des Wozzeck als "Opfer, wie in diesem Krieg die Millionen Gemeinen Opfer sind."[511] Peter Hamecher veröffentlichte seinen Aufsatz "Georg Büchner", der schon am 16.10.1910 in der ersten Beilage der "Kölnischen Zeitung" erschienen war, erneut in der "Gegenwart".[512] Für ihn erscheint im "Wozzeck", aus Büchners "natürlichem Mitgefühl" aufsteigend, "der Gedanke des Klassenkampfes. Allerdings: mit

---

[510] Wolfgang Poensgen: Der deutsche Bühnenspielplan im Weltkriege (= Schriften der Gesellschaft für Theatergeschichte Bd. 45).- Berlin 1934, S. 28. Vgl. auch ebda., S. 35ff.

[511] Otto Flake: Mehr Büchner.- In: Die neue Rundschau 28 (1917) Heft 1, S. 142ff. Hier S. 144.

[512] Peter Hamecher: Georg Büchner.- In: Die Gegenwart 46 (1917) Nr. 7/8, S. 81ff.

dem Sozialismus, wie Marx ihn --- später begrifflich festlegte, hat Büchner zunächst nur das Bewußtsein von der Notwendigkeit der Klassenkämpfe gemeinsam. --- Aber eines hat er begriffen: daß das vorerst Wichtigste die Organisation und die Revolutionierung der Massen ist. --- Im 'Wozzeck' versucht er, eine ganz in der Dumpfheit und sozialen Gedrücktheit der unteren Klassen befangene Gestalt hinzustellen. --- Wozzeck ist nichts anderes als der Repräsentant dieser Klasse."

Der "Wozzeck" verschwindet aus den Kriegsspielplänen der öffentlichen Theater, bis auf die Wiederaufnahmen am Residenztheater in München im Juni 1915 und mit je einer Vorstellung im Mai 1916, im August 1917 und im April 1918, die hier ein singuläres Phänomen bleiben. Die Bühnenlaufbahn des während der letzten Friedensspielzeit in München und Berlin, richtungsweisenden Theaterstädten, künstlerisch, in der Theaterkritik und in wichtigen Teilen des Publikums bereits durchgesetzten, dann aber nicht mehr in die Zeitläufte passenden und aus den Spielplänen verschwindenden "Wozzeck" setzte sich unmittelbar nach dem Ende des Krieges, noch im Monat der Revolution, fort. Das geschah bei gänzlich veränderten gesellschaftlichen und politischen Rahmenbedingungen, mit neuen Interessen der Beteiligten, neuen szenischen Interpretationen und auch unter heftigen, teils tumultarischen Auseinandersetzungen.

LITERATURVERZEICHNIS

Im Text zitierte Theaterkritiken in Zeitungen und Zeitschriften, sowie Publikationen zur Statistik werden nicht nochmals aufgeführt.

Gerhard Amundsen (Hg.): Die Neue Münchener Shakespearebühne.- München 1911.

Julius Bab: Georg Büchner.- In: Die Rheinlande. Monatsschrift für deutsche Kunst und Dichtung. 13 (1913) Heft 11, S. 433ff.

Carl Friedrich Baumann: Die Entwicklung und Anwendung der Bühnenbeleuchtung seit der Mitte des 18. Jahrhunderts.- Diss. Köln 1955.

Julius Berstl: Odyssee eines Theatermannes.- Berlin 1963.

Axel Bornkessel: Georg Büchners "Leonce und Lena" auf der deutschsprachigen Bühne. Studien zur Rezeption des Lustspiels.- Diss. Köln 1970.

Karl Brand: Ist es möglich, Georg Büchner zu inszenieren? Ein Versuch.- In: Die Scene 6 (1916) Heft 10, S. 175f.

(---) Wozzeck. Ein Trauerspiel-Fragment von Georg Büchner. Mitgetheilt von Karl Emil Franzos.- In: Mehr Licht! Eine deutsche Wochenschrift für Literatur und Kunst. Nr. 1, 5. Oktober 1878.

Georg Büchners sämtliche Werke und handschriftlicher Nachlaß. Erste kritische Gesammt-Ausgabe. Eingeleitet und herausgegeben von Karl Emil Franzos.- Frankfurt am Main 1879.

Georg Büchners gesammelte Schriften. In zwei Bänden. Herausgegeben von Paul Landau.- Berlin 1909.

Georg Büchner: Dramatische Werke. Mit Erklärungen herausgegeben von Rudolf Franz.- München 1912.

Georg Büchner: Wozzeck. Lenz. Zwei Fragmente (= Insel-Bücherei Nr. 92).- Leipzig 1913.

Georg Büchners gesammelte Werke nebst einer Auswahl seiner Briefe. Eingeleitet von Wilhelm Hausenstein.- Leipzig 1916.

Georg Büchner: Woyzeck. Nach den Handschriften des Dichters herausgegeben von Georg Witkowski.- Leipzig 1920.

Georg Büchner: Woyzeck. Nach den neu entzifferten Handschriften für Leser und Bühne hergestellt von Ernst Hardt (= Insel-Bücherei Nr. 88).- Leipzig o.J.

Georg Büchner: Werke und Briefe. Münchner Ausgabe. Nach der historisch-kritischen Ausgabe von Werner R. Lehmann. Herausgegeben von Karl Pörnbacher, Gerhard Schaub, Hans-Joachim Simm und Edda Ziegler.- München 1988.

Attila Csampai und Dietmar Holland (Hgg.): Alban Berg, Wozzeck. Texte, Materialien, Kommentare.- Reinbek bei Hamburg 1985.

Burghard Dedner: Büchner-Bilder im Jahrzehnt zwischen Wagner-Gedenkjahr und Inflation.- In: Georg Büchner-Jahrbuch 5 (1983), S. 275ff.

Burghard Dedner: Die Handlung des Woyzeck: Wechselnde Orte - geschlossene Form.- In: Georg Büchner-Jahrbuch 7 (1988/89), S. 144ff.

Burghard Dedner (Hg.): Der widerständige Klassiker. Einleitungen zu Büchner vom Nachmärz bis zur Weimarer Republik. - Frankfurt am Main 1990.

Hans Durian: Jocza Savits und die Münchener Shakespearebühne (=Die Schaubühne Bd. 19).- Emsdetten 1937.

Paul Elbogen: Fristhand Reminiscense of a Historic Night.- In: San Francisco Chronicle 27.10.1981.

Otto Flake: Mehr Büchner.- In: Die neue Rundschau 28 (1917) Heft 1, S. 142ff.

Roswitha Flatz: Krieg im Frieden. Das aktuelle Militärstück auf dem Theater des deutschen Kaiserreiches.- Frankfurt am Main 1976.

Georg Fuchs: Die Revolution des Theaters. Ergebnisse aus dem Münchner Künstlertheater.- München 1909.

Genossenschaft Deutscher Bühnenangehöriger (Hg.): Neuer Theater-Almanach 23 (1912), 25 (1914).

Dietmar Goltschnigg (Hg.): Materialien zur Rezeptions- und Wirkungsgeschichte Georg Büchners (= Skripten Literaturwissenschaft 12).- Kronberg/Ts. 1974.

Dietmar Goltschnigg: Rezeptions- und Wirkungsgeschichte Georg Büchners.- Kronberg/Ts. 1975.

Dietmar Goltschnigg (Hg.): Briefe Hofmannsthals, Alfred Rollers und Eugen Kilians zur Uraufführung von Büchners "Wozzeck" am Münchener Residenztheater, 1913.- In: Hofmannsthal-Jahrbuch zur europäischen Moderne 6 (1998), S. 117ff.

Joseph Gregor: Wiener szenische Kunst.- Wien 1924.

Walter Grohmann: Das Münchner Künstlertheater in der Bewegung der Szenen- und Theaterreform (= Schriften der Gesellschaft für Theatergeschichte Bd. 47).- Berlin 1935.

Stefan Großmann: Ich war begeistert. Eine Lebensgeschichte. (= Reihe Q. Quellentexte zur Literatur- und Kulturgeschichte, Bd. 7).- Königstein/Ts. 1979.

Franz Hadamowsky: Wiener Theatergeschichte von den Anfängen bis zum Ende des Ersten Weltkrieges.- Wien 1988.

Michael Hamburger: Hofmannsthals Bibliothek.- In: Euphorion 55. Bd. (1961), S. 15ff.

215

Peter Hamecher: Georg Büchner.- In: Kölnische Zeitung, 1. Beilage, 16.10.1910. Auch in: Die Gegenwart 46 (1917), Nr. 7/8, S. 81ff.

Hamerlings sämtliche Werke in sechzehn Bänden. Herausgegeben von Michael Maria Rabenlechner.- Leipzig o.J.

Gerhart Hauptmann: Das gesammelte Werk. 1. Abteilung, 1. Bd.- Berlin 1942.

Jan-Christoph Hauschild: Georg Büchner. Studien und neue Quellen zu Leben, Werk und Wirkung.- Königstein/Ts. 1985.

Wilhelm Hausenstein: Georg Büchner.- In: Der Strom 3 (1913) Nr. 7, S. 193ff.

Wilhelm Hausenstein: Georg Büchner. Zum Säkulartag seiner Geburt.- In: Die weißen Blätter 1 (1913/14), S. 134ff.

Ernst Hilmar: Von der Texteinrichtung bis zur Uraufführung der Oper "Wozzeck".- In: Attila Csampai und Dietmar Holland (Hgg.) a.a.O., S. 105ff.

Rudolf Hirsch: Ein Brief Hofmannsthals an Alfred Roller.- In: Hofmannsthal-Blätter 1 (1969) Heft 3, S. 185ff.

Guido Hiß: Korrespondenzen - Zeichenzusammenhänge im Sprech- und Musiktheater. Mit einer Analyse des "Wozzeck" von Alban Berg.- Tübingen 1988.

Institut für Literatur- und Theaterwissenschaft zu Kiel (Hg.): Verein Durch. Facsimile der Protokolle 1887.- Kiel 1932.

Douglas Jarman: Alban Berg "Wozzeck".- Cambridge 1989.

Norbert Jaron, Renate Möhrmann, Hedwig Müller: Berlin - Theater der Jahrhundertwende. Bühnengeschichte der Reichshauptstadt im Spiegel der Kritik (1889 - 1914).- Tübingen 1986.

Eugen Kilian: Georg Büchners Dramen auf dem Theater.- In: Bühne und Welt 16 (1914) Nr. 10, S. 454ff. Auch als: Zur Inszenierung von Georg Büchners Dramen.- In: Die Scene 3 (1914) Heft 11, S. 147ff. Auch als: Georg Büchner auf der deutschen Bühne.- In: Die deutsche Bühne 6 (1914) Heft 29, S 441ff. Auch als: Georg Büchner auf der deutschen Bühne.- In: E.K.: Aus der Werkstatt des Spielleiters. Der dramaturgischen Blätter dritte Reihe.- München 1931, S. 193ff.

Eugen Kilian: Dantons Tod von Georg Büchner. Zur bevorstehenden Erstaufführung am Nürnberger Stadttheater.- In: Fränkischer Kurier, Nürnberg 24.3.1920.

Eugen Kilian: 'Wozzeck' oder 'Woyzeck'.- In: Die Scene 13 (1923) Nr. 13, S. 203.

Eugen Kilian: Aus der Theaterwelt. Erlebnisse und Erfahrungen.- Karlsruhe 1924.

Liselotte Kitzwegerer: Alfred Roller als Bühnenbildner.- Diss. Wien 1959.

Herrmann Koch: Vor der Flucht.- In: Der Strom 3 (1913) Nr. 7, S. 218ff.

Ulrike Landfester (Hg.): Hugo von Hofmannsthal - Clemens von Franckenstein. Briefwechsel 1894 bis 1928.- In: Hofmannsthal-Jahrbuch zur europäischen Moderne 5 (1997), S. 7ff.

Jong-Dae Lim: Das Leben und Werk des Schriftstellers Karl Emil Franzos.- Diss. Wien 1981.

Max Littmann: Denkschrift über das Münchner Künstlertheater.- München 1909.

Max Martersteig: Eugen Kilian.- In: Shakespeare-Jahrbuch Bd. 61 (1925), S. 112ff.

Andrew McCredie: Clemens von Franckenstein (=Komponisten in Bayern 26).- Tutzing 1992.

Hans Merian: Lumpe als Helden. Ein Beitrag zur modernen Ästhetik.- In: Die Gesellschaft 7 (1891) Bd. 1, S. 64ff.

Ingrid Oesterle: Verbale Präsenz und poetische Rücknahme des literarischen Schauders. Nachweise zur ästhetischen Vermitteltheit des Fatalismusproblems in Georg Büchners Woyzeck.- In: Georg Büchner-Jahrbuch 3 (1983), S. 168ff.

George Perle: The Operas of Alban Berg.- Berkley, Los Angeles, London 1980.

Wolfgang Poensgen: Der deutsche Bühnenspielplan im Weltkriege (= Schriften der Gesellschaft für Theatergeschichte Bd. 45).- Berlin 1934.

Henri Poschmann: Georg Büchner. Dichtung der Revolution und Revolution der Dichtung.- Berlin, Weimar 1985[2].

Wolfdieter Rasch: Wie der arme Wozzeck auf die Bühne kam.- In: Süddeutsche Zeitung 24/25.6.1978.

Rainer Maria Rilke: Briefe aus den Jahren 1914 - 1921. Herausgegeben von Ruth Sieber-Rilke und Carl Sieber.- Leipzig 1937.

Rainer Maria Rilke und Marie von Thurn und Taxis: Briefwechsel. Besorgt durch Ernst Zinn.- Zürich 1951.

Rainer Maria Rilke, Katharina Kippenberg: Briefwechsel. Herausgegeben von Bettina von Bomhard.- Wiesbaden 1954.

Rainer Maria Rilke: Briefe an Sidonie Nádherný von Borutin. Herausgegeben von Bernhard Blume.- Frankfurt am Main 1973.

Rainer Maria Rilke: Briefwechsel mit Regina Ullmann und Ellen Delp. Herausgegeben von Walter Simon.- Frankfurt am Main 1987.

Ullrich Roller: In den Turm mit Roller! - In: Wiener Mittag 17.6.1939.

Werner Schlick: Das Georg Büchner-Schrifttum bis 1965. Eine internationale Bibliographie.- Hildesheim 1968.

Ernst Leopold Stahl: Vom Münchener Hof- und Staatsschauspiel. Ein Überblick über seine Geschichte.- In: 150 Jahre Bayerisches National-Theater. Herausgegeben von der Generaldirektion der Bayerischen Staatstheater.- München 1928, S. 5ff.

Ingeborg Strudthoff: Die Rezeption Georg Büchners durch das deutsche Theater.- Berlin 1957.

Kurt Tucholsky: Zwei Hundertjährige. Büchner.- In: Die Schaubühne 9 (1913), S. 997ff.

Bo Ullman: Produktive Rezeption ohne Mißverständnis. Zur Büchner-Deutung Alban Bergs im "Wozzeck".- In: Attila Csampai und Dietmar Holland (Hgg.) a.a.O., S. 221ff.

Wolfram Viehweg: Georg Büchners "Dantons Tod" auf dem deutschen Theater.- München 1964.

Berthold Viertel: Schriften zum Theater.- München 1970.

Manfred Wagner: Alfred Roller in seiner Zeit.- Wien 1996.

Eugene Weber: Zur Uraufführung von Büchners "Wozzeck".- In: Für Rudolf Hirsch zum siebzigsten Geburtstag am 22. Dezember 1975.- Frankfurt am Main 1975, S. 239ff.

Rudolf Weinmann: München als Theaterstadt und Eugen Kilian.- In: Eugen Kilian als künstlerische Persönlichkeit, Regisseur, Schriftsteller und Dramaturg.- München 1918, S. 81ff.

Karl Wollf: Georg Büchner zu seinem 100. Geburtstag: 17. Oktober 1913.- In: Frankfurter Zeitung. Erstes Morgenblatt 14.10.1913.

Karl Wollf: Zur Büchnerfeier des Residenztheaters.- In: Münchner Neueste Nachrichten. Morgenblatt 8.11.1913.